매개하라

매개하라

2015년 9월 21일 초판 1쇄 | 2020년 6월 3일 13쇄 발행
지은이 · 임춘성
펴낸이 · 김상현, 최세현 | 경영고문 · 박시형

책임편집 · 최세현 | 디자인 · 김애숙
마케팅 · 양근모, 권금숙, 양봉호, 임지윤, 조히라, 유미정
경영지원 · 김현우, 문경국 | 해외기획 · 우정민, 배혜림 | 디지털콘텐츠 · 김명래
펴낸곳 · (주)쌤앤파커스 | 출판신고 · 2006년 9월 25일 제406-2006-000210호
주소 · 서울시 마포구 월드컵북로 396 누리꿈스퀘어 비즈니스타워 18층
전화 · 02-6712-9800 | 팩스 · 02-6712-9810 | 이메일 · info@smpk.kr

ⓒ 임춘성(저작권자와 맺은 특약에 따라 검인을 생략합니다)
ISBN 978-89-6570-267-2(03320)

쌤앤파커스(Sam&Parkers)는 독자 여러분의 책에 관한 아이디어와 원고 투고를 설레는 마음으로 기다리고
있습니다. 책으로 엮기를 원하는 아이디어가 있으신 분은 이메일 book@smpk.kr로 간단한 개요와 취지,
연락처 등을 보내주세요. 머뭇거리지 말고 문을 두드리세요. 길이 열립니다.

매개하라
GO-Between

임춘성 지음

부와
권력의 대이동,
누가 움켜쥐는가?

쌤앤파커스

다른 것을 같게 보는 매개자 — 컴바이너

9 | 바람이 불면 왜 목수가 좋아하나?

10 | 이들은 어떻게 세상을 장악했나?

판도라의 상자는
열렸다

생각할수록 화가 치밀어올랐다. 남으로 인해 평정심을 잃고 분노하는 일만큼은 절대하지 않겠노라고 다짐했건만 마음을 가라앉히기가 쉽지 않다. 이러면 안 되겠다 싶어 무작정 사무실을 박차고 나왔다. 도대체 왜 고생은 내가 하고 생색은 그가 내는지, 특별히 나을 것도 없고, 하는 일도 없는 그가 왜 이리 잘나가는지 이해할 수가 없었다. 더 화나는 것은 내가 이해하고 말고는 그에게 중요하지 않다는 것이다. 정말 죽 쒀서 개 준 꼴이다. 아니, 내 꼴이 닭 쫓던 개다.

운전대를 잡은 손이 떨리고 괜스레 죄 없는 앞차에 경적만 울려댄다. 빨간불에 멈춰서 이러면 안 되지 큰일 나지 하며 마음을 추스르고 옆에 선 택시를 보니 왠지 택시 운전자도 날 보고 비웃는 것 같았다. 사실 택시를 뒤덮은 주황색도 짜증나는데 말이다. 그런데 웬 노란색? 어? 택시

가 언제부터 노란색이지? 자세히 보니 시커먼 곰인지 놈인지가 전화를
받고 있네. 카카오택시라고? 다음카카오는 택시도 없으면서 또 중간에
서 얼마나 챙기려고 저러나. 뭐 그런 회사가 한둘이 아니지만.

　도로변 초록 나무들을 보며 마음을 다잡고 있다 보니 네이버가 생각
났다. 어느새부턴가 네이버 없이 일한다는 것을 상상도 못하게 되었다.
이미 알고 있었다. 검색창에 입력하면 모든 것을 알려주는 네이버가 착
하기만 하지 않다는 것을. 엄청난 데이터를 쌓아놓고 세상의 모든 지식
이라 하면서도, 사실 보여주고 싶은 것, 광고료 많이 주는 것부터 보여
주는 욕심쟁이라는 것을. 맞아. 그래서 색도 절대 질릴 것 같지 않은 초
록색을 썼을 거야.

　삐딱한 사람 눈에는 삐딱하게만 보이는 법이지 하고 자책하며, 딴 곳
에 시선을 두려고 DMB를 튼다. 운전 중 DMB 시청은 금지되어 있지만,
종종 사소한 범죄는 묘한 매력이 있다. 일탈의 해방감으로 기분이 나아
지고 있는데, 아뿔싸! 돌리는 뉴스 채널마다 메르스와 정치 얘기만 한다.
지금 이 세상의 뉴스가 그것뿐인가. 아무리 뉴스나 방송이 취사선택의
최고봉이지만, 골라주고 걸러주는 소식이 고작 보균자와 정치인 얘기뿐
이라니.

　14번과 16번. 슈퍼 전파자라. 정작 메르스 균이 얼마나 치명적인지,
예방주사나 치료제가 어떻게 만들어지는지에 대한 얘기는 없다. 관심은
세균이 아니라 온전히 보균자다. 마치 음식집보다는 배달의 민족, 배달

통, 요기요가 돈 벌고, 음식보다는 요리사가 뜨는 것과 다르지 않네. 재주는 곰이 부리고 돈은 누가 번다더니, 지금 내 상황과 도긴개긴이다.

또 정치인은 왜 그리 자주 국민과 여론을 들먹이는지. 분명 국민은 같은 국민인데 정치인들 각자의 국민은 다 다른 것 같다. 애매하면 국민 팔고 여론 판다. 책임을 국민과 여론에 전가하는 것이다. 그렇다면 국민과 여론이 책임을 지나? 책임 질 실체도 없는데, 정치인들은 어찌 그토록 막강한 권력을 갖게 되었을까. 무소불위의 '책임 없는 권력' 말이다.

얘기가 나왔으니 말인데, 국회의원 뽑을 때 왜 우리는 정당이 공천한 사람들 중에서만 뽑아야 하는 것일까? 마음에 드는 사람 없으면 '적합한 자 없음' 칸에 날인하고, 혹 그 수가 다수이면 당이 다시 공천하게 하면 안 되나? 그러한 룰은 누가 만들었을까? 룰도 자기들이 만들고 그 룰에 의해 뽑히면 우리를 대표하고 우리에게 책임을 넘긴다. 우리가 필요에 의해 뽑았는데, 우리에게 군림하기도 한다. 참 세상 이치란.

생각에 골몰하다 보니 꽤 멀리 왔다. 지금은 집에 들어갈 시간도 아니니 차를 세우고 차 한잔 마셔야지. 커피를 먹으려면 항상 머뭇거린다. 수도 없이 많은 프랜차이즈들. 그러고 보니 번화한 교차로나 지하철역에는 프랜차이즈 일색이다. 은퇴하면 나도 하나 해야 하나 생각하다가 또 괘씸한 마음이 든다. 퇴직금 쏟아부어 빵집, 편의점, 하다못해 떡볶이집이라도 차리고 죽어라고 일해봐야 겨우 자기 인건비 번다는 얘기는 수도 없이 들었다. 이래저래 로열티며 재료비며 또 비싼 기계값 떼어가는 본사는 정말 땅 짚고 헤엄치기 아닌가.

다시 솟아오른 심통을 애써 가라앉혔다. 호흡을 가다듬으며 주차하고 들어선 곳에는, 커피 향만 가득한 게 아니라 원두커피와 커피농가의 그림이 그득하고 공정무역이라는 단어도 보인다. 그림 전체 분위기도 왠지 공정해 보이고 착해 보이기까지 한다. 요놈의 이중성은. 아무리 그래도 그렇지. 원두 재배농가의 몫은 0.1%, 5,000원짜리 커피에 고작 5원이라는 얘기를 들은 적 있다. 여기서 나름 아무리 착해져도 거기서 거기겠지.

도대체 시장이라는 게 뭐지? 만들어서 내다 팔고 그것을 판 돈으로 남이 만든 것을 사는 곳이 시장 아닌가? 결국 만든 것이 돈이 되고 만든 사람이 돈을 갖는 게 시장경제인데, 아무리 낙후된 재배농가라도 그렇지 고작 0.1%라니. 어라, 오늘 아침에 본 삼성전자 관련 기사도 같은 얘기네. 수많은 공장에서 엄청난 공정으로 열심히 만들고 생산하는, 누가 뭐래도 1등 기업 삼성전자. 전 세계 매출 1등을 애플과 다투는 최우수 제조기업. 그런데 이익은 애플의 1/6이나 1/7이란다. 생산과 제조는 다 다른 업체에게 맡기고 속 편하게 장사하는 그 애플. 도대체 이건 뭥미? 어쭈, 만드는 게 더 남는 것도 아니네. '만든 자보다 더 가진 자'가 있다는 것이잖아.

남이 만든 것을 연결만 해주는 회사 알리바바가 회사 평가액 132조를 외치고 그 자회사들도 가뿐히 수조를 넘기는 판국에, 몇 안 되는 대한민국 스마트폰 제조업체 하나가 사라질 판이다. 팬택은 외쳤다. '혁신은 이런 것이다.' 팬택은 제품과 기술의 혁신으로 만드는 자의 최강자의 길을 가려 했다.

"그러나 말이다···."

자연스레 되뇌게 되었다.

"현실은 그런 것이다. 현실은···."

순간 머리가 띵해졌다. 아이스 아메리카노의 얼음을 와자작 깨무니 갑자기 멍해졌다. 정확히 말하면 치아가 얼얼하고 냉기가 신경을 타고 올라 머리까지 아팠다. 그런데 그 얼얼함과 통증만으로 띵하고 멍해진 것은 결코 아니었다.

"아, 현실에는, 이 모든 현실에는, 지금까지 번잡하게 스쳐가며 오가던 모든 생각과 상황에는···."

한 가지가 있었다. 하나의 공통된 뭔가가 있었다.

그것이 서서히 머릿속에, 눈앞에 윤곽이 잡히다가, 입안에 맴돌았다. 오후 내내 머물던 심통과 짜증에 살짝 피곤하여 포기하는 마음이 겹쳐져서 그것을 입안으로 삼키려했다. 그러나 도저히 견딜 수 없는 한 덩이가 목구멍 속으로 넘어가지 못하고 드디어 입 밖으로 튀어 나왔다.

"매··· 개, 매개!"

존재 사이의 존재, 사이 존재, 존재 사이에 낀 존재. 그러나 권력과 부를 끌어 모으는 자, 얄밉지만 영리한 매개자.

더 이상 한적한 오후 광화문 스타벅스에서 커피나 들이키고 있을 수는 없었다. 뛰쳐나와 차를 몬다. 이번에도 애꿎은 앞차에 경적을 울려댄

다. 마음이 급하다. 급한 마음은 이미 채널, 아니 터널, 사직터널과 금화
터널을 통과해서 신촌의 사무실에 가 있다. 하긴 채널이나 터널이나 길
목에 자리 잡기는 매한가지지. 그리고 이상하게도 여러 사람들이 떠올랐
다. 밀란 쿤데라, 신영복, 기타노 다케시, 알프레드 히치콕, 케빈 베이컨,
법정 스님, 조조와 유비, 어린 왕자, 돈키호테, 마르크스 그리고 엄정화
까지도. 모두 내게 말을 걸어왔다. 그동안 나만 열심히 다가가고 있었는
데 처음으로 그들이 다가오고 있었다. "그래, 그래. 다 그 얘기이고 그게
이 변하는 세상의 단 한 가지 핵심이야."라고 제각각 이유를 들어 말해
주고 있었다.

책상에 앉았다. 그리고 쓰기 시작했다. 이래 뵈도 명색이 지식인인 대
학교수 아닌가.

매개는 흔하지 않다. 입에 착 달라붙는 용어도 아니다. 그래도 조금
논리적으로 폼 잡고 이야기할 때에는 심심치 않게 등장한다. 일상의 용
어로서도 심심치 않지만, 인간사에서 매개는 그만의 유구한 역사를 자랑
하기에 바쁜 것을 알게 되었다. 사람이 모여 사는 곳에 매개는 항상 감
초였으며, 사회가 성립된 곳에 매개의 존재는 늘 필연이었다. 정녕 흔하
지 않지만 흔한 이상한 존재다.

그럼에도 불구하고 매개는 부각되지 않았다. 매개는 사이의 존재이며,
파생적이고 기생적이니까. 무대에서 고작 조역이나, 종종 엑스트라나 단
역이겠지. 아니다. 생각해보니 부각되는 것을 바라지도 않았을 것이다.

사이에서 조용히, 무대 뒤에서 열심히 실리를 챙기고 있었으니까. 그것이 더 맞는 표현임을 깨닫자 묘한 미소가 입가에 머금어진다. 마치 판도라의 상자 속이라도 들여다본 것 같은 야릇한 느낌이다.

그런데 어마무시한 사실은 이 시대에 매개가 주인공으로 등장하고 있다는 거다. 이제는 부끄러움도 타지 않고 나서며, 보란 듯이 아주 대놓고 해먹고 있다. 오래 동안 있어왔으나 있는 듯 마는 듯하던 것이, 이제는 꾸역꾸역 스멀스멀 우리 앞에 보란 듯이 나타나고 있다. 무섭기도 하다. 원래 진정한 공포는, 늘 있어왔고 아무렇지도 않았던 것에 내재되어 있는 법이다.

차분히 적었다. 속 좁은 중년의 아저씨는 사라지고 어느새 속 깊은 연구자이자 교육자로 변해 꼼꼼히 이렇게 적고 있었다. 부富는 이제 물건을 만드는 자의 것이 아니다. 노란색의 카카오, 초록색의 네이버. 애플과 알리바바. 그 수많은 프랜차이즈와 SNS, 그리고 짝짓기와 배달 앱 등. 요새 잘나가는 기업이나 사업 하나둘 이름을 대보자. 플랫폼? 말이 좋아 플랫폼이고 생태계이지, 모두 얄미운 매개 비즈니스다.

권력도 더 이상 피와 땀으로 얼룩진 사람의 것이 아니다. 정치인과 미디어는 국민과 여론을 등에 업었다. 우리의 실생활과 비즈니스에서 수도 없이 길목에서 자릿세와 텃세를 요구하는 사이 존재들. 뭐 그리 대단한 일을 했다고. 생각해보니 유명 토론 사회자는 토론하지 않고 유명해지고, 오케스트라 지휘자는 정작 악기를 연주하지 않는 뮤지션이다. 오늘의 짜증과 깨달음의 계기가 된 밉상 그도 마찬가지다.

초연결 시대고 융복합 시대라고? 다 좋다. 그렇지만 눈 똑바로 뜨고 명심해야 한다. 연결이나 융합이 스포트라이트를 받고 있을 때 조용히 웃음을 참지 못하고 있는 자가 매개자다. 매개, 매개자. 만든 자보다 더 가진 자이고, 비용 있는 소유보다는 개념 있는 통제를 추구하며, 책임 없는 권력을 행사한다. 바로 이것이 매개의 시대에서 부와 권력의 비결이며, 이미 열려져버린 판도라 상자 안의 비밀이다. 이 책은 이렇게 쓰여졌다.

첫 번째 장인 '부와 권력의 중심이동, 매개의 전성시대'를 꼭 읽어보아야 한다. 공감할 것이다. 이미 우리의 삶과 비즈니스에 매개가 지천임을 곧 알아채게 될 것이다. 그리고 이어지는 8개의 장에서 8개의 매개자를 만나게 된다. 각각의 매개자에 대해서, 왜 그 매개자가 음지에서 양지로 나오고 있는지, 왜 더욱 기승을 부리게 될지를 알게 된다. 그리곤 힘주어 얘기하는 것을 듣게 된다. 매개자가 되라고. 물론 각각의 매개자로 성공하는 요점도 놓치면 안 된다. 마지막 열 번째 장까지 도달하였다면, 매개에 빠져들어 더 많은 내용을 원하게 될 것이다. 일단 8가지 색깔로 총정리 한번하고, 실용적으로 또 학술적으로도 꽤 쓸 만한 모델, '메디에이션 쿼드란트'를 접하면 어느 정도는 만족할 것이다.

이 책을 쓰는 동안 내내 3가지를 생각했다. 당신도 반드시 생각해봐야 할 것들이다.

먼저, 우리는 이 사이 존재 매개를 제대로 알아야 한다. 그래야 당하지 않는다. 이용당하지 않는다. 기생자 매개는 나와 우리가 없으면 뜻을 펼칠 수 없고, 파생자 매개는 남의 비즈니스를 편승해야 돈을 번다. 이 책에 등장한 인물 중, 내게 제일 먼저 말을 걸어온 삼국지의 조조가 이렇게 속삭였다.

"내가 세상을 버릴지라도 세상이 나를 버리지 못하게 하리라."

또한, 더 나아가 매개자가 되어야 한다. 우리네 하루하루 생활에서 그리고 기업경영과 사업개발에서 매개 비즈니스나 매개전략을 적용하는 매개자가 되어야 한다. In-Between(사이에 있음)이 아니라 Go-Between(사이에 들어감)이어야 한다는 얘기다. 능동적이어야 한다. 매개자가 되라, 매개하라.

마지막으로 거창하지만 피할 수 없는 초연결 융복합 세상에서, 이 정도는 알고 살아야 한다. 세상을 산다고 세상을 아는 것은 아니다. 비록 격렬하게 아무것도 안 하고 싶지만, 제발 맥없이 넋 놓고 살지는 말자. 이 책에서 인용된 인문과 경영, 그리고 약간의 기술적인 내용에는, 긴장하며 음미할 부분도 있고 긴장 풀며 흥미로울 부분도 있다. 음미와 흥미를 섞으며 읽어나가자. 읽어보면 알겠지만 공부하며 공들여 쓴 책이다. 공치사 공수표가 아니다.

자, 이제 시간이 되었다. 이 책으로 만나는 그대와 마주 앉아 얘기하며 함께할 시간이다. 더 이상 신경질적이지 않을 테니 걱정하지 않아도 된다. 물론 반말도 하지 않을 것이고.

"음음, 준비되셨나요?"

1

부와 권력의
중심이동,
매개의 전성시대

~

GO BETWEEN
매개하라

장티푸스 메리, 사도 바울,
케빈 베이컨

1906년 여름, 부유한 금융가 찰스 워렌Charles Warren은 미국 롱아일랜드 오이스터 베이에서 가족들과 휴가를 보내고 있었습니다. 그들이 휴가 기간에 고용한 요리사는 끝내주는 디저트를 만드는 실력이 있었고, 특히 그녀의 복숭아 아이스크림은 달콤하고 행복한 휴가의 상징과도 같았습니다.

그러나 그 달콤한 행복이 엄청난 불행으로 바뀌는 데는 딱 3주밖에 걸리지 않았습니다. 휴가가 끝나고 요리사가 떠난 후 3주가 지난 어느 날, 사랑스런 어린 딸부터 시작하여 11명의 가족 중 10명이 치명적인 장티푸스 증상을 보이게 된 것입니다.

주변 지역과는 상관없이 유독 워렌 가家에만 닥친 이 비극을 조사하던 의학자 조지 소퍼George Soper는 급기야 휴가 기간에 고용했던 요리사를 의심했으나, 그녀는 이미 행방불명이었습니다. 조지 소퍼는 얼마 후 다른 지역에서 집사 2명이 장티푸스로 입원하고 딸이 사망한 집을 찾게 되었고, 거기서 그 요리사를 발견하게 됩니다.

메리 말론Mary Mallon, 흔히 장티푸스 메리Typhoid Mary로 더 유명한 그 요리사는 아일랜드계로 키가 크고 뚱뚱하며 독신인, 그리고 건강한 여자였습니다. 조사결과 그녀는 요리할 때 손도 씻지 않았으며, 1900년 이후 뉴욕 근교에 출몰한 장티푸스와 직간접적으로 모두 관련이 있었습니다. 하지만 정작 본인은 아무런 증상이 나타나지 않은 건강 보균자였습니다.

뉴욕시 보건당국은 그녀를 즉시 격리 수용했고, 그녀는 격렬하게 항의했습니다. 결국 메리 말론은 인권단체 등의 도움을 받아 1910년에 석방됩니다. 물론 다시는 요리사로 일하지 않겠다는 각서를 쓰는 조건으로 말이죠. 하지만 5년 후 또 다른 장티푸스가 창궐했을 때, 메리 브라운으로 이름을 바꾼 그녀는 한 산부인과 병원에서 체포되었습니다. 거기에서 또 요리사로 일하고 있었던 것입니다.

그녀가 영원히 사회에서 격리되기 전에 공식적으로 확인된 전염자는 51명이고 이 중 3명이 사망했습니다. 하지만 그녀를 매개로 장티푸스에 걸린 피해자는 수백수천 명 이상이라는 것이 정설입니다. 그녀는 폐렴으로 죽을 때까지 스스로가 장티푸스 보균자라는 사실을 믿지 않았다고 합니다. 부검 시 그녀의 쓸개에서 엄청난 숫자의 장티푸스균이 발견됩니다.

장티푸스 메리는 전염병의 감염과 확산에 있어서, 세균 자체보다 세균을 매개하는 보균자의 중요성을 강조할 때 자주 인용되는 사례입니다.

특히, 인류의 가장 큰 적이라 할 수 있는 악성 바이러스는 세균과는 달리 자체적으로 생리대사 작용을 하지 못해 반드시 기생할 숙주가 필요합니다. 근세에 우리를 공포에 떨게 만든 악명 높은 전염병들은, 대개 동물을 숙주로 삼아 자신을 번식시키고 변이시킨 바이러스라고 합니다.

예컨대 1920년 경 전 세계에서 무려 5,000만 명을 사망으로 몰아넣은 스페인 독감은, 2000년대 초반 아시아를 중심으로 빠르게 확산되었던 조류 인플루엔자와 같은 것임이 확인되었습니다. 또한 사스SARS 바이러스는 최초에 중국 어느 동굴의 박쥐를 숙주로 삼았고, 에이즈AIDS를 유발하는 면역결핍바이러스는 아프리카 원숭이가, 근자에 우리를 공포로 몰아넣은 메르스는 낙타가 숙주라고 합니다. 그렇다면 이 숙주들은 어떻게 바이러스의 매개자가 되었으며 또 어떻게 매개하여 전염병을 창궐시켰을까요? 병원체 자체뿐 아니라 이를 매개하는 매개자와 매개방식에 관심을 가져야 합니다.

이젠 무거운 전염병에서 벗어나 희망의 복음 얘기를 해보겠습니다. 인간 역사에서 가장 성공적으로 세계화된 종교인 기독교는 유대교의 한 분파인 지역 종교로 출발했습니다. 33세에 처형당한 예수의 죽음, 그리고 부활의 메시지를 유대 지역 너머로 전달한 사람이 있었습니다. 바로 사도 바울입니다. 사실상 기독교를 서구의 지배적 종교로 만든 일등공신인 사도 바울은, 아이러니하게도 예수를 한 번도 만난 적이 없었습니다.

초창기 기독교는 유대교와 로마 당국 모두에게 이상한 문제 집단으로 낙인찍혔고, 바울은 로마 시민권을 갖고 있는 보수 유대교도로서 기독교 인들을 탄압하고 박해한 사람이었다고 합니다. 그런데 그런 그가 서기 34년 어떠한 계기로 전향했고, 그 후로 걷고 또 걸었습니다. 12년 동안 총 1만 6,000km 가까이 걸어 다니며 복음을 전파했습니다. 직접 찾아가 거나 편지를 전하는 것 외에는 다른 전달 방식이 없었던 시절이었지만, 바울은 그러한 시대적 한계에 굴복하지 않았습니다. 에게 해 연안 일대에 서 사람들이 많이 모이는 곳, 그리고 교통의 요지를 중심으로 이동하며 철저하게 전도의 효율성을 꾀합니다.

또한 그는 자신이 개척한 교회와 공동체에 개별적으로 편지를 보냈습 니다. 그 편지는 누구라도 읽을 수 있고 최대한 공감하고 교화될 수 있 는 내용으로 기술했습니다. 갈라티아 신자들에게 보낸 편지인 〈갈라디아 서〉, 필리피 신자들에게 보낸 〈빌립보서〉 등을 읽어보면 그 사실을 알 수 있습니다. 《신약성서》 27서書 중 과반수에 가까운 그의 편지는 결코 수신 자만을 위한 메시지가 아닙니다. 그가 모두에게 전하고자 했던 복음입니 다. 아무튼 사도 바울이 기독교 역사상 최고의 세일즈맨이자, 복음의 전 략적 매개자임은 부인하기가 어려울 것입니다.

장티푸스 메리는 전혀 의도하지 않았지만 자기도 모르게 매개자가 되 었고, 사도 바울은 절실히 원했기 때문에 스스로 적극적인 매개자가 되 었습니다. 의도를 했든 안 했든, 자신이 퍼트린 것이 죽음의 전염병이든 생명의 복음이든, 그들은 충실하게 매개자 역할을 한 것입니다.

장티푸스의 매개로서 메리는 요리사로 일했던 워렌 가와 산부인과 병원에서 특히 그 위력을 떨쳤습니다. 왜 그랬을까요? 두 곳은 공통점이 있습니다. 연결이 잘되어 있다는 것입니다. 워렌 가 사람들은 휴가지에서 항상 함께 음식을 먹었고, 산부인과 병원에 입원한 환자들 역시 메리가 만든 같은 음식을 먹었습니다. 한 집안처럼 가족들이 촘촘히 연결된 곳에서 매개는 강력해지고, 그 시절 출산 병원처럼 사람이 많이 모여 연결된 곳에서 매개는 더욱 강력해집니다. 한편, 사도 바울은 낯설고 먼 곳까지 힘들게 찾아다니며 결국은 연결시키고 복음의 공동체로 만들어 매개의 소임을 다했습니다.

여기서 좀 더 진지하게 생각해보겠습니다. 우리가 매개하기를 의도한다면, 그리고 매개하는 데 좀 더 전략적이고 지능적인 방법을 동원한다면, 사실 여러분이 상상한 것 이상의 대단한 일을 해낼 수 있습니다.

MSN 메신저를 기억하나요? 지금은 페이스북, 트위터, 카카오톡의 성황으로 기억조차 희미해졌지만, 한때 MSN 메신저는 전 세계에서 3억 3,000만 명이 사용하며 메시지를 주고받았습니다. MSN 메신저가 대세를 만끽하던 시절에, 마이크로소프트의 연구원인 에릭 호비츠Eric Horvitz는 지난 100여 년 가까이 심심치 않게 구설수에 올랐던 하나의 가설을 실증해보기로 마음먹습니다.

지구에 사는 수많은 사람들 중에서 전혀 모르는 두 사람이 연결되려면 과연 몇 사람을 거쳐야 할까요? 예컨대 대한민국 서울에 사는 김 씨가, 아프리카 추장이나 할리우드 유명배우와 연결되려면 말입니다. 언뜻 생각해보면 수십 명 이상 거쳐야 할 것 같아 보입니다. 하지만 에릭 호비츠는 전혀 모르는 두 사람의 인간관계의 거리가 우리가 생각하는 것만큼 그리 멀지 않다는 가설을 세웠습니다. 그리고 그 가설을 실제로 증명해보고 싶었습니다.

2006년 6월, 호비츠는 MSN 메신저 사용자 1억 8,000만 명이 한 달 동안 주고받은 300억 개의 메시지를 분석하여, 무작위로 추출한 두 사람이 연결되려면 중간에 몇 사람을 거쳐야 하는지 조사합니다. 다시 말해 한 사람에게서 몇 단계를 거쳐야 다른 한 사람에게 도달하느냐는 것인데, 결과는 놀랍게도 평균 6.6단계에 불과했습니다. 단지 6명 정도의 매개자가 있다면 1억 8,000명 중 누구와도 연결할 수 있다는 것입니다! 물론 6.6은 평균치이고 그중에는 최대 29단계를 거쳐야 연결된 경우도 있었지만, 전체의 78%가 7단계 이내에서 연결되었다고 합니다.

이러한 인간의 사회적 관계와 연결거리에 대해 앞서 세간의 이목을 집중시킨 사람은, 사회심리학 역사상 가장 많은 논쟁거리를 제공한 하버드대 스탠리 밀그램Stanley Milgram입니다. 그는 미국의 비교적 한적한 도시인 위치타와 오마하의 주민들을 무작위로 선택하여, 매사추세츠 주 보스턴의 주식중개인 또는 샤론의 신학대학원생의 부인에게, 지인들을 활용하여 편지를 전달해달라고 부탁합니다. 총 160개의 편지 중에서 42개가 생면부지의 그들에게 도달했고, 중간에 거친 사람들의 숫자는 평균 5.5명이었습니다.

1967년, 이 실험결과에 고무된 밀그램은 반올림해서 6명만 거치면 누구나 서로 연결된다고 주장했습니다. 흔히 '6단계 분리 이론six degrees of separation'으로 불리는 것이 바로 이것입니다. 종종 실험 대상자의 수가 제한적이라는 이유로 신빙성에 대해 비판을 받기도 합니다. 한편에서는 일부 사람들이 밀그램의 이 아이디어가 라디오를 발명한 마르코니Guglielmo Marconi의 것이다, 혹은 프리제시 카린시Frigyes Karinthy의 1929년 단편소설 '연쇄Chains'에서 착안한 것이다 하며 비꼬기도 했습니다. 하지만 어쨌거나 이를 논증하고 확산한 것은 확실히 밀그램이었습니다.

여기서 6.6단계나 5.5단계는 인간의 사회적 연결거리를 측정한 것입니다. 단일 민족인 우리나라의 경우는 더 나아가 3.6단계라는 연구결과도 있습니다. 정녕 "세상 참 좁다." 싶습니다.

그렇지만 감탄에 그치지 말고 조금 더 나아가 생각해볼까요? 과연 이 '스몰 월드small world'를 가능하게 했던 그 중간단계의 사람들은 어떤 사람들이었을까요? 어떤 사람들이 연결거리를 좁히는 역할을 충실히 했을까요? 다시 연결의 매개자에 집중해봅시다. 이번에는 연결거리가 아니라 '연결고리'입니다.

비슷한 얘깃거리 중 연결고리에 대해 흥미로운 것은, 단연 케빈 베이컨 게임입니다. '영화 좀 봤다.' 하는 사람이라면 영화배우 케빈 베이컨의 얼굴이 금방 떠오를 겁니다. 70편이 넘는 영화에 주연이나 주연급 조연을 맡았던 그가, 함께 출연했던 다른 배우들을 통해서 할리우드의 배우 대부분과 연결되어 있다는 발상에서 시작된 게임입니다.

실제로 버지니아대 학생 2명이 인터넷 영화데이터베이스www.imdb.com를 활용하여 케빈 베이컨 게임 사이트를 만들었고oracleofbacon.org, 이 사이트는 1997년에는 〈타임〉 지가 선정한 톱10 사이트에 오르기도 합니다.

정작 케빈 베이컨은 자신의 유명세를 드높여준 이 게임을 별로 좋아하지 않았다고 하지만, 다양한 장르의 여러 작품에 출연했던 그가 할리우드 배우들 사이에 인간관계의 매개자이자 중요한 연결고리임은 부인할 수 없습니다.

우리 주변에서도 그런 사례를 흔히 찾아볼 수 있습니다. 유독 다양한 인간관계를 가지고 이들을 유지하고 또 연결하는 사람들이 있습니다. 쉬운 말로 '마당발', 네트워크 용어로는 '허브hub'라 부르는 사람들입니다. 그들은 단순히 한 단계에 해당하는 연결거리도 아니며, 그냥 하나의 연결고리도 아닙니다. 연결과 소통을 위해, 혹은 더 나아가 특정한 목적을 위해 매개를 의도한다면, 우리는 그 '허브 매개자'들을 중요하게 인식하고 전략적으로 활용해야 합니다.

앞에서 밀그램은 무작위로 추출된 대상에 대해, 특별한 목적의식 없이, 단순한 쌍방연결만으로 6.6이라는 숫자를 얻었습니다. 하지만 만약 우리가 뚜렷한 목표대상을 설정하고, 뚜렷한 연결의 이유를 갖고, 지능적이고 전략적으로 매개자와 허브 매개자를 이용한다면 어떻게 될까요? 과연 우리가 사는 세상은 얼마나 더 좋아질까요?

인간사회의
숨겨진 핵심

매개mediation는 일상적으로 쓰이는 흔한 용어는 아닙니다. 그렇지만, '둘 사이에서 양편의 관계를 맺어줌'이라는 사전적 의미가 꽤 포괄적이어서, 의외로 다양한 분야에서 자주 등장하고 있습니다. 먼저 여러분의 추억 속에 아직 생생한 수식 하나를 살펴보겠습니다.

y = ax + b

x는 독립변수, y는 종속변수로, x가 정해지면 y는 저절로 정해집니다. 시험에는 이렇게 간단한 1차 방정식이 아닌 좀 더 복잡한 수식이 나왔고, x값 또는 y값을 구하려 끙끙거렸던 기억이 다들 있을 것입니다. 기억할지 모르겠지만, 여기서 a와 b를 매개변수parameter라 부릅니다.

대개의 시험문제에는 a와 b가 숫자로 주어집니다. 관심의 대상은 항상 x와 y였지요. 그러나 x와 y는 그들만의 독립과 종속의 관계가 아닙니다. 사실 그들의 관계를 정하는 것은, 그들을 매개하는 매개변수인 a와 b의 값입니다. 현실의 문제를 수식의 모델로 해결하고자 할 때 종종 간과하는 것이 바로 이 매개자들입니다.

역시 철학에서 매개의 의미를 가장 진지하게 사유합니다. 매개는 다른 것들과의 관계 속에 있는 존재입니다. 더 나아가 사물은 고립되고 독립적으로 있는 것이 아니라, 서로서로 영향력이나 관련성을 주고받으며 존재합니다. 그 속에서 스스로의 성질과 상태를 정립하는 것이므로, 사물을 연관시키는 매개가 존재의 조건이라는 얘기입니다.

철학 하면 떠오르는 몇몇 철학자들 중 하나인 게오르크 헤겔은 사고의 전개와 운동의 원리로서 매개를 보았고, 유명한 그의 변증법에서 '정正과 반反을 합合하는 것'으로 매개를 간주했습니다.

그런데 이러한 매개의 철학적 논의를 조금 더 따라가 보면, 인간사회에서 매개가 왜 필연적일 수밖에 없는지에 대한 흥미로운 얘기가 등장합니다.

헤겔은 자연스레 매개를 인간사회에 흔히 나타나는 정과 반의 대립을 중재하는 순기능으로 인식하였지만, 학창 시절 헤겔을 신봉하였으나 결국 이탈한 독일의 한 철학자는 역시 자연스레 매개에 대해 반대의 생각을 갖게 됩니다. 그는 누구보다도 인류 정치사에 커다란 영향을 준 카를

마르크스의 매개 1

마르크스입니다. 마르크스는 종교개혁 시기의 로마 가톨릭 교회를 비판하기 위해 매개를 사용합니다.

그의 부정적인 논조는 이렇습니다. 그는 인간과 인간을 구원하는 하나님을 궁극적인 두 존재로 보았을 때, 그 사이에서 인간과 하나님을 매개하기 위해 예수가 출현했다고 합니다. 여기까지는 삼위일체trinity 관점에도 크게 거슬리지 않습니다. 문제는 그다음인데, 예수와 성도를 매개하기 위해 교회가 생겨나고, 또 그 교회와 성도를 매개하기 위해 성직자가 생겨나, 인간이 도달해야 할 하나님이라는 본질에서 점점 멀어진다는 것입니다. 그뿐 아니라, 성직자가 교회보다, 또 교회가 본질인 하나님보다 우선시되며 무력한 성도들에게 군림하게 된다는 뜨끔뜨끔한 지적을 했습니다.

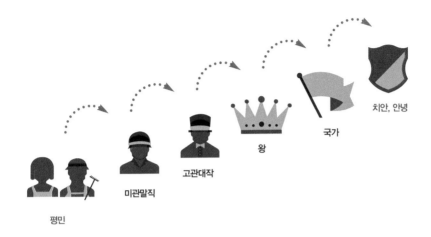

마르크스의 매개 2

비단 종교뿐일까요? 인간은 자신들의 안전과 안녕을 위해 국가를 만들었습니다. 국가를 상징하고 대표하기 위해 왕을 추대하였으나, 국가가 성장할수록 왕과 국민들 사이는 멀어져갑니다. 왜냐고요? 왕과 국민 사이에 신하와 관료 계층이 하나둘씩 생겨났기 때문입니다. 인간은 스스로를 위해 국가를 만들었지만, 국민과 국가의 관계를 매개하는 매개자들에 의해 심지어 복종을 강요받는 것이 일반적입니다.

이쯤에서 미국 역사상 3대 명연설에 꼽히는, 존 F. 케네디의 1961년 대통령 취임사의 문구를 떠올려봅니다. 아마 못 들어본 분은 없을 것입니다.

"국가가 당신을 위해 무엇을 해줄지 묻지 말고, 당신이 국가를 위해 무엇을 할지 물어보라."

아직도 이 말이 멋있고 감동적인 문구로 느껴지나요? 매개의 관점에서 곱씹어보면 케네디의 이 연설은 멋있지도 감동적이지도 않다는 지적이 있습니다. 당신과 우리가 스스로를 위해 국가를 만들었지만, 그 국가를 위해 우리와 당신이 봉사하라는 얘기로 들린다는 것입니다.

인간이 사회를 구성하고 살아가는 데 매개는 필연적입니다. 우리는 끊임없는 사회적 활동을 위해 의도적으로 매개자를 만들기도 하고, 우리가 의도하지 않았더라도 남들이 만들어낸 매개에 적응하며 살아갑니다. 거창하게 국가까지 들먹일 필요도 없습니다. 생각해보세요. 나의 편의나 안위 등 어떠한 이유 때문에 누구를 대신 내세우고 그에게 박수친 적이 없나요? 없다면 이상합니다.

만나고 싶은 사람을 만나기 위해 만난, 그 길목을 지키는 사람 때문에 힘들었던 적이 없나요? 이것 역시 없다면 이상한 사람입니다. 매개는 그렇게 필연적이고 흔한 현상입니다.

그런데 우리가 지금 새삼스럽게 매개에 집중하고 집착해야 할 이유가 있습니다. 바로 본격적인 매개의 시대가 도래하기, 아니 이미 도래했기 때문입니다.

폭증하는 매개,
폭등하는 매개의 힘

'새로운 시대'라는 말은 지금 시대의 새로움을 표현하기에는 너무 진부합니다. 부족하기도 하고요. 그렇다고 흠뻑 와 닿는 적절한 단어가 있는 것도 아니니 좀 답답합니다.

1982년에 앨빈 토플러가 《제3의 물결》에서 정보화시대를 예견한 후, 1990년대부터 디지털, 유비쿼터스, 지식경제, 그리고 스마트까지 그 상징적 역할을 한 단어들이 줄을 섭니다. 불과 지난 25년 동안 일어난 일입니다. 여기에 최근 등장한 '초연결hyper-connected 시대'가 가세했습니다. 여기서부터는 가히 '매개의 시대'라 얘기할 수 있습니다. '매개의 시대'라 불러야 하는 이유를 들어보기 바랍니다.

먼저, 모든 것이 더 많이 연결되고 있습니다.

2014년 2월 25일, 우연한 기회에 대통령의 경제혁신 3개년 계획 연설을 듣게 되었습니다. 늘 들어왔던 상투적인 단어가 반복적으로 들리는가 싶더니 갑자기 '사물인터넷Internet of Things, IoT'이라는 말이 귀에 쑥 들어왔습니다. 어라, 대국민 연설에 사물인터넷이라니. 쉽지 않은 최신 전문 기술용어를 언급한 것입니다.

이렇듯 대통령도 남녀노소 국민에게 스스럼없이 얘기하는 것이 사물인터넷입니다. 시간과 공간을 초월하여, 인터넷과 모바일은 사람과 사람을 연결해주었고, 유비쿼터스와 스마트 기술은 사람과 사물까지 그 연결을 확장시켜 주었습니다. 이제 여러 사물들도 자기들끼리 연결하고 있으니 가히 만물이 연결되는 만물인터넷Internet of Everything, IoE입니다.

그런데 비단 연결의 대상만 확대된 것이 아닙니다. 경제학의 개념을 빌리자면, 연결은 연결이 연결을 낳으니 네트워크 효과network effect가 있고, 연결할수록 연결이 쉬워지니 수확체증의 법칙increasing returns of scale이라는 속성도 가졌습니다. 조금 딱딱해진 것 같아 그냥 간단히 말하면, '연결의 속도'도 증대하고 있다는 겁니다. 그것도 상상하기 어려울 만큼 엄청난 속도로 말입니다.

당연히, 더욱 연결되면서 더욱 매개되고 있습니다.

더 많은 것이 더 빠른 속도로 연결되면서 매개도 덩달아 폭발적으로 증가합니다. 왜냐하면 연결에는 매개가 존재하기 때문입니다. 그 매개는 사람일 수도 있고 사물일 수도 있습니다. 누구와(혹은 무엇과) 연결이 되었다면 그 사이에 매개가 있을 테고, 또 누구와(혹은 무엇과) 연결하기 위해 매개를 사용하기도 합니다.

하나의 연결을 위해 다수의 매개가 존재하는 경우도 있습니다. 예를 들어, 우리가 어떤 사람에 대해 알아보고 싶다면 사람을 쓸 수도 있고 인터넷을 뒤질 수도 있습니다. 그의 홈페이지나 블로그, 페이스북을 둘러볼 수도 있습니다. 그런데 단순히 그에 대한 정보를 알아내는 것을 넘어서 그와 소통하고 싶다면, 마찬가지로 사람, 편지, 전화, 이메일, 문자, 카카오톡 등 방법은 많습니다. 일방향이든지 양방향이든지 연결되니 더욱 매개되고, 더욱 연결되니 더더욱 매개되고 있습니다. 그리고 하나의 연결에도 다양한 매개방법이 있으니 정말 사방팔방이 온통 매개입니다. 이제는 별 감흥 없는 용어가 된 '네트워크 사회'라는 말을 들어본 적 있을 것입니다. 네트워크 사회의 본질은 연결 사회이고, 그 핵심은 매개 사회가 아닐까요?

게다가 매개는 스스로 진화합니다.

그런데 매개는 연결에 결코 수동적으로 끌려 다니지만은 않습니다. 매개가 일정 수준 이상의 관계를 연결하게 되면, 그 매개는 점차 스스로 강력해지는 경향이 있습니다. 매개가 많은 대상을 연결하게 되면, 오히려 연결하려 하는 대상이 연결의 용이성을 위하여 스스로 매개를 찾게 됩니다. 우리가 마당발을 찾게 되고, 처음에는 사람늘을 애써 모았던 포털 사이트가 어느 순간부터는 사람들이 긴히 찾는 허브 포털이 되는 경우처럼 말입니다. 처음에는 연결을 위해 매개가 존재하지만, 나중에는 매개를 위해 연결이 존재하는 듯 보입니다.

한편, 매개는 특정의 연결선상에서 계속 매개를 만들어내는 방식으로 진화합니다. 매개가 연이어 매개되고 또 매개되는 현상을 '재매개'라고 합니다. 앞에서 소개한 마르크스의 종교와 국가에 대한 다소 불편한 일침을 한 번 더 떠올리지 않더라도, 일상에서 볼 수 있는 '다단계 판매'를 생각해보면 이해하기 쉬울 것입니다. 단계가 계속 생기는 다단계와 같이, 하나의 연결을 위해 그 사이에 여러 매개가 계속 생기면서 증식하기도 합니다.

결국 연결되니 매개되고, 매개하니 연결하는 시대가 된 것입니다. 그렇다면 총칼 없는 전쟁이라는 비즈니스의 세계는 어떨까요? 우리네 일상생활의 소통과 인간관계 연결과는 차원이 다르게 매개를 심도 있게 고민해야 합니다.

매개를 기반으로 하는 산업, 즉 매개산업을 '상품을 생산하는 대신 생산자와 소비자의 관계를 맺어줌으로써 이윤을 창출하는 기업군'이라 정의해봅니다. 경제사회의 대표적 매개체인 화폐를 거래하고, 마르크스가 대표적인 자본주의 매개사업이라 지칭했던 금융업이 매개산업입니다. 유통업도 당연히 그렇습니다. 물론 서비스업도 매개산업의 특성이 강하고요. 생산자와 소비자를 연결하고, 상품을 전달하는 것이 유통업과 서비스업의 본분이니까요. 물론 상품이나 근원적 가치를 생산하지는 않습니다.

그런데 여기서 질문 하나. 이들의 또 다른 공통점은 무엇일까요? 평소에 경제와 산업에 관심을 두고 있었다면 이 질문이 그리 어렵지 않을 것입니다. 그렇습니다. 이들 모두 선진국이라 불리는 나라들이 엄청난 부가가치를 향유하며 득세하고 있는 산업입니다.

그것 외에 중요한 공통점이 하나 더 있습니다. 그게 뭘까요? 바로 초연결 시대, 즉 매개의 시대를 만들어준 IT를 다른 어떤 산업보다도 적극적으로 활용하는, 아니 그래야만 하는 산업들인 것입니다.

매개산업을, 직접 매개를 수행하지 않아도 '매개를 가능하게 하는 상품을 생산하는 기업군'까지 그 범위를 넓혀보겠습니다. 그렇다면, IT산업은 매개산업의 총아라 할 수 있습니다. 금융, 유통, 서비스, IT산업에 앞으로 펼쳐질 이들의 다양한 융복합산업까지…. 어떤가요, 이쯤 되면 매개의 시대라 할 수 있지 않을까요?

조금만 더 얘기해보겠습니다. 근자에 비즈니스 전략의 화두가 되고 있는 플랫폼platform이나 생태계business ecosystem는 매개의 한 부류입니다. 최근에 〈포춘〉이나 〈포브스〉가 선정한 성장률 높은 기업들을 볼까요? 갑자기 M&A로 덩치를 키웠거나 내수를 기반으로 급격히 세계 시장에 발을 내딛은 중국 기업이 아니라면 모두 매개산업 또는 매개 중심의 사업모델을 갖고 있는 기업들입니다. 이러한 매개 기업들은 앞으로 계속 폭발적으로 등장할 것입니다.

어떤가요, 이만하면 매개의 전성시대라 할 수 있지 않을까요?

생각을 바꾸어보세요. 매개의 시대에, 매개를 바라보지만 말고, 매개를 합시다. 그러기 위해서, 장티푸스 메리가 되어봅시다. 싫다면 사도 바울이 되거나, 케빈 베이컨이 되어봅시다. 연결되는 대상이 아닌 연결하는 주체, 즉 연결을 가능하게 해주는 매개자가 되어보자는 말입니다. 6단계, 7단계, 또는 5.5나 6.6의 연결거리나 계산하고 있지 말고, 우리가 직접 연결고리가 됩시다.

매개자 mediator의 다른 영어 표현은 '고 비트윈go-between'입니다. 양편의 관계를 위한 '사이에 있음be-between'과는 다소 어감이 다른 '사이에 들어감'입니다. 수동적이고 파생적으로 보기보다는 능동적이고 진취적으로 매개를 바라보면서, 매개를 십분 활용합시다. 그러기 위해 매개자가 되자는 것입니다.

부자는 3가지 레벨이 있다고 합니다. 가장 하수는 자신이 스스로 열심히 일해서 돈을 버는 부자입니다. 중간 레벨의 부자는 자신이 아니라 남이 열심히 일해서 돈을 벌어줍니다. 마지막으로 가장 고수는 돈이 돈을 벌어주는 부자입니다.

앞에서도 말했지만, 매개 비즈니스는 재화를 직접 생산하지 않습니다. 남이 열심히 만든 물품으로 이윤을 챙기니, 부자의 레벨에 비유하면 중간은 되는 셈입니다. 더욱이 매개 자체를 확대하고 확산하여 착복하는 매개자는 맨 위층의 부자와 필적하는 비즈니스의 고수라 할 만합니다.

인간이 사회를 구성하여 수많은 사람들과 수없이 많은 일들을 하는 데 매개는 필연적입니다. 인간이 필요에 의해 매개자를 만들지만, 한번 만들어진 매개자는 자발적으로 그 세력을 넓혀갑니다. 점점 좁아지는 세상에서 비즈니스 세계는 더욱 치열해져가고, 그 속에서 매개자의 치명적인 매력을 알아채고, 거기에 편승하고 주력하는 기업들의 승전보가 그득합니다.

급변하는 세상을 바라보며 '중성자탄' 잭 웰치는 별명에 걸맞게 냉정하게 한마디 합니다.

"내부보다 외부가 더 빠르게 변하고 있다면 끝이 가까워진 것이다."

비즈니스 세계에서는 승자 아니면 패자입니다. 그러니 외부가 승자면 내부는 패자일 뿐입니다.

단언컨대 매개의 전성시대입니다. 어느덧 일상이 되어버린 매개의 시대에, 우리는 매개와 매개자를 제대로 음미해야 합니다. 매개의 다양한 종류와 역할, 매개자로서의 힘과 성공전략을 진지하게 알아야 할 필요가 있습니다. 다른 세상에서는 다른 생각을 해야 하고, 그래야 다른 성공을 할 수 있기 때문입니다.

자, 이제 숨 돌리고 다음 장으로 갑니다. 천천히 그리고 찬찬히 시작해보겠습니다.

2

초연결 시대,
권력은
길목에서 나온다

FILTER

길목의 매개자 ― 필터

참을 수 없는
존재의 가벼움

먼저 생각해볼 것이 있습니다. 매개가 둘 사이에서 관계를 맺어주는 것이라고 한다면, 그 둘이 존재하고 그 둘이 관계한다는 의미입니다. 다르게 말하면 이미 존재하는 둘이 어떠한 이유로 매개자에 의해 관계를 맺게 된다는 식이라는 것이죠.

내가 어떤 모임에 참가하여 너를 만나고, 적령기의 선남이 결혼중개업 서비스에 가입하여 곱게 성장한 선녀를 만납니다. 그동안 잘 살아오던 나와 네가 어떤 모임을 계기로 친구가 되고, 곱게 자란 선남선녀가 중개업자를 통해 부부가 되는 흔한 일상의 흐름입니다.

비즈니스 세계에서도 이런 일은 지천입니다. 그간의 성공으로 자본이 확보된 A기업이 힘겹게 버텨온 B기업을 전문 브로커를 통해 인수하고, 삼성전자는 삼성전자 또는 통신사 대리점이나 인터넷 쇼핑몰에서 우리들에게 갤럭시 폰을 팝니다. A기업과 B기업은 하나의 회사가 되었고, 삼성전자와 우리는 '또 하나의 가족'이 되었습니다. 별로 특별한 얘깃거리가 아니죠.

혹시 이렇게 말해보면 어떨까요? '내가 너를 만나게 해준 것은 그 모임이고, 선남선녀를 짝지어준 것은 그 중개업자다.'라고요. 내가 너 같은 좋은 친구를 만나려면 어느 모임에 나가야 하며, 평생의 반려자를 소개받으려면 어떤 결혼중개업자에게 문을 두드려야 할까? 어떤 전문 브로커가 우량하고 발전 가능성이 큰, 그러나 자본력이 약해 시장에 매물로 나온, 우리 기업에 적합한 기업을 제안해줄 것인가? 비용 대비 효과 측면에 과연 어떠한 채널이 갤럭시 신상품에 대한 판매실적이 좋은가?

이제는 더 이상 사소한 얘깃거리가 아닙니다. '누가 누구와 어떻게'를 '어떻게 누가 누구와'로 바꾸니 사소하지 않게 된 것 입니다. 요점은 이렇습니다. 존재보다는 관계에 집중해보자는 것입니다. 다시 말해, 존재하는 존재를 관련시키는 관계로 보지 말고, 관계를 통해 존재를 존재하게 하는 발상을 가져보자는 것입니다. 말이 좀 복잡해 보이나요?

사실 존재냐 관계냐 대해서는 꽤나 설득력 있는 담론이 있습니다. 《감옥으로부터의 사색》이라는 책으로 시대의 곡절을 같이한 지식인의 정서를 담담하게 보여준 신영복 교수는, 원래 경제학자입니다. 그는 20년 20일간 감옥에서의 사색을 통해 동양고전을 해석하는 데 남다른 경지에 오르게 됩니다. 그 해석의 한 줄기가 '존재와 관계'에 대한 성찰입니다.

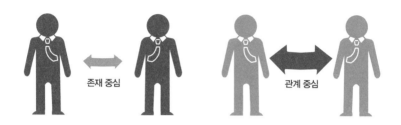

존재보다 관계 중심

    유럽 근대사의 구성원리가 '존재론'인데 반해, 동양의 사회 구성원리는 '관계론'이라는 것이 요지입니다. 존재론에서는 세상의 기본단위를 개별적인 존재로 인식하고, 그 존재가 자기 증식이라는 운동원리로 성장하며, 존재들 간의 충돌을 최소화하는 것이 사회의 질서를 유지하는 것으로 보고 있습니다. 이러한 서구의 관점은 자본주의의 작동이치와 상통하여 당연히 현대사에서 패권을 획득하는 데 일조했습니다.

    그러나 관계론에서는, 배타적 독립성이나 개별적 정체성에 주목하지 않습니다. 존재의 '관계'가 바로 그 존재의 '본질'을 가장 잘 설명하는 것이라고 합니다. 중국 중심의 동양사상의 핵심적 개념이라 할 수 있는 인仁은 人+人, 즉 이인二人의 의미라 합니다. 영어의 인간은 human being으로 존재의 being이지만, 한자의 人間은 人 사이, 즉 人과 人의 관계로 이해하는 것으로 대별됩니다.

영어 교과서는 'I am a boy. You are a girl.'로 존재를 지칭하는 것으로 시작되나, 반면 한자 교육은 '천지현황天地玄黃', 즉 '하늘은 검고 땅은 누르다.'로 비교적인 관계를 설명하는 것으로 시작한다고 지적합니다. 어쨌든 관계론의 관점에서 개별 존재의 의미와 역할은 그것이 맺고 있는 관계망 속에서 상대적으로 규정되고, 관계로 규정된 이후에 비로소 존재하게 된다는 것이 신영복 교수의 주장입니다.

사실 그것 말고도 이러한 동서양의 인식 차이는 잘 알려져 있습니다. 예를 들어 원숭이, 바나나, 판다 셋을 나열하고 이 중 유사한 둘을 묶어보라고 하면, 서양인은 원숭이와 판다를, 동양인은 원숭이와 바나나를 선택한다고 합니다. 각 사물의 개별적 존재를 중시하는 서양인은 원숭이와 판다가 둘 다 동물이라는 이유로 묶고, 전체의 조화로운 관계를 중심으로 생각하는 동양인은 바나나를 먹는 원숭이를 묶는다는 것입니다.

또, 차 한잔을 더 권하더라도 영어로는 '(Would you like to have) More tea?'이고, 우리말로는 '(차) 더 마시겠습니까?'입니다. 분명한 차이가 느껴지나요? 서양인은 각 개체의 존재 이름인 '명사'를 통해 세상을 보는 데 비해, 동양인은 개체 간의 관계를 설명하는 '동사'를 통해 세상을 바라본다는 것입니다.

그렇다고 이러한 관계 중심적인 시각이 동양의 전유물이라고 볼 수는 없습니다. "나는 생각한다, 고로 나는 존재한다."라는 데카르트의 말처럼, 존재를 규명하는 이성이 형이상학적 인간의 근원이라는 합리주의도

서양사상의 중요한 축입니다. 하지만 반대로 경험주의가 강조하는 경험은 근본적으로 '사물과 지각의 관계'에 의한 것이라 할 수 있습니다.

그밖에도 서구적 관계 중심 사상이 많이 있지만, 이번에는 흔히 20세기 최고의 걸작이라고 칭송받는, 그래서 한 번쯤은 필독을 권할 만한 소설을 언급하고자 합니다.

밀란 쿤데라의 《참을 수 없는 존재의 가벼움》을 읽어보았는지 모르겠습니다. 읽지 않았더라도 제목은 한 번쯤 들어보았을 것입니다. 이 소설에는 테레사, 토마스, 사비나, 프란츠, 네 명의 주인공이 등장합니다. 때로는 테레사가 키우는 카레닌이라는 개까지도 주연으로 간주하기도 합니다.

소설은 주인공 각자의 존재의 특성과 성향을 탁월하게 묘사하기도 하지만, 그들의 관계에, 그리고 그들의 관계에 의한 각자의 변화에 초점을 맞춥니다. 그렇지만 무엇보다도, 소설의 제목에 걸맞은 '관계의 무거움'을 느끼게 하는 것은, 시작 부분부터 강조되는 니체의 영원회귀 사상입니다.

'영원한 회귀란 신비로운 사상이고, 니체는 이것으로 많은 철학자를 곤경에 빠뜨렸다.'

쿤데라의 해석은 이렇습니다. 영원히 회귀되지 않는 일회적인 것들은 무게를 가질 수 없다는 것입니다. 그 이유는 미래를 예측할 수 없어서라고 합니다. 일회적인 것과는 달리, 반복되는 것은 영원하고, 영원한 것은 예측 가능하여 행복과 안도감을 줄 수 있다고 합니다. 예측은 인간이나 사물과 사건의 관계설정을 가능하게 하지만, 일회적인 것은 현재의 존재만 있으므로 가벼운 것이라는 얘기이지요.

이 영원회귀 사상은 서양에만 있는 것이 아닙니다. 대표적인 예로 《주역》은 동양사상 속 관계론의 핵심을 보여주는 책입니다. 공자는 이 책을 묶은 가죽 끈이 세 번이나 끊어질 정도로 읽었다고 하지요. 《주역》은 사계가 분명한 농경문화 속에서 오랜 기간의 반복적인 경험의 축적을 토대로 만들어진 것이고, 그래서 미래를 예측하거나 점치는 데 사용했다고 하니 어쩌면 영원회귀 사상과 일맥이 상통한다고 하겠습니다.

어쨌든 이 매력 넘치는 소설은, 니체의 영원회귀 사상으로 관계론에 무게를 둡니다. 그리하여 데카르트와 같은 존재론에 입각한 철학자들을 고민하게 했다는 선언으로 시작한 것입니다. 존재를 참을 수 없을 정도로 가볍게 보았으니까요.

너무 많이 나갔나요? '매개'적인 시각을 가지려면 존재보다는 관계에 집중하는 인식과 관점이 필요해서 장황하게 시작해보았습니다. 그만큼 매개의 관점을 전환하는 것이 중요하기에 그랬습니다. 개념적인 단어들이 너무 많이 나와서 좀 어렵게 느껴졌겠지만, 존재와 관계에 대한 애매한 구분이 조금은 명확해졌기를 바랍니다.

누가, 어떤 기업 혹은 어떤 고객이 하는 식으로, 개인과 기업, 고객이라는 각각의 존재와 그 특성에만 주목해왔던 생각을 이제는 바꾸어봤으면 합니다. 초연결 시대의 '연결'은 너무 다양하고, 너무 빠르게 진화하고, 또 일시적이기도 합니다. 그래서 존재 자체에만 집중하는 것은 그 변화의 속도를 놓치기가 쉽습니다. 더욱이 양편의 관계를 맺어주는 매개자의 시각에서 생각해보면 당연히 관계를 들여다보아야 할 것입니다.

이제는 본격적으로 매개에 대한 얘기를 할 때가 된 것 같습니다. 어쩌면 인간사회에서 가장 오랫동안 자리 잡고 있는, 한 매개자 이야기부터 시작하겠습니다.

가까이하기엔
너무 먼 오리지널

매개가 필연적으로 등장할 수밖에 없는 이유로, 앞에서 마르크스의 지적을 인용했습니다. 인간이 구원받기 위해 접하고자 하는 궁극적 대상인 하나님 이전에 하나님의 말씀을 전하는 교회와 목사를 접해야 한다는 것, 그리고 인간이 자신들의 치안과 안녕을 위해 세운 국가와 내세운 왕의 존재 앞에 다다르기 위해 통과해야 하는 겹겹의 권력층이 있다는 이야기였습니다.

이러한 '사이존재'가 존새하기 위한 조건은 관계입니다. 그런데 관계에 의지하여 존재하는 처지임에도 불구하고 사이존재가 관계를 좌지우지하기도 합니다. 사이존재는 곧 매개자이며, 이것은 양쪽의 매개 대상자들의 관계에 좋은 방향이든 나쁜 방향이든 지대한 영향을 미칩니다.

인류 역사상 가장 많이 읽힌 책은, 잘 알다시피 《성경》이라고 합니다. 그리고 동양, 정확히 말해 한국, 중국, 일본 3국에서 가장 많이 읽힌 소설은 나관중의 《삼국지연의》입니다. 편의상 《삼국지》라고 하겠습니다. 저자인 나관중은 한漢, 후한後漢의 정통성에 흠뻑 젖은 사람입니다. 한나라 제7대 황제인 한 무제武帝의 먼 친척형제 뻘의 아들인 유비와 유비가 세운 촉蜀나라의 시각으로 쓴 소설이니, 당연히 최대의 악역은 유비의 앙숙 조조입니다.

그렇지만 아이러니하게도 조조가 중원을 차지하고 삼국지의 절대 강자가 된 계기는 사실 한나라의 막강한 비호 때문입니다. 생각이 깊지 못한 동탁, 그리고 이각과 곽사에게까지 조롱당한 나이 어린 헌제獻帝를 현명한 조조는 옹립합니다. 중국의 황제는 바로 나라를 의미하는 천자天子, 즉 하늘을 대신하여 나라를 다스리는 사람인데, 조조는 그 황제를 등에 업는 순간 모든 대의명분을 움켜잡게 됩니다.

황제와 모든 신하, 황제와 모든 군벌, 그리고 황제와 모든 백성 사이의 길목에는 조조가 있습니다. 그래서 황제에게는 조조가 전달하고자 하는 내용만 전달되고, 또 조조는 황제의 뜻을 자신의 뜻에 맞게 적당히 걸러냅니다. 일반적으로 조조의 성장이 열린 인재등용 방식이나 원소와의 관도전투 승리 때문이라고 하지만, 조조가 절대 권력 목전의 매개자로서 자리매김한 것이 근본적이고 결정적인 전기가 되었다고 생각합니다.

어느 나라의 역사에도 유사한 상황은 쉽게 발견됩니다. 오죽하면, 왕권이 흔들리고 나라가 망하는 이유는 두 가지 중 하나인데, 그 둘은 왕의 몸과 마음을 망치는 여자이거나 왕의 눈과 귀를 가리는 신하라는 말이 있을까요.

굳이 역사에서 사례를 찾지 않아도, 인간과 조직의 사회가 성립된 곳이라면 너무나도 비일비재하게 일어나는 일입니다. 우리의 일상에서도 이러한 사이존재에 휘둘리는 경우가 얼마나 많습니까? 사이존재가·엄청난 권한과 권력을 행사하는 것을 불편한 마음으로 지켜보는 것도 매한가지 아닙니까? 그들이 버젓이 자리 잡고 있는 그곳에서, 정보와 지식, 생각과 행위가 걸러지고 가공되며 변색되기도 합니다.

하지만 현대사회에는 그 무엇과 비교할 수 없을 정도로 밀접하게 그리고 시시각각 우리 앞에 등장하는 길목의 매개자가 있습니다. 바로 미디어입니다.

미디어media라는 영어 단어조차 매개mediation와 유사하지 않나요? 미디어는 인간사회에서 정보를 서로 주고받을 수 있는 수단입니다. 미디어나 매개는 모두 '중간middle'을 의미하는 라틴어 medius에 근거하고 있습니다. 서로 정보를 주고받을 수 있는 중간에 있는 것이죠.

원래 미디어는 내용인 콘텐츠contents와 구분하여 이를 담아 중간에서 전달하는 컨테이너container를 지칭했습니다. 그러나 현대 미디어 이론을 정립했다고 할 수 있는 마샬 맥루한은 1964년 발간한 《미디어의 이해》에서 그 유명한 '미디어는 메시지다.'라는 표현을 통해 미디어 개념을 확대합니다.

　맥루한은 '미디어는 인간의 확장'이라는 견해를 밝히며 미디어가 컨테이너라는 단순한 도구의 수준을 넘어섰다고 말합니다. 미디어와 콘텐츠는 불가분의 관계에 있고, 현대사회에서 미디어는 독자적인 생명력과 영향력을 가졌다고 설파하였습니다.

　신문, 라디오, TV라는 컨테이너들은 각각 뉴스, 음악, 드라마 같은 콘텐츠를 전달합니다. 신문사는 신문과 뉴스를 만들고, 방송국은 음악이나 드라마를 전송하는 것입니다. 그 과정에서 신문사와 방송국은 컨테이너와 콘텐츠를 결합하는 미디어의 총체가 됩니다. 소위 언론이라는 독특한 계층이 형성된 것이죠. 이들은 불특정다수에게 다양한 사회정보를 일방의 방향으로 전달하면서 매스미디어mass media라는 칭호를 획득하고, 결국 미디어 권력을 행사하기 시작합니다.

　전 세계가 한 마을처럼 가까워져 '지구촌global village'이 되었고, 그 사이의 수많은 소식과 정보가 매스미디어에 의지해 유통되기 시작했습니다. 세상의 사실과 세상을 사는 대중, 즉 우리 사이에 미디어가 굳건히 자리 잡게 된 것입니다.

　지금 길목의 매개자로 미디어에 대해 얘기하고 있습니다. 길목의 매개자인 미디어가 정보와 지식을 걸러내고 가공한다는 얘기가 자칫 부정적으로 느껴지지 않았을까 걱정됩니다. 저널리스트의 사명감이나 자부심을 깎아내리려는 의도는 당연히 아니었습니다.

　그러나 결국 언론활동은 공적인 사실이나 사건에 관한 정보를 취재하고 보도하며 또한 의견을 제시하고 논평하는 것입니다. 그 많은 사건과

매개자로서의 미디어

사실 중에서 특정한 것을 골라내고, 의견과 논평을 덧붙이는 가공을 한 후 대중에게 전달하는 것은 어쩔 수 없는 일이자 당연한 일입니다. 저널리즘의 대표 격인 신문 중에도 어떤 신문은 뚜렷한 정치적 노선을 표방하기도 하고, 외국의 경우는 심지어 특정 정치인을 노골적으로 지지하기도 합니다.

그러니 우리의 인식과 사고는 우리가 미디어를 선택하건 하지 않건 간에 그 영향권에서 결코 자유로울 수 없습니다. 생각해보세요. 정권을 뒤엎고 나라를 장악하려는 혁명가들이 제일 먼저 점거하고자 하는 곳이 어디일까요? 그렇습니다. 먼저 언론사를 접수합니다.

여기까지 얘기는 다소 상식적입니다. 그런데 미디어에 관해 중요한 부분은 지금부터입니다. 여러분들도 이미 마음 한쪽에 이런 생각이 떠올랐을 것입니다. 시간이 갈수록 신문, 라디오, TV의 중요성이 급격하게 곤두박질치고 있다는 사실 말입니다. 소위 '매스미디어의 시절'에는 미디어가 컨테이너로서 콘텐츠를 대중에게 뿌렸습니다. 콘텐츠는 생산자와 근거가 뚜렷했고, 컨테이너는 전달자와 전달방식이 확실했습니다. 불특정한 다수인 대중은 미디어가 뿌려주는 콘텐츠를 수동적으로 받아들이거나 말거나 했습니다.

하지만 지금은 그런 시대가 아닙니다. 우리에게는 스마트폰이 있으니까요. 손안의 컴퓨터이자 세상을 향하는 창인 스마트폰으로 뉴스와 정보, 음악과 뮤직비디오, 영화와 방송물을 자유롭게 접합니다. 인터넷, 모바일, 웨어러블wearable이 가능한 모든 디바이스가 컨테이너 역할을 합니다. 예전처럼 꼭 TV를 통해서만 드라마를 보지 않습니다. 특정 콘텐츠를 특정 컨테이너에 의해 특정 방식으로 전하는 시대는 끝났습니다.

게다가 콘텐츠조차도 이제는 생산자와 근거가 뚜렷하지 않게 되었습니다. 공들여 만든 콘텐츠의 저작권 수호에 심혈을 기울이던 생산자를 비웃기라도 하듯이, 콘텐츠는 편집되고 지식은 부가되어 끝도 없이 변형되어 유포됩니다. 변형된 콘텐츠와 변화무쌍한 컨테이너가 결합한 결과는 무엇일까요? 바로 매스미디어 시대의 막이 내려가고 있는 것입니다.

블로그에 글을 올립니다. 법정스님이 자신이 좋아하는 헨리 데이비드 소로의 《월든》의 내용을 인용하여 쓴 에세이가 있다고 합시다. 제가 그 에세이가 마음에 들어 생각을 덧붙인 후 블로그에 글을 올립니다. 어찌 어찌한 이유로 그 블로그 글이 마음에 든 제자가 댓글을 달았습니다. 그 제자는 페이스북에 링크도 시켜놓았습니다. 제자의 친구 한 명이 '좋아요' 버튼을 누르고 일부 내용을 리트윗까지 해주었습니다.

결국 누군가에게 도달한 그 콘텐츠는 누구의 것일까요? 헨리 데이비드 소로? 법정스님? 저? 저의 제자? 제자의 친구? 과연 누구의 것입니까? 그 글이 거쳐 간 그 모두의 콘텐츠이겠죠. 꼭 세계적으로 유명한 헨리 데이비드 소로나 꼭 우리나라에 열성 팬이 많은 법정스님처럼 저명한 분들의 것만은 아니겠죠.

강조하고 싶은 것을 말하겠습니다. 매개자인 미디어가 다양해짐과 동시에, 우리에게 콘텐츠가 전달되는 과정에서 여러 미디어가 겹치기도 한다는 것입니다. 매개가 겹치는 것을 다중매개, 혹은 재매개remediation라고도 하는데 이는 매개자 미디어가 가진 피할 수 없는 운명입니다. 게다가 재매개되는 콘텐츠는 그 과정에서 무수히 변형되는 재생산의 길을 걷기도 합니다.

변화무쌍한 컨테이너를 통해 변형된 콘텐츠를 접한 우리는, 처음의 근원과는 점점 더 멀어져 갑니다. 변형된 콘텐츠의 마지막 버전은, 1845년 어느 날 월든 호숫가의 숲 속에 들어가 통나무집을 짓고 밭을 일구면서 소박하게 자급자족한 2년간 생활에서 우러난 헨리 데이비드 소로의 자연주의적 사색과 얼마나 가까울까요? 소로의 무소유에 공감한 법정스님과, 메타–캐피털리즘meta-capitalism의 디지털 경제 특성에 관련 지은 교수와, 그중 클라우드cloud 환경의 영향에 관심이 많은 제자와, 그냥 마냥 그 제자를 좋아하는 친구의 감성을 거쳐 우리에게 도달한 것입니다. 소로의 사색과 우리가 접한 현실적인 정보는 이만큼이나 멉니다. 이 대목에서, 헨리 데이비드 소로는 '가까이하기에는 너무 먼 당신'입니다.

반면 이렇게 생각할 수도 있습니다. 인터넷이 공간의 차이를 극복하는 연결을 가능하게 해주었으니, 멀어진 것이 아니라 가까워진 것이 아니냐고요. 이메일을 생각하니 그런 것 같습니다. 그렇지만 이메일이 우리를 가깝게 만들어주었다는 것은, 공간이라기보다는 시간을 줄여주었다는 의미가 아닐까 싶습니다.

서울에서 부산까지 갈 때, 걸어가거나 자동차로 가는 것보다는 비행기로 갈 때 시간이 줄어든다는 것과 마찬가지입니다. 그런데 간혹 번거롭다는 이유로 비행기 대신 자동차를 탄 적 없나요? 사실 자동차에 비하면 비행기가 좀 번거롭긴 합니다. 공항까지 버스를 타고 가서 수속을 하고 짐을 부치고 비행기를 타야 하고, 또 부산에 도착해서도 택시를 타고 목적지까지 가야 하니까요. 그냥 집 앞에서 자동차로 출발해 목적지에 바로 도착하면 되는데 말입니다. 우리가 앞에서 얘기했던 관계와 매개를 중심으로 생각해보면 비행기로 가는 것이 훨씬 더 멀다는 것입니다.

이메일을 보냈을 때 스팸처리를 하지 않고 답변을 보내주는 그런 관계는, 이미 최소한의 관계가 설정되어 있는 사이입니다. 인터넷에서 관계를 맺고 거래를 하기 위해 소요되는 적지 않은 단계와 녹녹치 않은 과정을 생각해보세요. 그리고 그 단계와 과정에서 길목을 지키고 있는 매개자들을 연상해보세요. 매개되고 매개되고 또 매개되면서, 양편의 너와 나, 그리고 본질과 파생 사이가 점점 더 멀어지고 있다는 것이 요점이었습니다.

여기서 말 나온 김에 덧붙일 게 있습니다. 인터넷 또는 인터넷 비즈니스에 대한 좁은 시각에 대한 이야기입니다. 한때 물리적 현실세계를 가상공간에 구현하는 것이 열풍이었습니다. 2003년에 시작한 린든 랩Linden Lab의 '세컨드 라이프'에서는 또 다른 내가 등장합니다. 가상의 세상이지만 나는 이름도 갖고 교제도 하고 땅도 사고팔았습니다. 세컨드 라이프는 당시에 엄청나게 주목받았지만 2010년을 기점으로 내리막을 걷게 됩니다. 마치 현실의 집처럼 인테리어도 바꾸고 취향대로 꾸밀 수 있는 '미니 룸'을 무대로 한 싸이월드는, 사용자 간 교감을 중시하는 페이스북에 자리를 물려주었습니다. 수도 없이 많았던 상품 진열형 직거래 장터는 사용자 추천으로 무장한 매개형 포털에게 자리를 내주었지요. 인터넷을 기존의 물리적 공간의 한계를 극복하고 현실 비즈니스의 효율성을 끌어올리기 위한 수단으로만 국한시키는 것은 그리 현명한 발상이 아니었던 것 같습니다.

골라주고 걸러주며
길목을 지켜라

아리아나 허핑턴Arianna Huffington은 2008년 뉴욕의 한 요트클럽 세미나실의 연단에서 그리스식 억양이 섞인 강렬한 논조로 자신의 회사를 홍보하기 바빴습니다. 대다수 참석자들의 반응이 신통치 않았는데도 말이죠. 훤칠한 키이지만 58세의 적지 않은 나이의 여성이, 그것도 특별한 전문가로서의 간판도 없이 '디지털 경제', '연결', '새로운 저널리즘'을 강조하는 모습은 그다지 인상적이지도 압도적이지도 않았습니다.

오히려 사람들은 그녀가 석유재벌 마이클 허핑턴Michael Huffington과 결혼했었고, 캘리포니아 주지사 선거에 민주당 후보로 출마했었다는 것에 더 큰 관심을 가진 듯했습니다. 여성운동가로서 그녀가 가진 열정 또한, 그녀를 주지사 선거에서 낙선시킨 사람이 마초맨macho man의 대명사 아널드 슈워제네거였다는 빈정거림으로 뒤덮여진 것 같았습니다.

그렇지만 아리아나 허핑턴이 창간한 〈허핑턴 포스트〉는 참 볼 만합니다. 물론 볼 만하다는 정도로 끝낼 얘기는 아닙니다. 그저 그랬던 요트 클럽의 연사는 그로부터 3년 뒤인 2011년에 〈허핑턴 포스트〉를 미국 최다 방문자수를 자랑하는 인터넷 신문으로 만들었고, 아메리카온라인AOL에 3억 1,500만 달러에 매각하였습니다.

사실 〈허핑턴 포스트〉를 신문이라고 말하기에는 좀 석연치 않습니다. '뉴스 블로그'라고도 얘기하는데, 이는 〈허핑턴 포스트〉에 게재되는 글이 700명에 가까운 기자와 4만 명의 블로거들에 의해 만들어지기 때문입니다. 독특한 것은 매일매일 이 엄청난 수의 블로거들에 의해 다양한 소식, 정보, 그리고 의견이 조합되어 지면이 풍성해진다는 것입니다.

〈허핑턴 포스트〉에는 하루 평균 4,000건의 기사가 게재된다고 합니다. 자유주의를 표방하니 당연히 정치적 이슈가 중심이 되지만, 블로거들의 관심사는 생활과 문화 전반에 걸쳐 있으므로 독자들이 쉽게 다가갈 수 있는 내용의 기사들도 많습니다. 많은 사람의 취향과 의견이 더해지니 한마디로 생동감이 넘쳐나는 구조입니다.

〈허핑턴 포스트〉의 성공은 이들 블로거들의 공이 큽니다. 처음에는 아리아나 허핑턴과 개인적으로 친분이 있는 유명인 500여 명으로 시작했지만, 지금의 구성과 참여는 다분히 시스템적입니다. '시스템적'이라고 얘기하는 이유는 블로거들의 참여와 그들이 쓴 글이 채택되는 방식이 시스템적이라는 것입니다.

진짜 중요한 〈허핑턴 포스트〉의 성공요인은 여기에 있습니다. 참여를 유도하지만 그들이 참여할 자격이 있는지, 그들이 쓴 글이 게재될 만한 글인지를 잘 골라낸다는 것입니다. 그렇지 않고서야 어떻게 유독 〈허핑턴 포스트〉만 이렇게 꿈같은 성공스토리를 펼칠 수 있겠습니까? 유사한 형태의 뉴스 블로그도 인터넷에서 어렵지 않게 찾을 수 있는데 말이지요.

2010년부터 도입한 배지badge 시스템이 특이합니다. 사람들이 공감하는 좋은 기사를 많이 제공한 블로거에게 '네트워커networker'라는 배지를 주고, 반대로 신문의 격을 떨어뜨리는 댓글을 신고하면 '모더레이터moderator' 배지를 주는 식입니다. 일종의 자정기능을 심어놓은 것입니다. 댓글 또한 〈허핑턴 포스트〉가 제공하는 콘텐츠라는 인식으로 댓글관리에 남다른 공을 들입니다. 이런 방식으로 4만 명의 블로거들이 만들어내는 콘텐츠와 한 달에 100만 개 이상 올라오는 댓글들을 걸러내는 것입니다. 이렇게 골라내고 걸러내며 여과하는 것, 그것이 바로 무겁지만 무겁지 않고, 가볍지만 가볍지 않은 〈허핑턴 포스트〉의 성공비결입니다.

사실 언론 출판에 있어 진정한 여과의 시작은 〈리더스 다이제스트〉입니다. 〈리더스 다이제스트〉는 이름 그대로 독자들의 요약, 독자들을 위한 요약입니다. 창시자 드윗 월리스DeWitt Wallace는 '모든 것은 요약이 가능하다.'는 신념을 가졌다고 합니다. 심지어 그의 묘비명조차 '마지막 요약'이라고 하니 더 말할 필요가 없겠죠.

창간에 얽힌 스토리는 꽤 유명합니다. 1920년 그와 그의 약혼녀는 신선한 아이디어가 하나 떠올랐습니다. 다른 곳에 실린 글 중에서 재미있고 감동적인 글을 골라 엮어 잡지를 만들자는 것이었습니다. 견본 잡지를 만들어 출판사에 가져가 보았지만 모두 거절당합니다. 그 이유는 이미 다른 데 나왔던 글을 누가 또 보겠느냐는 것이었습니다. 당시만 해도 읽을거리, 즉 콘텐츠가 귀하던 시절이었으니 출판사들의 반응이 충분히 이해가 됩니다.

결국 2년 후, 그들은 자비로 창간호 5,000부를 만들고 전화번호부에 나온 주소를 보고 무작위로 발송합니다. 창간호를 보고 구독할 의사가 있으면 연간 구독료 3달러를 내라는 편지와 함께 말입니다. 그때가 마침 그들의 결혼식 직전이었는데, 그렇게 창간호를 무작위로 보내고 나서 그들은 신혼여행을 떠났습니다. 그런데 신혼여행에서 돌아왔을 때 믿을 수 없는 일이 일어났습니다. 월리스 부부의 편지함에는 무려 1,300건에 달하는 구독신청이 쌓여 있었던 것이었습니다. 한때는 2,300만 발행부수를 자랑하며 전 세계 40개국 1억 명의 독자를 확보했던 역사상 최고의 인기 잡지는 이렇게 시작되었습니다.

〈리더스 다이제스트〉는 당시 제1차 세계대전을 기회로 경제적 성장을 구가하던 미국의 중산층에게 실용적인 교양을 제공했습니다. 주머니에 쏙 들어가는 사이즈에 정치와 사회, 교육과 문화, 여가와 스포츠, 역사와 인물 등 폭넓은 주제에 대해 골라서 요약해주니, 어디서나 읽을거리와 얘깃거리가 필요한 교양인 또는 교양인을 자처하는 사람들에게는 안성맞춤이었던 것이죠. 기존의 글을 잘 취사선택하여 보기 좋게 보여주는 월리스의 탁월한 능력이 발휘되어 〈리더스 다이제스트〉는 성공가도를 달리게 됩니다.

결국 〈허핑턴 포스트〉나 〈리더스 다이제스트〉의 드라마틱한 성공 스토리의 저변에는, 시스템의 우수성이든 개인의 탁월성이든 간에, 잘 골라내고 걸러내는 힘이 있습니다. 이러한 능력을 가진 매개자를 '필터'라 부르겠습니다. '여과자'라고 불러도 좋습니다.

필터라고 하면 왠지 담배나 사진촬영이 생각난다고 하더군요. 선크림이나 정수기를 이야기하는 사람도 있습니다. 소싯적 담배에 대한 추억이 있다면 담배연기를 한 모금 삼킨 후에 필터에 묻어나는 노란 유해물질이 생각날 겁니다. 필터는 여과시켜주는 것입니다. 나쁜 것을 걸러주기도 하고 좋은 것을 골라주기도 합니다. 필터를 사용하는 우리 입장에서는 고마운 기능이지요. 〈리더스 다이제스트〉도 재미있었고 〈허핑턴 포스트〉도 볼 만하지 않습니까. 필터의 기능을 만족스럽게 수행하는 매개자입니다.

그런데 이미 앞에서 충분히 설명했듯이, 이러한 매개자들이 꼭 우리가 원하는 방향으로 걸러내고 골라내는 것은 아닙니다. 여기서 우리가 꾸준히 말하고 있는 매개자는 담배 속의 필터처럼 아무 생각 없는 물체가 아닙니다. 스스로의 존재와 성장을 도모하는 필터입니다. 그래서 우리가 필요에 의해 필터를 사용하지만 종종 필터에 휘둘리기도 하고, 또 휘둘리는지도 모르고 의지하기도 합니다. 비단 필터뿐 아니라 이 책에서 다루는 모든 매개자가 다 그렇기도 하지만요.

필터에 더 관심을 가져야 할 시기입니다. 미국 연구조사기관 IDC는

2015년 전 세계 디지털 정보의 규모가 7.9제타바이트라고 발표했습니다. 제타는 1 뒤에 0이 21개나 붙어 있는 숫자입니다. 그 정도의 바이트 수라는 겁니다. 한자 단위로 하면 10해垓에 해당한다고 하나, 대체 얼마나 큰 숫자인지 감을 잡기가 어려울 것입니다. 이렇게 표현하면 그나마 좀 이해가 될지 모르겠습니다. 1제타바이트는 100만 페타바이트보다 큰 수이고, 유사 이래 인류가 모든 언어로 기록해온 전체 작품을 저장하는 데는 50페타바이트면 충분하다고 합니다.

거창하게 인류의 모든 언어를 떠올릴 것도 없이, 그냥 우리의 일상을 생각하더라도 이미 디지털 정보의 규모가 얼마나 커지고 있는지 실감할 수 있을 것입니다. 우리가 매일 접하는 뉴스, 메일, 문자, 톡, 사진, 이미지, 문서 등. 그 많은 정보를 다 어떻게 처리하고 소비하고 있나요?

그럼에도 불구하고 놀라운 것은 인간의 소비본성입니다. 영국의 학자 노스코트 파킨슨Northcote Parkinson이 사회생태를 풍자적으로 분석하여 제창한 '파킨슨의 법칙'이라는 것이 있습니다. 이 법칙은, 원래 일이 많아서 사람이 필요하다기보다는 사람이 많아서 일이 많아진다는 것을 의미합니다. 종종 공무원의 수적 증가를 비꼴 때 쓰이기도 합니다.

디지털 경제에서는 파킨슨 법칙을 이렇게 환언합니다. 쓸 일이 많아서 정보용량이 필요한 것이 아니라, 정보용량이 많아지면 쓸 일도 많아진다고 말입니다. 우리는 늘 큰맘 먹고 넉넉한 용량의 컴퓨터를 장만하지만, 신기하게도 얼마 못 가 온갖 데이터로 저장장치가 그득 채워져 있는 것을 발견합니다.

　제타바이트가 흔해지는 빅 데이터 시대에, 물론 그것도 머지않아 요타(제타바이트의 1,024배), 브론트(요타바이트의 1,024배), 락시아(브론트바이트의 1,024배)로 바뀌겠지만, 본능적으로 무한한 소비충동을 가진 우리는 어찌해야 할까요? 자연스럽게도 우리는, 스팸메일을 잘 걸러주는 메일계정을 바라고, 중요한 연락만 연결해주는 유능한 비서가 있었으면 하고 바랄 것입니다. 수십 개의 버튼 대신 중요한 기능으로만 심플하게 구현된 리모컨을 원하고, 알아야 할 뉴스만 제공해주는 사이트를 원합니다. 필터가 필터링해주기를, 좋은 것만 골라주고 나쁜 것은 걸러주고 여과해주기를 진정으로 바라는 것입니다. 종종 필터에게 이용당할 수 있다는 사실을 알면서도 말입니다.

　1982년에 나온 《메가트렌드》는 출간된 지 벌써 30년도 훌쩍 지난 책이지만, 존 나이스비트John Naisbitt에게 미래학자라는 칭호를 붙여주었고, 지금의 우리에게도 아직 유효한 명저입니다. 이미 30년 전에 그는 이렇게 단언했고, 현재의 우리는 인정할 수밖에 없습니다.

　"우리는 정보의 바다에서 허우적대면서 정작 지식에는 목말라할 것이다."

　필터가 절실해진 것입니다.

필터로 성공하기,
분리

　연결이 범람하고 또 그만큼 중요해진 세상이 되었습니다. 따라서 존재보다는 관계가 핵심이고 또 우선시되는 시대입니다. 둘 사이에서 양편의 관계를 맺어주는 매개를 주목하는 이유입니다. 역사적으로도, 일상적으로도 늘 등장하는 사이존재, 즉 매개자는 긍정적으로 혹은 부정적으로 그려집니다. 매개 대상자들의 관계에 좋은 영향도 나쁜 영향도 미칩니다. 한편에게는 좋게, 또 다른 한편에게는 나쁘게 작용할 수도 있습니다.

　그렇지만 정작 매개자 자신은 대부분의 경우에 기회나 소득을 얻습니다. 필터는 길목에 자리 잡고 자릿세나 통행세에 군침을 흘립니다. 생활에서든 사업에서든 필터가 되어보면 어떨까요? 직접 필터가 되지 않더라도 필터에 대해 이해는 가지고 있어야 합니다. 필터에게 이용당하지 않고 잘 활용하기 위해서라도 말입니다.

필터는 한편에서 제공하는 정보나 물자를 여과하고 정리하여 다른 한 편에게 전달하는 매개의 기능이자 매개자입니다. 이런 의미에서 유사한 개념으로 요사이 일반인들에게도 익숙해진 큐레이터curator가 있습니다. 원래 큐레이터는 박물관이나 미술관의 작품과 자료를 관리하는 사람입니다. 라틴어 '큐라cura', 즉 영어의 '케어care'에서 유래했으니 소중한 작품이나 자료를 보살피는 사람입니다. 특히 전시를 기획하는 것이 주 업무인데, 전시를 하기 위해서 작품의 선별, 전시 테마 설정, 전시 작품 해석 등으로 세부 업무를 구분할 수 있습니다.

최근에는 미술품뿐 아니라 콘텐츠, 디자인, 상품 등 다양한 대상에 대해 '선별-설정-해석'을 수행해주는 식으로 그 범주가 확대되고 있습니다. 너무 많고 흔한 콘텐츠와 상품을 누군가가 골라서(선별) 조합해주고(설정) 설명해주기를(해석) 바라는 세상이니까요.

큐레이터가 미술관 문을 나서면서 필터와 몹시 유사해 보입니다. 맞습니다. 선별, 전문용어로 '게이트키핑gate-keeping'과 설정, 즉 '어젠다세팅 agenda-setting'은 전형적인 필터의 유형인 미디어의 용어입니다. 뉴스를 선별하고 우선순위를 설정하는 것을 각각 의미합니다. 그러니 큐레이터를 필터라 해도 과언은 아닌 듯합니다.

하지만 매개자로서 필터는 해석의 기능을 포함시키지 않으려 합니다. 큐레이터는 전문적인 해석을 통해 자신의 가치를 높여야 합니다. 이러한 전문적 분석과 해석은 앞으로 소개될 또 다른 매개자에 맡겨야 하니 필터와 큐레이터를 동일한 것으로 보지 않겠습니다. 또한, 큐레이터는 인간을 지칭하지만, 필터는 인간, 시스템, 비즈니스, 조직 등 모두가 가능합니다.

그렇다면 필터가 되기 위해서, 그리고 필터로 성공하기 위해서는 어떻게 해야 할까요?

길목의 매개자는 당연히 길목을 지켜야 합니다. 그렇게 하려면 먼저 길목이 어디인지를 알아야겠죠. 적이 꼭 지나갈 곳입니다. 적은 수의 병사로 물리칠 수 있는 협곡이면 최고죠. 상습적으로 교통정체가 생기는 곳이 도로 노점상에게는 길목이고, 통신 트래픽의 병목bottleneck 지점이 통신 네트워크 관리자가 주목하는 길목입니다. 혹은 고관대작의 비서, 조직의 의사결정 라인이 길목입니다.

그러나 연결과 관계의 방식이 다양한 초연결 시대에는 길목이 너무 많거나 반대로 뚜렷하지 않은 경우가 일반적입니다. 중요한 것은 선별과 설정이 되었습니다. 취사선택하고 우선순위를 매기는 능력 말입니다. 한 편이 제공하는 정보 또는 물자를 고르고 걸러서 입맛에 맞게 또 다른 한편에 제공해야 합니다. 더 나아가자면 정보를 받는 사람의 입맛에 맞추기 위해, 그의 니즈needs와 기호를 미리 파악해야 합니다. 크게 새로울 것이 없는 성공요건입니다만, 다양한 영역에서 필터는 그렇게 성공하고 있습니다.

근원적으로, 필터의 성공요인을 한 단어로 말하면, '분리separation'입니다. 양편의 가운데 길목에서 선별하고 설정하는 필터는, 양편이 분리될

수록 힘을 발휘합니다. 힘을 얻고 그래서 성공하려면, 양편을 가능한 한 분리시켜야 합니다. 물리적으로나 정신적으로나 '가까이하기엔 너무 멀게' 만들어야 합니다. 쉽게 말해, 물리적으로 먼 거리를 연결하는 경우 유통업의 유통마진은 높아지고, 직판이 없어야 본사와 구매자는 더 멀어져서 다단계 판매자의 수익이 증가합니다.

나를 통해야 서로가 통하는 사이라면, 양쪽이 더 멀어야 나의 가치가 상승합니다. 이것은 엄연한 세속적 이치이지요. 왜 여러분의 상사는 여러분이 그를 건너뛰고 그의 상사에게 보고하는 것에 대해 그렇게 화내고 금기시할까요?

그리고 길목을 막을 수 없다면 편의를 위해서라도 필터를 찾게 해야 합니다. 우리는 정보가 지나치게 많은 상황에서 필요한 것만 누군가가 대신 취사선택 해주길 바라고, 너무 바쁠 때는 일의 우선순위도 누군가가 잘 정해주길 바랍니다. 그러면서 많은 정보와 바쁜 우리는 사이가 점점 멀어집니다. 그 사이에 다양한 방식으로 매개되고 재매개될수록 더욱 분리되어, 필터는 성공할 확률이 높아지는 것입니다.

과거의 〈리더스 다이제스트〉는 엄청나게 성공했고, 〈허핑턴 포스트〉는 지금도 대단하게 성공하고 있습니다. 그들이 선별해주고 설정해준 글과 소식의 원문이 바로 코앞에 있는데도 말입니다. 필터의 성공전략인 '분리'를 잘 음미해보기 바랍니다.

사실 양편을 적절히 분리시켜 성공신화를 쓴 필터를 하나 꼽자면, 바로 '네이버'입니다. 많은 사람들이 알기도 하고 모르기도 하는 한 가지 사실은, 네이버가 정보를 자사 내부에 축적하나 외부로는 보내지 않는다는 것입니다. 들어오고 나가지 않으니, 인바운드inbound만 있고 아웃바운드outbound는 없는 것이죠. 그러니 네이버의 경쟁력은 검색엔진의 우수성이 아니라 잘 정돈된, 엄청나게 많은 정보라고 할 수 있습니다.

정보를 내부에서 관리하니 정보의 가공이 수월해집니다. 검색은 우리가 하지만 우리에게 펼쳐진 검색결과는 네이버에 의해 선별되고 설정된 것입니다. 검색광고비를 낸 곳이 '파워링크'에 선별됩니다. 그중에서도 더 비싼 광고비를 낸 곳이 먼저 우리의 시선을 붙들게 설정됩니다. '지식쇼핑'도 마찬가지입니다. 실시간 검색어 순위는 네이버가 보여주는 우선순위를 더욱 강화해줍니다. 지금은 언론사의 반발 등으로 '뉴스스탠드'를 설치했으나, 심지어 각종 언론의 뉴스조차 선별하여 초기화면에 보여주기도 하였습니다.

개인적으로도 그 정경을 마음에 담아두고 있습니다만, 왠지 미국의 아름답고 거대한 호수 레이크 타호Lake Tahoe의 한가운데서 바다라고 생각하며 헤엄치는 장면이 연상됩니다. 네이버는 바다가 아니고 호수입니다. 아주 큰 호수 말입니다.

네이버를 필터라 부르고 네이버가 분리전략을 쓰고 있다고 말하면, 네이버는 좋아할지 모르겠습니다. 그렇지만 좋건 싫건 간에, 이 책을 쓰고 있는 내내 네이버에 신세지고 있는 것은 명백합니다. 비록 '폐쇄형 포털'이라는 수식어가 주는 부정적 시각이 존재하나, 대한민국에 특화된 바로

양쪽을 멀리 분리시킬수록 성공하는 필터

그 '폐쇄형 필터' 매개가 우리 국민들에게 꽤 적절하게 편의를 제공하고 있다는 사실은 누구도 부인할 수 없습니다.

네이버가 축적하는 정보의 근원지와 우리가 멀어질수록, 검색광고를 의뢰하는 사업자의 본래 평판과 우리가 분리될수록 네이버는 강력해집니다. 막강 네이버의 일등공신 '지식iN'은 집단지성이라는 미명으로 절대지식과 우리를 서먹하게 만들기도 했지만, 편하고 실용적이어서 우리는 오늘도 네이버에 질문을 입력합니다. 네이버가 한때 내걸었던 '세상의 모든 지식'이라는 표현을 더 이상 쓰지 않는다면, 또는 세상의 모든 정보를 보여주는 것으로 세상을 장악하고 있는 구글과 정면 승부하겠다는 발상만 하지 않는다면, 우리는 네이버를 훌륭한 매개자이자 성공한 사업자로 박수쳐주어야 합니다.

조직이론에 '업무지향적' 인재와 '관계지향적' 인재에 대한 구분이 있습니다. 만일 여러분이 조직의 2인자라면 여러분의 보스보다는 부하들을 어르고 다독거리는 데 능한 '관계지향적'인 성향이 될 필요가 있습니다. 그것이 보스와 부하를 분리시키고 여러분이 필터로서 길목을 지키는 방법입니다. 물론 이것은 조직보다는 여러분 한 명만을 위한 소아小我적 충고입니다. 반대로 여러분이 보스라면, 2인자는 여러분 대신 악역을 맡아줄 수 있는, 여러분보다는 '업무지향적'인 인재를 고용하라는 말도 이해되리라 생각합니다.

그렇습니다. 매개자로 성공하기 위해서, 아니면 매개자를 잘 활용하기 위해서라도 우리는 매개자의 힘과 속성, 기능과 성공방식을 더 잘 알고 있어야 합니다.

다음은 양편을 분리하는 것이 아니라, 반대로 더 가깝게 만들어야 하는 매개자에 대해 알아보도록 하겠습니다.

3

연결의 욕망이
중독을 부른다

◁))

COMMUNICATOR
길들이는 매개자 — 커뮤니케이터

연결은
생존의 법칙

매개와 매개자를 얘기하면서 가장 많이 언급하는 단어는 아마 '관계' 와 '연결'이 아닌가 싶습니다. 관계는 연결되어야 성립하니 관계가 이루어지기 위해서는 연결이 우선으로 보입니다. 그러나 이미 존재하는 관계 사이에도 다양한 방식의 새로운 연결이 생겨납니다. 가령 고등학교 때 친구가 대학교 동기도 되고, 후에 직장동료나 사돈도 되는 식입니다.

관계와 연결은 선후의 문제는 아닌 것 같습니다. 같은 차원에서 둘을 비교하기보다는 오히려 관계는 '상태'로, 연결은 '행위'로 간주하는 서로 다른 차원의 입체적 개념으로 보는 것이 합당할 것입니다. 둘은 매개라는 동전의 양면이라고 할 수도 있겠네요.

앞에서 '존재'보다는 '관계'를 주목해야 하는 시대라고 했습니다. 매개자의 필연성, 그리고 필요성, 힘, 성공요인을 세심하게 고려하기 위해서,

이번에는 관계의 상태를 넘나드는 연결의 행위에 대해서 살펴보기로 하겠습니다.

페이스북의 창업자 마크 주커버그는 '연결은 인간의 권리다.'라고 했고, 네트워크 이론의 권위자 앨버트 라슬로 바라바시Albert-Laszlo Barabasi는 '연결은 생존을 의미한다.'고 했습니다.

지식채널e 중 한 편인 '18cm의 긴 여행'을 보면 인간의 정자가 3억 대 1의 경쟁을 뚫고 난자와 결합되는 장면이 나옵니다. 왠지 그 장면이 떠오르네요. 아무튼 생존이든 권리든, '연결'은 필수불가결하다는 얘기입니다. 어찌 보면 우리에게 너무 익숙한 아리스토텔레스의 '인간은 사회적 동물'의 현대 버전이라고도 할 수 있겠죠.

생존이나 권리는 우리가 추구하는 명제이고, '연결'은 우리가 추구하는 명제에 도달하기 위한 행위입니다. 즉 '연결된 상태'인 관계에 도달하기 위한 '행위'라는 점에서 관계와 구분됩니다. 앞에서 연결을 행위로 보자고 말했지요? 이것을 재차 강조하는 이유는 연결을 동적인, 다시 말해 살아 움직이는 것으로 보는 시각이 필요해서입니다.

준비가 되었다면 설명을 시작해보겠습니다. 우리는 연결을 생각할 때 먼저 그 양을 생각합니다. 얼마나 많이 연결되어 있느냐를 보는 것이죠. 한 사람이 서로 알고 있는 지인의 수는 보통 약 500~3,000명 사이라고 합니다. 생각보다 많은가요, 아님 적은가요? 여기에 흔히 '인맥'이라고 부를 수 있는 사람, 즉 지속적으로 연락을 하며 지내는 사람의 수는 150명 정도가 그 한계라고 사회학자들은 얘기합니다. 하지만 지금 세상에서는 상황이 다릅니다.

디지털 경제사회 관련 저술가인 돈 탭스콧Don Tapscott은 네트워크 세대에게 700명 정도의 인맥은 그리 흔한 일도 아니라고 합니다. 전화를 걸었을 때 여러분에게 반갑게 인사할 수 있는, 아니면 여러분의 핸드폰 주소록에 저장되어 있는 사람은 몇 명이나 되나요?

우리는 우리와 연결되어 있는 사람의 수, 즉 연결의 양으로 평가받기도 합니다. 초등학교 시절에 담임선생님이 반에서 친한 친구 혹은 좋아하는 친구의 이름을 적어내라고 한 적이 있습니다. 일명, '교우관계 조사'입니다.

반장이었거나 그냥 선생님을 도와드리다가 이런 그림을 한 번쯤 봤을 수도 있습니다. 동그라미 안에 반친구들의 이름이 있고 친한 아이들의 이름과 이름 사이에 선이 그려진 그림 말입니다. 누가 누구와 서로 친한지 보여주는 일종의 소셜 네트워크social network입니다. 신기한 것은 초등학생의 풋풋한 정서이긴 하지만, 누가 최고로 인기가 있는지 연결의 양으로 쉽사리 판단할 수 있었다는 것입니다. 스탠리 밀그램의 표현으로는 소시오메트릭 스타sociometric star가 단박에 나타납니다.

인간이나 사물을 노드node로 표현하고 그들의 연결을 링크link로 나타내면 하나의 네트워크가 됩니다. 오늘도 열심히 사용하고 있는 인터넷은 전 세계에 산재해 있는 컴퓨터들의 네트워크입니다. 개별 컴퓨터에 올라 있는 웹사이트를 노드로 보면, 이들 간의 링크로 연결된 네트워크, 즉 월드와이드웹이 만들어집니다.

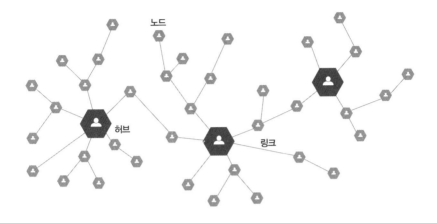

노드

허브

링크

노드와 링크, 그리고 허브

2014년 9월을 기준으로 전 세계 웹사이트 수는 10억 개를 넘어섰고, 구글의 검색엔진 페이지랭크는 30조 개 이상을 연결하고 있습니다. 실로 어마어마한 네트워크입니다. 그런데 이렇게 엄청난 네트워크의 '연결지도'를 그려보는 시도가 있었습니다. 초등학교 때 그려본 '인기지도'와 비슷한 맥락입니다.

1999년 앨버트 라슬로 바라바시는 그의 제자와 함께, 비록 제한된 실험조건이었지만 웹지도를 그려보았습니다. 그리고 이전의 네트워크 이론의 정설과는 다르게 웹지도에 나타난 연결이 고르게 분포되어 있지 않고 일부의 노드들에 집중되었다는 사실을 발견했습니다. 바로 허브hub라고 부르는 것들입니다. 이 유명한 연구는, 우리의 통념과도 부합하는 어쩌면 진부한 사실을 증명한 것입니다.

앞서 얘기했던 마당발, 케빈 베이컨을 포함해서 파워블로거, 트위터 유명인 등 우리 사회에서는 유독 많은 연결을 가진 사람들이 있습니다. 생태계의 먹이사슬에도 요소요소에 많이 등장하여 생태계의 안정성을 유지하는 종種이 있으며, 10억 개의 웹사이트 중에서 우리는 네이버와 구글에만 접속합니다. 연결의 양은 결국 생존능력과 권리확보에 필수조건입니다. 당연히 매개자로서는 눈독을 들여야 할 것입니다.

그렇지만, 양量과 질質이라는 두 단어가 내포하는 상반성이 의미하듯이, 연결의 양과 더불어 연결의 질도 생각해보아야 합니다. 어떤 연결은 굵은 선이지만 다른 연결은 얇은 선입니다. 강한 연결도 있고 약한 연결도 있다는 것이죠.

상식적으로 존재 사이에 관계가 맺어지는 초기에는 약하게 연결되다가, 두 존재의 관계가 지속될수록 연결이 강화됩니다. 우리가 학습을 하면 그와 관련 뇌세포들이 활성화됩니다. 정확히 말하면 관련 뇌세포들이 활성화되어 세포들의 연결이 뚜렷해집니다. 중요한 무엇을 외우려고 할 때 여러분은 어떻게 하나요? 반복해서 되뇝니다. 되뇌고 되뇌고 되뇌면서 반복학습을 하면 그 연결이 강화되는 강화학습reinforcement learning의 효과가 나타나기 때문입니다.

이러한 관점으로 인간의 지식 축적과 지능 생성을 설명하는 학문을 뉴럴 네트워크neural network, 그 학파를 커넥셔니스트connectionist라고 합니다. 왠지 이름부터 지금 다루고 있는 내용과 꽤 잘 맞아 떨어지지 않나요?

연결이 강화되는 과정은 매개와 매개자의 전략에도 매우 중요한 주제입니다. 당연히 강한 연결은 매개의 힘, 매개자의 성공요인과 밀접할 테니까요. 뒤에서 언급할 매개자 커뮤니케이터의 성공전략에 '연결'하기 위해 《어린 왕자》를 인용해보려 합니다. 여우는 어린 왕자에게 '길들인다.'의 의미를 가르쳐줍니다. 어린 왕자가 물었습니다.

"길들인다는 것은 무슨 말이야?"

"그것은 '관계를 맺는다.'는 뜻이란다."

"관계를 맺는다는 뜻?"

"물론이지. 나에게 너는 수천수만 명의 어린이들과 다를 게 없어. 그래서 나는 네가 필요 없고, 너는 내가 아쉽지 않은 거야. 너에게도 나는 너와 상관없는 수천수만 마리의 여우들 중 하나에 지나지 않을 거야. 그렇지만 네가 나를 길들이면 우리는 서로 특별해질 거야. 내게는 네가 세상에서 하나밖에 없는 나만의 어린이가 될 것이고, 네게는 내가 이 세상에 하나밖에 없는 너만의 여우가 될 거야."

'내가 그의 이름을 불러주어서야 비로소 나에게로 와서 꽃이 되었다.'는 김춘수의 시 '꽃'도 떠오를 것입니다. 《무소유》에서 법정스님도 난초와 관계를 맺고 길들여져가는 자신을 봅니다. 난초에 물을 주고 햇빛을 보여주며 벌레도 잡아주면서 연설이 강화됩니다. 관계가 습관이 되니 집착하게 되고요. 그렇지만 법정스님은 무소유를 실천하기 위해 결국 난초와의 강한 연결을 일순간 끊어버렸습니다.

매개를 위한 연결의 질에 대해 들여다보니, 단순히 강하거나 약한 것 이상으로 생각해볼 내용이 많다는 것을 알게 되었습니다.

연결의 양과 질,
그리고 종과 횡

훌륭한 작품이 완성될 당시에는 별로 주목을 받지 못하는 경우가 인류사에는 비일비재합니다. 그렇게 생각하면 마크 그라노베터Mark Granovetter의 4년은 그리 긴 시간이 아닙니다. 사회학 역사상 가장 많이 인용되는 논문 중 하나인 〈약한 연결의 힘〉은 1973년에 출판되었지만, 4년 전인 1969년에 그 핵심내용을 그대로 담은 이전 버전의 논문이 학술지에 투고된 적 있었습니다. 그때는 싱겁게 거절되었으나, 4년 후에 비로소 주목받게 됩니다. 아마도 처음 논문을 투고했을 당시에는 사회적으로 통용되는 상식과 거리가 있는 논문의 결론에 대한 반발이 꽤 컸기 때문인 것 같습니다.

그라노베터는 보스턴 근교의 노동자들이 직업을 구하는 과정을 지켜보다가 한 가지 흥미로운 현상을 발견합니다. 노동자들이 일자리를 구할 때 가까운 지인보다는 적당히 알고 있는 사람들에게서 결정적인 도움을 받는 경우가 더 흔하다는 사실 말입니다. 직장을 선택하거나, 유행을 파악하거나, 새로운 일을 시작하거나, 아니면 하던 일을 정리하는 경우처럼 인생의 여러 중요한 의사결정이나 정보습득도 마찬가지였습니다. 사람들은 의외로 그리 친하다고 볼 수 없는 사람들로부터 지대한 영향을 받습니다. 가족이나 친한 친구 같은 강한 연결보다는, 어찌 보면 피상적이고 사소한 인간관계, 즉 약한 연결로 이어진 사람들에게서 도움을 받는 경우입니다.

그렇다면 강한 연결보다 약한 연결이 중요하다는 이야기일까요? 연결의 양과 질, 그중에서도 질적인 측면에서 연결을 강화하려면 서로 길들이고 길들여지기도 하는 것이라고 방금 얘기하지 않았었나요?

그라노베터의 주장을 들어보면 이에 대한 혼란은 쉽게 해소됩니다. 강한 연결에 해당되는 가족이나 친지는 우리와 비교적 유사한 사회적 영역에 속한 사람들이라는 것입니다. 그래서 비슷한 환경에서 유사한 정보를 얻고 유사한 상황에서 비슷한 판단을 하게 됩니다. 사회 네트워크에서는 이너 서클inner circle 안에 있는 사람들입니다. 서클 내에서는 많은 것들이 중복됩니다. 그러니 강하게 연결되어 있기도 한 것이죠.

반대로 약한 연결에 해당하는 사람들은 전혀 새로운 정보와 아주 참신한 의견으로 우리의 구태의연함을 흔들어 놓습니다. 약한 연결의 사람들은 우리들의 사회적 울타리 바깥에 있습니다. 그러니 그들과의 연결은 울타리 밖의 다양한 외부세계와 소통하게 해주는 방편입니다. 울타리 밖과의 연결은 우리의 사회적 확장에 지대한 도움을 줍니다.

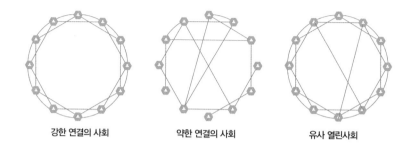

강한 연결의 사회   약한 연결의 사회   유사 열린사회

다양한 연결의 힘

이 사실은 딱딱한 네트워크 이론에서도 증명되었습니다. 앨버트 라슬로 바라바시에게도 많은 영감을 준 연구는 던컨 와츠Duncan Watts와 스티브 스트로가츠Steven Strogatz에 의해서 이루어졌습니다.

1996년 그들이 한 컴퓨터 시뮬레이션 실험에서는 1,000명의 사람들이 원을 이루고 있습니다. 위의 첫 번째 그림을 참고하세요. 그리 어렵지 않습니다. 각자의 사람들은 그들과 가까운 오른쪽 5명, 왼쪽 5명과 연결되어 있습니다. 가까운 10명하고만 연결을 해놓은 것입니다. 하나의 연결에 2명이 짝을 이루니 총 연결의 수는 1,000명×10명÷2 즉 5,000개가 되는군요. 그런데 이러한 형태의 연결은 주변의 가까운 사람들끼리만 쉽게 연결되는 형국입니다. 멀리 떨어져 있는 사람들에게 도달하려면 떨어져 있는 거리만큼의 연결이 필요합니다. 주로 주변과의 연결로 이루어져 있으니 '강한 연결의 사회'라고 명명해 보겠습니다.

한편, 이번에는 원을 그리고 있는 1,000명의 사람들을 대상으로 무작위로 같은 수인 5,000개의 연결을 만들어보았습니다. 이 경우는 무작위이니 거리상 가까이 있다고 해서 연결될 확률이 더 높지는 않습니다. 두 번째 그림인 '약한 연결의 사회'입니다.

이제 이 두 사회를 놓고, 1,000명 중에서 임의로 두 사람을 연결하는 거리를 계산해 보았습니다. 결과는 어땠을까요? '약한 연결의 사회'에서 임의의 두 사람의 연결거리가 훨씬 더 짧았습니다. 강한 연결은 '끼리끼리 사회'를, 약한 연결은 '열린사회'를 만든 것이죠. 당연하게도 열린사회에서는 새로운 연결과 만남이 더 용이합니다.

그런데 중요하고 재미있는 결과는 그다음입니다. 종족을 번식하는 만물이라면 어쩔 수 없이 강한 연결의 끼리끼리 사회에 안주합니다. 소통을 지향한답시고 이를 단박에 열린사회로 바꾸기는 불가능합니다. 그래서 와츠와 스트로가츠는 강한 연결 사회의 원 위에 50개의 무작위 연결을 그려 넣었습니다. 기존의 5,000개의 연결에 단지 1%의 연결을 추가한 것입니다. 그랬더니 임의의 두 사람 간의 연결거리는 대폭 줄어들어 열린사회의 그것에 육박했습니다. 세 번째 그림입니다.

또한 그들은 네트워크 규모와는 상관없이 강한 연결 사회에 5개의 무작위 연결만 추가하면 끼리끼리의 닫힌 수준을 절반으로 떨어뜨린다는 것을 증명해냈습니다. 우리 모두가 단지 5개의 다양한 시각과 관점을 이해하고 받아들일 수만 있다면 소통의 유토피아를 절반쯤은 이룩한 것이 네요! 확대해석하자면 그렇다는 것입니다.

이쯤 되면 정리가 되겠죠? 사실 연결 자체가 약해서 좋다는 말이 아 닙니다. 약하게 연결되어 있는 그곳에서 맞이하게 되는 새로움과 참신 함, 다양성이 좋은 것이죠. 다시 말하지만, 약한 연결이 좋으니 연결을 강화하지 말고 약한 연결을 추구하자는 뜻이 아닙니다. 약한 연결이라도 다양한 연결을 만들고, 또 주위에 존재하는 다양한 연결을 잘 활용하자 는 것입니다.

실체를 알고 보니 논문 제목을 〈약한 연결의 힘〉이 아니라 〈다양한 연 결의 힘〉으로 하는 것이 더 맞겠네요. 다양한 사람들과 폭넓은 경험을 지 속적으로 유지하는 것이, 확실히 우리의 삶을 풍요롭게 하고 더 많은 기 회를 가져다주는 것은 진리인 것 같습니다.

아, 한 가지 더 부연하겠습니다. 위의 골치 아픈 실험이 아니더라도 우 리는 이미 '다양한 연결의 힘'을 믿고 있는 것 같습니다. 여러분 회사의 CEO는 여러분의 말보다 종종 전문가라고 하는 외부인의 말에 더 수긍을 합니다. 여러분이 오랫동안 고민해서 CEO에게 여러 번 얘기했지만, 어 느 날 조찬모임에서 처음 만난 대학교수의 한 마디에, 그것도 여러분의 진언과 크게 다를 바 없는 몇 마디에 회사 방침을 결정합니다.

그렇다면 그 CEO에게 그럴듯한 조언을 해준 대학교수의 말을 그 대학 의 총장이 귀담아 들을까요? 총장은 그 교수의 말보다는 산업계 CEO의 충고에 더 귀 기울입니다. 또한 아이들은 부모의 얘기보다 자신들에게 일말의 애정도 없는 남의 말에 더 큰 감흥을 받고, 마찬가지로 부모들은 자녀의 꿈이 뭔지를 남에게서 듣는 경우가 종종 있습니다.

이처럼 울타리 건너편의 다양한 얘깃거리가 얼마나 중요한지 우리는 경험적으로 알고 있습니다. 간혹 지나치게 맹신해서 문제지만요.

매개가 존재 사이에서 관계를 맺어주는 것이라면 '매개하다'가 곧 '연결하다'입니다. 매개자의 행동이 '연결행위'라면, 당연히 연결의 여러 가지 모양새를 예사롭게 보아서는 안 될 것입니다. 이를 위하여 연결의 개념에 횡橫과 종縱을 더해보겠습니다.

지금까지 얘기한 연결의 다양성은 연결의 '횡'을 의미합니다. 대등하게 횡으로 자리 잡은 여러 다양한 속성의 연결을 지칭하기 위해서입니다. 반면에 연결의 종은 시간에 따른 연결의 역동성을 상징합니다. 이제는 연결의 종을 살펴보겠습니다.

사람과 사람 사이의 친밀도는 시간에 따라 바뀝니다. 특정 서버와 웹사이트의 트래픽은 수시로 변하고, 기업은 고객을 얻기도 하고 잃기도 합니다. 이제는 직장도 평생직장이 아닙니다. 실제로 실리콘밸리의 노동자들은 한 기업에 머무는 기간이 평균 2년밖에 되지 않는다고 합니다.

연결도 마찬가지입니다. 시간의 흐름에 따라 강해지기도 약해지기도 하고, 맺어지다가 끊어지기도 합니다. 이러한 현상이 새로운 것은 아닙니다만, 관계를 만들어주는 '연결행위'를 역동적으로 보는 안목은 꼭 필요합니다. 결국 매개자는 시시각각 변하는 두 존재 사이의 역동적인 연결상황에 편승하기도 하고, 또 그러한 변화에 대비도 해야 하기 때문입니다.

불과 100년 전만 하더라도 교통과 통신이 그다지 발달하지 않았었습니다. 그래서 대다수의 인류는 강한 연결로 이루어진 같은 지역의 사람들만 보고 겪으며 살았습니다. 새로운 연결은 흔하지 않았고, 한 번 연결을 맺으면 끊어지기도 어려웠겠죠.

지금은 언제 어디서나 연결이 지천으로 널려 있고 수시로 점멸합니다. 모든 연결은 변하고, 연결이 계속 변한다는 사실만 변하지 않습니다. 그래서 연결의 유무나 강약을 '고정된 형태'로 보기보다는 '유동적 상황'으로 보자는 것입니다.

예를 들어, "나와 그녀는 친한 사이야."라고 하기보다 "나와 그녀는 현재 친한 사이야." 이렇게 말하자는 겁니다. 너무 비인간적인가요? "A는 우리의 중요한 고객"이라고 하지 말고, "A는 금년 상반기 시점에 핵심 고객"이라고 보는 것이 더 현명하지 않을까요?

관계 중심적인 동양사상의 보고寶庫라고 할 수 있는 《주역》 얘기를 조금만 하겠습니다. 《주역》은 점치는 책입니다. 그래도 《역경》이라고도 명명하며 유가 경전의 하나로 손꼽는 것은 그만큼의 가치가 있어서겠죠. 《주역》에서는 '효'를 구성단위로 하고 이 효가 조합된 괘로서 길흉화복을 점칩니다. 양효(—)는 하늘天 또는 남자를 나타내고, 음효(――)는 땅地 또는 여자를 나타냅니다.

예를 들어, '천지비天地否'(☷)라는 괘는, 하늘을 의미하는 양효 3개가 위에 있고 땅을 뜻하는 음효 3개가 아래에 있습니다. 있을 곳에 있으니 왠지 순리에 맞고 자연스럽게 보입니다만, 사실 비否괘, 즉 안 좋은 괘입니다. 오히려, '지천태地天泰'(☷)라는 괘가 주역 64괘 중 가장 좋은 괘라고 합니다. 모양에서 보듯이 땅이 위에 있고 하늘이 아래에 있으니 우리가 아는 자연의 모습과는 정반대입니다. 그러나 이러한 모습이 소통하는 태泰괘를 만들어냅니다. 하늘의 기운이 위로 솟고 땅의 기운은 아래로 향하니, 서로 만나고 다가서는 형상이라는 것이죠. 앞에서 말한 '천지비'는 서로 자기 자리를 지킬 뿐이니 소통하지 않고 막힌 형국이라는 해석입니다.

어떻습니까? 연결의 역동성과 긴장감이 조금은 느껴지나요? 이를 얼핏 보면 정체되어 있는 것처럼 보이지만, 끊임없이 소통하며 주고받는 지천태 괘에 빗대어보면 어떨까요?

더욱이 연결에는 방향성도 있습니다. A와 B가 연결될 때 서로 조건이 다를 수도 있습니다. 어느 한쪽이 다른 한쪽에게 더 적극적으로 다가가는 연결이 이루어지면 방향이 생깁니다. 물론 그 방향은 두 존재 사이에 정보나 물자의 흐름일 수도 있고, 인과관계, 우선권의 방향일 수도 있습니다. 사랑이 한쪽으로만 쏠릴 때 '더 많이 사랑하는 사람이 약자'라는 얘기도 들어보았을 겁니다.

그래서 시간의 흐름, 즉 종적 흐름에 따라 연결의 상황은 더욱 변화무쌍해집니다. 연결은 있다가 강해지고, 약해지다가 없어집니다. 연결의 상대가 바뀌기도 하고, 주도권의 방향도 수시로 바뀝니다. 매개전략, 매개

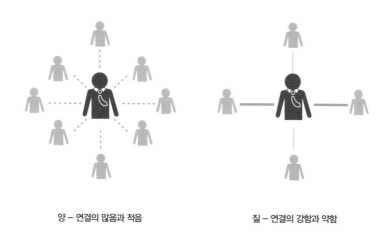

양 – 연결의 많음과 적음

질 – 연결의 강함과 약함

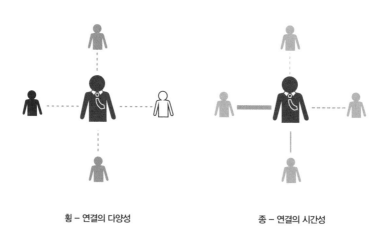

횡 – 연결의 다양성

종 – 연결의 시간성

연결의 양과 질, 횡과 종

비즈니스, 매개자로 성공하기가 그리 수월하지만은 않은 이유입니다.

지금까지 연결의 양과 질, 그리고 횡과 종을 두루 거쳤습니다. 핸드폰 주소록에 저장된 이름의 개수만으로 여러분의 인맥 수준을 가늠하긴 어렵습니다. 그들이 얼마나 다양한 직군에 분산되어 있는지, 지금 전화하면 만사 제쳐놓고 나를 만나줄 수 있는 사람은 몇 명이나 되는지 생각해보세요. 이것이 인맥의 양(연락처 개수), 횡(다양한 직군), 질(당장 만남 가능)입니다. 그리고 인맥의 종도 따져야 하는 이유는, 시간에 따라 변화하는 것이 인간의 정情이기 때문입니다.

이제 두 번째 매개자인 커뮤니케이터를 소개할 때가 된 것 같습니다.

연결과 관계의
욕망에 편승하라

커뮤니케이터는 소통자입니다. 쌍방의 소통을 원활하게 해주는 매개자로서, 쉬운 예로 국제회의 등에서 볼 수 있는 동시통역사도 커뮤니케이터입니다.

서로 다른 언어를 변환해주는 사람도 커뮤니케이터지만, 사실 언어 자체가 인간의 의사를 전달하고 소통해주는 매개자입니다. 화폐와 함께, 아마도 인류사 최고의 매개인 언어도 이제는 점점 통일되는 과정에 있다고 합니다. 현재 지구에는 6,000여 가지의 언어가 존재하지만, 1주일에 한 가지씩 희귀언어가 멸종되는 꼴이라고 하네요. 세상이 점점 좁아지고 지구촌의 문화가 뒤섞이면서, 언어와 화폐 또한 기득권을 가진 소수가 지배하는 식으로 통일되는 것은 분명해 보입니다.

인류사를 들먹이다 보니 다시금 사도 바울이 생각납니다. 예수 사후 40년 동안 예수의 추종자들은 날로 그 세력이 쇠퇴했습니다. 유대인 사회 내부에서도 가장 소수 집단이 되고, 그 수도 수백 명 정도로 줄어들었다고 합니다.

그때 바울이 등장하여 잊혀져가던 예수의 복음을 전파합니다. 로마가 뚫어놓은 길을 통해 유대 지역을 넘어서고, 수많은 지역에 허브가 될 교회의 발판을 구축했습니다. 그러한 활동은 기독교를 민족의 한계를 극복한 인류의 보편적인 종교로 만들었습니다. 바울이야말로 역사상 최고의 커뮤니케이터라 할 만합니다.

이렇게 유능한 매개자를 통해 생전에 큰 빛을 보지 못하다가 오히려 사후에 더욱 빛을 발하는 경우가 적지 않습니다. 음악의 아버지 바흐도 생전에는 유능한 종교 음악가이자 교회 지도자로서 그 명성이 한정되었으나, 사후 50년이 지나서야 요한 니콜라우스 포르켈Johann Nicolaus Forkel이나 필립 슈피타Philipp Spitta의 저술로 극적인 재평가가 이루어졌습니다. 고흐도 비참했던 생애의 마지막 2개월을 친구이자 자신을 돌봐주는 의사인 폴 가셰Paul Gachet와 함께 보냈고, 이 기간에 무려 100여 점의 작품을 완성했습니다. 가셰 박사의 아들은 후에 고흐의 작품을 모아 미술관에 기증하여 고흐의 진가를 세상에 알렸습니다. 폴 가셰 또한 고흐와 우리를 이어준 소통자라 할 수 있겠습니다. 마찬가지로, 유언도 채 못 남기고 쓸쓸이 죽어간 마르크스의 '마르크시즘'에 정작 생명을 불어넣어준 매개자는 바로 레닌입니다.

여기서 얘기하고자 하는 것이 무엇일까요? 역사적 인물들의 유명세에 얽힌 얘기를 하자는 것이 아닙니다. 예수, 바흐, 고흐, 마르크스를 인류 역사상 최고의 유명인으로 등극시킨 진정한 조력자는 바로 바울, 포르켈, 가세, 레닌과 같은 커뮤니케이터였습니다. 말 그대로 '전달'에만 충실했던 소통자들입니다. 만일 그들이 매개자로서의 권한이나, 매개자가 가질 수 있는 기회를 이용하여 커뮤니케이터 본분을 넘어섰다면 상황은 많이 달라졌을 것입니다.

그렇다면 커뮤니케이터의 첫 번째 요건은 '충실한 전달'이라고 해도 과언이 아니겠군요. 마라톤 광야에서 페르시아 대군을 물리친 승전보를 약 40km를 달려 아테네 시민들에게 전달하고 그 자리에 쓰러져 숨졌다는 그리스 병사 정도는 아니더라도 말입니다.

양편 사이에서 일방 혹은 쌍방으로 정보나 물자를 전달해주는 매개자가 커뮤니케이터입니다. 소통을 가능하게 하는 매개자로서 '소통자'라고도 부를 수 있겠습니다.

이제 이메일을 한 번도 안 써본 사람은 드뭅니다. 한메일hanmail, 핫메일hotmail, 야후yahoo, 코리아korea 등, 우리를 초창기 인터넷 세상에 입문하게 해준 이름들을 기억할 겁니다. 이 서비스들은 우리에게 전혀 새로운 소통방법과 방식을 제공해주었죠. 물론 지금은 구글, 네이버가 대세 반열에 올랐지만요. 그 당시에 이 회사들은 엄청난 용량의 이메일 계정을 무료로 뿌려주며 충실한 소통자임을 자청합니다. 아무 대가 없이 그냥 쓰기만 하라고 했습니다.

커뮤니케이터는 A의 메시지를 B에게 가감 없이 전달하는 매개자입니다. 특별한 여과과정이 있다면 앞서 소개한 '필터'일 것이며, 새로운 분석을 보태면 뒤에 등장할 다른 매개자가 될 것입니다. 이메일은 그렇게 양쪽을 단순히 소통시켜주는 순수한 모습으로 우리의 일상에 다가왔습니다.

그리고 나서 소셜 네트워크 서비스, 즉 SNS의 시대가 옵니다. 이메일과 SNS의 차이는 근본적으로 개방성에 있습니다. 수신인을 지정하고, 혹은 참고인을 추가하더라도 이메일은 특정 전달 대상에게 국한시켜 내용을 전달합니다. '일대다'의 소통이 불가능한 것은 아니지만, 기본적으로 이메일은 오프라인의 소통을 온라인 버전으로 옮겨 효율성을 높인 것입니다.

반면 SNS는 친구든 1촌이든 서로 허용한 모든 사람에게 개방된 대화방이라 할 수 있습니다. 파티에 초대받은 사람들이 나누는 대화가 파티장 전광판에 모두 생중계되는 꼴입니다. 이렇다 보니 상호작용이 용이한 '좋아요' 버튼도 만들어주고, 프로필로 파악한 '아세요?'로 친구도 추천해줍니다. 여기서 한 단계 진보한 커뮤니케이터를 만나게 되는 것이죠.

그리고 보니 커뮤니케이터도 단계가 있군요. 이를 살펴보기 위하여 커뮤니케이터가 소통시켜야 할 대상을 구분해보겠습니다.

먼저 나의 입장에서 소통할 사람 중에는, 이미 알고 있는 사람이 있고 또 알고 있지는 않으나 알고 싶은 사람도 있을 것입니다. 다시 알고 있

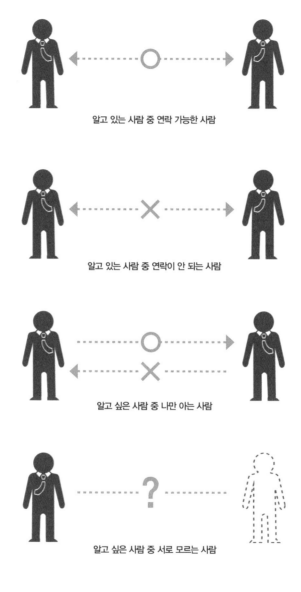

알고 있는 사람 중 연락 가능한 사람

알고 있는 사람 중 연락이 안 되는 사람

알고 싶은 사람 중 나만 아는 사람

알고 싶은 사람 중 서로 모르는 사람

커뮤니케이터 연결의 4가지 부류

는 사람 중에는 연락할 수 있는 사람도 있고, 연락이 안 되는 사람도 있습니다. 한편 알고 싶은 사람 중에도 나는 상대를 알고 상대는 나를 모르는 경우도 있지만, 서로 모르지만 누군가가 소개해주어 알면 좋을 것 같은 사람도 있겠지요. 결국 내가 커뮤니케이터를 통하여 소통하고픈 대상에는 4가지 부류가 있다는 얘기입니다.

당연히 이메일은 첫 번째 부류, 즉 알고 있으면서 연락도 되는 사람들이 주 대상입니다. 두 번째 알고 있지만 연락되지 않는 사람들과, 세 번째 나는 알지만 나를 모르는 사람들과도 소통을 가능하게 해주는 것은 SNS입니다. 분명 이메일보다 진일보한 매개자입니다. 예를 들어, 수십 년 동안 연락하지 못했던 동창을 찾는 것에 특화된 아이러브스쿨이 있었고, 먼 발치의 유명인을 자발적으로 추종하는 데 용이한 트위터가 있습니다.

그러나 뭐니 뭐니 해도 현존하는 SNS의 최고봉은 페이스북입니다. 페이스북은 앞에서 소개한 모든 부류를 연결해줄 수 있습니다. 적당히 개방성과 폐쇄성을 유지하면서요. 특히 이용자의 자발적인 정보공개를 바탕으로 새로운 사람과 사회, 상품과 게임을 알게 해줍니다. 네 번째 부류입니다.

SNS는 수첩이나 핸드폰의 주소록과 같은 것이 아닙니다. 이러한 SNS의 성공을 보면서 커뮤니케이터의 두 번째 요건은 '소통 대상의 확장'이라고 하여도 될 것 같습니다.

물론 페이스북을 커뮤니케이터로만 한정시킬 수는 없습니다. 사실 대다수의 매개 기업 또는 매개 비즈니스는, 이 책에서 소개하는 8가지 매개자의 특징 중 여러 가지를 동시에 가집니다. 페이스북도 초기에는 충실한 소통자인 커뮤니케이터를 자임했지만, 상업적인 의도를 지니게 되면서 가입자를 열심히 모으는 모빌라이저 성격을 강하게 띠게 되었습니다. 모빌라이저는 다음 장에서 소개하겠습니다.

이러한 복합적 매개 기능의 사례는 앞으로 여러 차례 등장하게 될 것입니다.

혹자는 이렇게 얘기합니다. 페이스북이 만들어놓은 벌통에 우리는 자그마한 벌집을 한 칸씩 분양받습니다. 우리는 기꺼운 마음으로 여기저기의 꽃 사이를 돌아다니며 꿀을 모으죠. 우리는 애초에 그 꿀을 먹을 생각이 없었습니다. 생각해보세요. 10억 마리의 벌들이 채우는 꿀통을. 어느 날 달콤한 꿀이 가득 찬 그 꿀통을 페이스북이 수거하여 요긴하게 팔아치울 때도 우리는 아무런 원망을 하지 않습니다. 후회하거나 통탄하며 꿀 모으기를 중단하지 않은 것이 그 증거입니다.

원래 페이스북은 하버드대 교내 미녀 인기투표 사이트인 페이스매시 Facemash에서 시작되었다고 합니다. 우리는 미녀가 즐비한 페이스북 파티에 우리의 정보를 기꺼이 제공하고 입장권을 받습니다. 파티에서 단체로 왁자지껄 떠들며 겪게 되는 많은 일들은, 우리가 원해서 생긴 일들이기도 하지만 이미 파티 플래너에 의해 '계획된' 일들이기도 합니다.

그렇습니다. SNS는 우리에게 소통의 장을 만들어주고, 더 많은 소통의 기회를 주고, 그리고 애써 속내를 감추며 어느덧 우리 삶의 일부가 되었습니다.

커뮤니케이터로 성공하기, 중독

일상에서 흔히 '커뮤니케이터'라는 말을 쓸 때, 사람 사이의 소통을 떠올리는 게 일반적입니다. 하지만 매개자로서 커뮤니케이터의 훨씬 더 치열한 역할은 기업과 고객 사이에서 발견됩니다. 기업은 어떠한 방법으로든 고객과 소통하는 것이 절실합니다. 특히 자사의 상품이나 브랜드를 고객에게 알리는 데 혈안이 되었다고 해도 과언이 아니죠. 언제 어디서나 접하는 광고와 마케팅은 기업의 메시지를 일방적으로 고객에게 전달하는 커뮤니케이터입니다. 또한 영업사원처럼 고객접점에 있는 모든 직원도 기업과 고객 간의 커뮤니케이터입니다.

그렇다면 생각해볼 것이 있습니다. 그들이 진정 커뮤니케이터의 첫 번째 요건인 '충실한 전달자' 맞나요?

기업과 고객 사이에는 '고객서비스'라는 것이 있습니다. 기업과 고객이 직접 만나는 지점에서 양편을 소통시켜주니 이 또한 커뮤니케이터입니다. 그렇다면 여러분의 기업이 그렇게 간절히 고객에게 전달하고픈 정보를, 이미지를, 핵심가치를, 고객서비스라 불리는 여러분 기업의 매개자들은 충실히 전달하고 있나요?

고객은 쌀쌀맞은 직원에게 상처받고, 판매 전후에 태도가 돌변하는 영업사원이나 보험설계사 때문에 화가 납니다. 식당에 버젓이 빈 자리가 있는데도 갑자기 예약석이라며 기다리라고 해서 불쾌합니다. 큰 맘 먹고 콜센터에 전화했는데, 이것저것 각종 정보만 눌렀다거나, 한참을 이야기하고 났더니 담당자가 따로 있다며 이리저리 넘겨졌던 경험이 있을 것입니다. 그런 후 이용고객이 많다고 해서 이제나 저제나 기다리다가, 결국은 끊어지거나 다음에 다시 전화하라고 해서 전화기 내리친 적도 있을 것입니다. 다시는 이 회사 혹은 이 식당 근처에도 가지 않으리라 굳게 결심하면서요.

'고객이 왕'이라는 핵심가치를 외치는 기업이라면 고객서비스는 이 핵심가치를 고스란히 전달하는, 충실한 커뮤니케이터가 되어야 합니다.

디즈니의 사원교육 매뉴얼에는 이런 말이 쓰여 있습니다.

"디즈니가 여러분에게 지급하는 급여는 고객에 대한 봉사의 대가다."

또한 고객서비스 하면 떠오르는 기업인 리츠칼튼 호텔의 모토는 "우리는 신사숙녀를 모시는 신사숙녀다."(We are ladies and gentlemen serving ladies and gentlemen.)입니다.

기업들도 이제는 그들의 기존 커뮤니케이터의 한계를 알고 있는 것 같습니다. 차라리 고객과의 소통에 고객을 더욱 밀접하게 끌어들이는 전략을 취하고 있습니다. 고객에 다가가는 것에 한계가 있다면, 고객이 다가오게 하는 것도 방편입니다. 할 수만 있다면, 다가가나 다가오나 거리가 좁혀지는 것은 마찬가지니까요.

알다시피 ATMAutomated Teller Machine은 현금 자동 입출금기입니다. 주변에서 익숙하게 볼 수 있는 매우 성공적인 커뮤니케이터입니다. ATM에 약자로 쓰인 '텔러Teller'는 은행의 금전 출납계 직원이지요. 사실 직원이 할 일을 이용자인 우리가 다 하고 있습니다. 그래도 불평은 없습니다. 오히려 가까운 곳에 주거래 은행의 ATM이 있어서 다행이라고 생각하죠. ATM은 물리적으로는 은행이 우리에게 다가온 것 같아 보이지만, 사실은 우리가 다가간 것입니다. 고객 스스로 입출금도 하고, 이체와 통장정리까지 하게 하는 이 매개자는 은행의 충실하고 효과적인 커뮤니케이터입니다.

앞에서 커뮤니케이터로 성공하기 위한 두 번째 요건이 '소통 대상의 확장'이라고 하였습니다. 매스미디어 광고와 마케팅의 비용 대비 효과에 의심의 눈초리를 보내고 있는 기업은, 급기야 '고객의 지팡이'를 자처하고 행세하는 파워블로거에게 추파를 던집니다. 수수료나 광고, 그리고 심지어 리베이트까지 동원하며 고객 확장을 도모합니다.

한편으로는, 고객의 취향과 의견을 상품개발에 적극적으로 끌어들이고 반영하기 위하여 '프로슈머prosumer'를 매개자로 활용합니다. 앨빈 토플러가 《제3의 물결》에서 생산에 참여하는 소비자를 나타내기 위해 '프로듀서producer'와 '컨슈머consumer'를 합쳐서 만든 '프로슈머'는 기업 입장에서는 전방위적으로 고객을 확장해주는 고마운 커뮤니케이터입니다.

자, 이제 매개자 커뮤니케이터로 성공할 수 있는 요건을 정리해보겠습니다.

첫 번째는 충실하게 전달의 사명을 수행하는 것이었습니다. 또 다른 목적과 계획이 있더라도 이 대목에서는 순수한 조력자로서 굳건하게 역할을 수행해야 합니다. 일단은 사람이건 기업이건 간에, 전달을 원하고 소통의 타깃이 되는 매개 대상자의 신뢰를 얻어야 합니다. 첫 번째를 간단히 신뢰trust라고 하겠습니다.

두 번째는 기능적인 우수성이나 차별성에 의해 소통대상을 확장해주는 것이었습니다. 확장expansion이라 명명합니다. 그리고 여기에 덧붙여, 지금부터 얘기할 세 번째 요건은 중독addiction입니다.

정리하자면, 커뮤니케이터 매개자가 되어서 성공하기 위한 3가지 요인 또는 3단계는 신뢰, 확장, 중독입니다. '신확중'으로 기억하는 것도 좋겠지만, 아무래도 'TEA'가 좋겠습니다. 인생에서 사업에서 커뮤니케이터로 성공할 수 있는 전략을 차 한잔의 여유와 함께 생각해보면 어떨까요.

중독은 '어떤 대상이나 행위 없이는 견디기 어려운 정신적인 의존증세'라고 할 수 있습니다. 2014년 개봉된 한국영화 '인간중독'에서 남자주인공의 대사 "당신을 안 보면 숨을 쉴 수가 없어."처럼 극단적인 증세는 아니더라도, 무엇인가를 하지 않으면 매우 불편한 상황을 중독이라고 합니다. 일상에서는 습관이 되어버린 것을 뜻하기도 하고, 인간이 인지적인 정보처리의 부담을 줄이기 위해 늘 하던 대로 하는, 편향된 반응을 보이는 현상이라고도 할 수 있습니다.

커뮤니케이터에 지나치게 익숙해지면 매개 대상자들이 매개자를 빼놓을 수 없는 지경에 이릅니다. 이것이 매개 대상자가 매개자에게 중독되는 것이며, 매개자가 매개 대상자를 길들이는 것입니다.

물론 매개 대상자는 바보가 아닙니다. 그러나 매개자를 필요로 합니다. 매개 대상자에게 신뢰를 주고 종종 관계도 확장시켜주는 매개자는 참 요긴한 사이존재입니다. 경제학적 관점에서 이 사이존재는 그때그때 필요한 매개자를 찾는 탐색비용을 줄여주고, 장기적 관계이므로 계약비용도 줄여주고, 의구심이 없으므로 감시비용도 줄여줍니다. 커뮤니케이터는 기본적으로 조력자이지만 프로슈머처럼 공동으로 문제를 해결하는 협력자가 되기도 합니다.

이처럼 좋은 점이 적지 않습니다. 조직이론에서는 '신뢰'를 '상대방의 의도와 행동을 긍정적으로 받아들이는 데 존재하는 위험을 기꺼이 감수하고자 하는 의지'라고 설명합니다. 언젠가 커뮤니케이터가 배신하여 매개 대상자가 기꺼이 위험을 삼수하는 일이 현실에서 벌어지기 전까지는 그렇습니다.

길들이는 커뮤니케이터가 취할 수 있는 방법은 몇 가지로 한정됩니다. 먼저, 순수한 전달자로 남는 것입니다. 커뮤니케이터 이상의 의도와 욕심은 버리고, 다른 방식으로서 그 대가를 얻어내는 것입니다. 승전보를 전달하고 기꺼이 목숨을 바쳤지만, 최초의 마라토너가 된 페이디피데스 Pheidippides는 2,500년이 지난 지금까지도 이름이 회자됩니다. 명성을 얻은 것이죠.

아니면, 어느 정도의 의도가 간파되었다고 하더라도 매개자를 버릴 수 없게 추가적인 효용을 계속 보여주는 것입니다. 지속적이고 점진적으로 성능을 향상시키는 버전업version-up이나, 매개 대상자가 필요로 하는 또 다른 효용을 끼워 넣는 번들링bundling 전략이 그런 것입니다.

또 다른 방법으로는, 매개 대상자가 떠나면 스스로 아쉽고 불편하게 만드는 전환비용switching cost을 심어놓는 것도 있습니다. 쉬운 예로, 주유소, 비행기는 물론이고, 요즘은 하다못해 동네의 자그마한 커피점에서도 고객서비스 전략으로 마일리지를 적립해줍니다. 이러한 마일리지도 매개 대상자가 떠나지 못하게 하는 전환비용의 사례입니다. 또한 타사의 핸드폰으로는 그 많은 주소록을 쉽게 옮길 수 없게 하는 것도 그렇습니다.

이것도 저것도 아니라면, 마지막으로 그냥 비이성적 판단으로 유도하고 세뇌하는 방법이 있습니다. 정치적인 예이지만, 레닌이 러시아 혁명 때 다수의 약자인 농민들을 매료시켰던 '평화, 토지, 빵' 슬로건이나, 히틀러와 나치가 독일 국민 전체를 환상에 젖게 한 '독일 민족 우월주의'처럼 말입니다. 어느 정도 여유 있는 대기업들이 줄기차게 내보내는 공익광고도 일종의 중독유발자입니다.

커뮤니케이터는 이용자나 고객을 길들여야 합니다. 매개자는 그들에게 습관 자체가 되어야 하고, 그들을 중독시키고자 애씁니다. 그러기 위해서는 어떻게 해야 할까요? 매개 대상자가 가지고 있는 연결 확장과 관계 확대의 욕망을 실현시켜주어야 합니다. 그리고 무엇보다도 그 이전에 먼저 충실한 전달자로서 신뢰를 구축해야 합니다. 겸손한 자세로 시작해야 하며, 사리사욕의 저의를 너무 일찍 드러내면 안 됩니다.

네덜란드 철학자 스피노자는 겸손을 '자기의 무능과 약함을 고찰하는 데서 생기는 슬픔이며, 사람들의 마음에 드는 일만 하려는 욕망'이라고 표현했습니다. 매개자는 매개 대상자인 이용자와 고객의 마음에 들어야 하며, 파생적 존재인 자신의 한계를 직시해야 합니다. 시쳇말로 납작 엎드려야 합니다.

사실 대부분의 주목할 만한 사례에서 알 수 있듯이, 커뮤니케이터라는 역할 자체로 수익을 창출하는 경우는 드뭅니다. 그러나 매개로 성공하기 위한 초석의 역할로 커뮤니케이터가 등장하여 분전奮戰하는 양상은 무척 주의 깊게 지켜보아야 합니다. 다음 장에서는 커뮤니케이터가 다져 놓는 기반에 본격적으로 판을 벌이는 매개자로 가보겠습니다.

4

무한세계를 서핑하여
부익부를 시작하라

MOBILIZER

판 벌이는 매개자 — 모빌라이저

'평균=평범'이던
세상은 끝났다

　시시각각 절실하게 느끼는 것이 있습니다. 모든 것은 유한하다는 사실입니다. 우선 인간으로서의 생명이 유한하고, 시간은 흘러가고, 우리의 체력과 에너지는 한계가 있습니다. 산업화 이전에는 유한한 자원을 차지하기 위해 경쟁했고, 산업사회에는 유한한 시장을 확보하기 위해 경쟁했습니다.

　'경쟁'이라는 의미 자체가 '유한한' 객체의 획득에 대한 것입니다. 가진 것도 유한하고 가진 자도 유한합니다. 인간의 사회생활과 기업의 경영활동의 보편적 진리는 이러한 '유한의 세계'에 기초하고 있는 것은 당연합니다.

　유한세계에는 시작과 끝이 있습니다. 유한한 수의 것들이, 유한한 형이하학적 공간 여기저기에 있습니다. 아무리 그 수가 많더라도 최대치가 있고, 또 최소치도 있는 세계입니다. 아주 큰 것과 아주 작은 것은 그리 많지 않고, 약간 큰 것과 약간 작은 것은 그리 적지 않습니다. 이 세계에서는 크지도 작지도 않은 평범한 것들이 주종을 이룹니다.

이러한 모양새를 '정규분포normal distribution'라 합니다. 기억나죠? 고등학교 수학 책에 나오는 통계용어이지만, 교양의 단어라 할 만합니다. 흔한 것들은 많고, 흔하지 않은 것들은 적은, 유한세계의 평범한normal 모습이죠. 그래프로 그리면 가운데가 볼록한 종 모양과 유사한데, 그 볼록한 부분이 평균적인 것들입니다.

'평균적인 것이 평범하다.'는 것을 세상의 이치로 받아들이는 것은 그리 어렵지 않습니다. 비록 평균에서 벗어난 입장에서도 말입니다. 모든 것이 유한하다는 엄연한 가정이, 평범한 대다수가 평균 근처로 모이는 현상을 만들게 된 것이죠.

그런데 이 엄연하고 당연한 가정과 현상이, 그래서 종종 우리에게 인간적 안도감과 사회적 안정감을 주었던 사실이 흔들리고 있습니다. 아니, 이미 '평균=평범'은 불변의 진리가 아닙니다.

디지털 시대가 우리의 눈앞에 가져다준 가장 획기적인 것이 무엇일까요? 수많은 디지털 기기들이 먼저 떠오를 것입니다. 하지만 그보다 더 근본적인 것은 '무한의 세계'입니다. 디지털은 눈에 보이지 않는 것에 가치를 입혔습니다. 한정된 자원으로 한정된 상품을 제조하던 유한세계 너머로, 무한정 디지털 자원으로 무한정 디지털 상품을 찍어내는 무한세계를 보여준 것입니다.

그리고 눈에 보이지 않은 무한한 것이, 눈에 보이는 유한한 것보다 값어치가 높아지고 있습니다. 예전에는 컴퓨터를 살 때 하드웨어만 사도 소프트웨어를 덤으로 주었습니다. 서비스는 공짜였지요. 하지만 이제는 서비스를 사용하기 위해 소프트웨어가 필요하고, 하드웨어는 염가이거나 빌려 씁니다. 디지털 경제와 지식경제를 유사한 맥락에서 혼용하는 이유는 디지털 환경에서는 무형의 지식이 최고의 가치이기 때문입니다.

눈에 보이지 않는 것이 소중하다고 해서 형이상학metaphysics을 운운하자는 것은 아닙니다. 우리는 여전히 현실의 가치를 추구하니 분명히 형이하학physics science적입니다만, 점점 더 큰 가치를 갖는 무형의 지식들은, 말 그대로 눈에 보이지 않고 비물리적이어서 종종 유물론에서 파생된 이론들로 설명하기에는 혼선을 겪을 수 있습니다.

어느 덧 우리의 전후좌우를 뒤덮어버린 무한세계에서는 유한세계가 주는 안도감과 안정감을 기대하기 어려워졌습니다. 그래도 평범함에 속해 있다는 인간적인 안도감과 적어도 평균치가 대다수라는 사회적인 안정감이 결여되고 있다는 얘기입니다. 그래서 무한의 세계는 '노말'하지 않습니다.

어릴 적 기억으로 되돌아가보겠습니다. 어머니를 따라 시장에 갔다가 땅콩 가게 아저씨가 귀엽다고 그냥 한 움큼 집어가라 해서 조막만 한 손으로 땅콩을 집어 듭니다. 당연히 어린아이가 한 주먹 쥔 것보다는, 아저씨의 큼직한 손으로 집어준 땅콩의 양이 훨씬 더 많을 것입니다. 하지

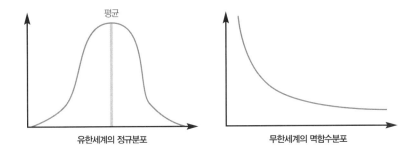

유한의 세계와 무한의 세계

만 사람 손의 크기는 그만그만하니 땅콩의 양도 거기서 거기입니다. 평범한 손을 가진 대다수의 사람은 평균적인 양의 땅콩을 집을 수 있겠죠.

그러나 생각해봅시다. 한도 끝도 없는 땅콩더미에서 손이 아닌 모든 기구를 동원해 땅콩을 퍼가는 시합이 열렸다면 어떨까요? 어떤 도구를 이용하느냐에 따라 결과는 천차만별일 것입니다. 게다가 땅콩이 무한정이니 너무 많이 가져가도 염치없다고 생각할 사람도 없고 심판이 제재하지도 않겠지요. 무한정한 가치를 무한정히 축적할 수 있는 세상에서는 평균이라는 것이 없습니다.

평균값이 존재하지 않는 양태를 수학적 그래프로 표시한 것을 '멱함수 power function'라고 합니다. 정규분포는 양쪽 극단으로 갈수록 그 수가 작아지고 중간에 가까워질수록 수가 많아지는 종의 모양이지만, 멱함수 분

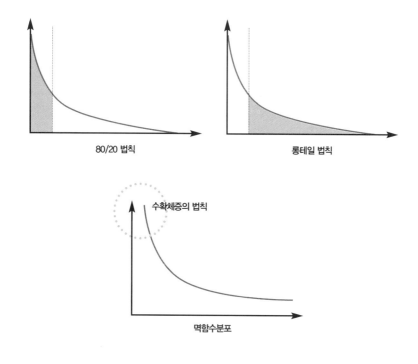

80/20, 롱테일, 돌아오지 않는 평균

포는 한쪽 극단은 수가 무한으로 크고, 다른 한쪽은 극단으로 갈수록 그 수가 0에 가까워지는, 즉 한쪽으로 치우친 모습입니다. 어렵지 않습니다. 그림을 보면 됩니다.

멱함수에서는 일부가 엄청난 또는 대부분의 지분을 갖고 있고, 다수 가 나머지 크지 않은 지분을 보유하는 구성입니다.

현실 세계에서도 멱함수분포를 쉽게 이해할 수 있습니다. 흔히 '80/20법칙'이라 불리는 '파레토 법칙'을 생각하면 됩니다. 이것을 창안한 이탈리아 경제학자 비프레드 파레토Vilfredo Pareto는 정작 자신의 생전에는 '80/20'이라는 표현을 사용한 적이 없다고 하네요.

파레토는 유럽 제국의 소득분포를 조사하는 과정에서, 전체 소득의 80%가 상위 20% 사람들에 의한 것이라는 알게 되었습니다. 이것을 발표한 것이 바로 '파레토 법칙'인데, 19세기 후반에 만들어진 이 황금률은 '상위 20% 고객이 매출의 80%를 창출한다.'는 식으로 현대 기업 마케팅의 기본 토대로 자리매김했습니다. 쉽게 말해 '작은 일부가 많은 나머지보다 훨씬 더 많은 역할을 한다.'는 것이 파레토 법칙이고, 그것을 수학적으로 표현한 것이 멱함수와 같은 형태라고 생각하면 됩니다.

한편, 2004년 미국의 과학기술 저널리스트 크리스 앤더슨Chris Anderson은 파레토 법칙의 역발상인 '롱테일 법칙The Long Tail'을 제시했습니다. 롱테일 법칙은 파레토 법칙과 반대로 '80%의 사소한 다수'에 주목합니다. 이들이 '20%의 핵심적인 소수'보다 뛰어난 가치를 창출하는 경우가 많아지고 있다는 것입니다. 이러한 현상은 아마도 인터넷과 정보통신 기술의 발전으로, 사소한 다수의 기여가 정확히 집계되고 설명되기 때문에 밝혀진 것이 아닐까 싶습니다.

'80/20'이냐 '롱테일'이냐 하는 것은, 구성원 중에서 특정 소수 혹은 대다수 중 누구에게 역할의 무게중심을 둘 것이냐에 대한 문제입니다. 어떤 경우에도 평범한 다수가 평균의 중간 값을 의미하지는 않습니다. 정규 분포가 아니라는 말입니다. 오히려 멱함수에 가깝습니다. 그리고 멱함수의 모습을 가만히 들여다보면 중간값도 없지만 최대값도 없습니다. 멱함수 그래프의 왼편에 무한히 치솟고 있는 형상은, 평균이 지배하는 평범한 세계로부터 아련히 멀어져가고 있는 느낌을 줍니다.

비프레드 파레토나 크리스 앤더슨이 얘기하고 있는 법칙은, 주어진 구성원이 창출하는 정해진 가치에 대한 비중에 관한 것들이므로, 신비한 멱함수의 무한세계를 설명하기에는 거리가 있습니다.

사실 본격적인 무한세계에 들어선 우리가 더욱 긴장하고 주목해야 할 것은 따로 있습니다. 그것은 무한한 자원으로 무한한 가치를 발생하게 하는 무한한 진화과정입니다. 딱딱하지만 반드시 알아야 할 내용을 조금만 더 설명하겠습니다.

유한세계를 지배했던 전통적인 경제학 이론은 '수확체감diminishing returns of scale'에 바탕을 두고 있습니다. 투입하는 자원을 계속 증가시킬 때 일정 수준이 지나면, 늘어난 투입 자원만큼 수확이 늘어나지는 않는 현상입니다. 자원을 늘려도 이에 따른 수확의 증분은 오히려 감소한다는 것입니다. 제한된 땅이나 공장에서 비료나 생산재 투입을 2배로 증가시킨다고 해도 수확물이 2배로 늘어나지는 않습니다. 기본적으로 모든 여건에는 한계가 있기 때문입니다.

그러나 무한세계에서는 반대로 '수확체증increasing returns of scale'입니다. 일정 수준에 도달하면 수확이 폭발적으로 증가한다는 뜻입니다. 그것도 기하급수적으로 말입니다. 투입 자원이 늘어날수록 수확증분이 줄어들기는커녕 거꾸로 늘어나는 상황입니다.

예를 들어, 아무리 명품 핸드백이라 하더라도 너무 흔해지면 그 값어치가 떨어집니다. 수확체감의 유한세계에서 명품의 또 다른 이름은 '한정품'입니다. 하지만 수확체증의 무한세계에서는 정반대입니다. 더 많은 사람이 더 많이 연결되어 더 많이 공유하고 더 많이 사용하는 바로 그것이 명품입니다.

바로 이 수확체증의 현상이 멱함수의 아련한 무한의 저편으로 인도하는 진화의 과정을 만들어 냅니다. 어느 수준이 되면 진화는 급물살을 탑니다. 급물살에 올라타서 물 위가 아니라 하늘을 나는 서퍼surfer를 연상해보세요. 수확체증의 길에 들어선 자는 그렇지 아니한 자를 남겨두고 더욱더 무한의 세계를 만끽할 수 있습니다.

〈마태복음〉 25장에는 '무릇 있는 자는 받아 충족하게 되고, 없는 자는 그 있는 것까지 빼앗기리라.'는 구절이 있습니다. 미국 사회학자 로버트 머튼Robert Merton은 '부익부 빈익빈 현상'을 이 구절에 빗대어 '마태 효과 Matthew effect'라 명명했습니다.

무한세계는 가진 자가 더 가지기 쉬운, 아니 사실상 더 가지게 되는 세계입니다. 어쩌면 유한세계의 약육강식보다 더 무섭습니다. 약육강식의 세계는 한정된 세계에서 먹잇감이 되는 약자가 없으면 강자도 살아남을 수 없지만, 무한의 시대인 지금은 강자는 약자를 지르밟고 그저 강자의 길을 갈 뿐입니다.

죽기 전에 꼭 가보아야 할 경관인 그랜드 캐니언은 서울에서 부산까지의 거리를 훌쩍 넘는 447km 길이 내내 1,500m의 높이로 갈라져 있습니다. 대다수의 관광객이 방문하는 남쪽 가장자리South Rim와 소수의 여행 마니아가 찾아가 더욱 감탄하는 건너편의 북쪽 가장자리North Rim의 직선거리는 불과 6km.

그러나 눈앞에 보이는 저편은 실제 운전해서 이동하려면 또 다시 서울-부산 거리를 가야 하는 진정한 그랜드 디바이드입니다. 그렇다고 그랜드 캐니언 중앙 계곡의 유일한 통로인 좁디좁은 팬텀랜치를 찾아 나서기는 쉽지 않습니다. 이렇듯 한번 벌어진 격차는 쉽게 좁혀지지 않고, 강자와 약지 사이에는 그랜드 캐니언과 같은 디바이드가 생겨납니다. 심지어 강자는 디바이드를 넘을 수 있는 사다리를 걷어차기도 합니다.

그랜드 캐니언 북쪽으로 쭉 거슬러 올라가면 캐나다 앨버타 주 로키산맥의 절경이 있습니다. 이곳에서 촬영한 영화 '돌아오지 않는 강'에서 마릴린 먼로는 '돌아오지 않는 강'이라는 이름이 붙여질 정도로 물살이 급한 강 위로 뗏목을 타게 됩니다. 돌아오지 않는 강 건너 저편에 있을 애인을 찾기 위해서입니다.

이번에 소개할 매개자는 무한의 세계에서 평균이 의미가 없음을 알아채고, 이에 편승하여 강자가 되려 합니다. 더욱 강한 자가 되기 위해 일단 강자의 반열에 올라서야 함을 알고 있습니다. 그래서 판을 벌입니다. 돌아오지 않는 강의 급물살을 서핑하기 위해서 말입니다.

판을
제대로 벌이려면

판을 벌이는 것 자체는 별로 어려운 일이 아닙니다. 일상적으로는 모임도 열고 파티도 열고, 특이하게는 노름판도 벌이고 굿판도 벌입니다. 판이라는 것 자체가 판을 벌이는 사람 혼자의 존재만으로는 성립되지 않는다는 것이 관건입니다. 누군가가 판을 벌이면 그 판에 모여드는 사람들이 있어야 합니다. 한두 명으로는 어림없고 사람이 많아야 판이 제대로 벌어집니다.

마태 효과는 판에서도 적용됩니다. 사람이 많이 몰리는 판에는 더 많은 사람들이 모여듭니다. '먹자골목'의 비좁은 골목에는 새로운 음식점이 계속 비집고 들어옵니다. 어떤 음식점은 손님이 꽉 차고 밖에 줄까지 섰는데, 별반 차이도 없는 그 옆집은 텅텅 비어 있습니다. 판이라는 것이 원래 '부익부 빈익빈'입니다.

판에 현대 산업적 의미를 부여하면 '플랫폼'이 됩니다. 플랫폼은 기차역의 승강장입니다. 그곳에서 행선지가 제각각인 기차들이 정차하고, 사방에서 모인 승객들이 타고 내립니다.

플랫폼이 산업계의 주요 용어로 등장하게 된 효시는 알프레드 슬론 2세Alfred Sloan Jr.로 거슬러 올라갑니다. 1차 세계대전 이후 알프레드 슬론은 대주주인 듀폰과 금융재벌 J. P. 모건의 지원을 등에 업고 제너럴 모터스(이하 GM)의 회장이 되었습니다. 그러나 그 당시만 해도, GM은 자동차 시장에서 포드의 적수가 되지 못했습니다. 헨리 포드가 세계 최초로 대량생산 방식을 적용하여 보급형으로 만든 '모델 T'의 아성은 견고해 보였습니다.

슬론은 모델 T보다 더 저렴한 자동차를 만드는 대신, 소비자의 다양한 취향에 맞춰줄 수 있는 다수의 자동차 모델을 생산하기로 결정합니다. 문제는 다수의 모델을 생산할 때 드는 비용이었는데, 슬론은 이를 플랫폼으로 해결했습니다. 즉 수십 종의 모델을 생산했지만 차체에 해당하는 플랫폼은 단 3개만 제작했고, 그 위에 다양한 디자인과 옵션을 얹어서 만든 것입니다.

플랫폼은 이렇듯 반복적으로 활용되는 공통의 기반구조라는 개념으로 확장되었습니다. 판에 모여든 사람들이 똑같은 판을 공동으로 사용하니 이것 역시 플랫폼과 상통합니다. 그런데 판이, 아니 플랫폼이 한 번 더 새롭고 더욱 뜨거운 생명력을 부여받게 됩니다. 무한세계가 펼쳐지면서 말입니다.

유한세계에서는 아무리 판을 크게 벌여봐야 잠실 주경기장이나 시청 앞 광장입니다. 모이는 사람도 기껏해야 몇 만 명 정도겠죠. 유형의 제조물을 위한 플랫폼은 아무리 커봐야 결국은 일개 공장 크기일 뿐입니다.

그러나 한 명 한 명이 스마트 기기로 무장하고, 인터넷으로 서로 연결되어, 한도 끝도 없는 사이버 세상의 판에 모여든다면 어떨까요? 그곳에는 '한계'라는 것은 없고 모이면 모일수록 좋을 뿐입니다. 무한하게 판을 벌일 수 있으니 플랫폼이 다시 부각될 수밖에 없는 것이죠.

자동차의 시대를 지나 플랫폼을 결정적으로 재조명하게 한 것은 마이크로소프트였습니다. 이전까지만 해도 제품을 잘 만들어서 싸게 파는 것이 기업이 시장과 이윤을 획득하는 유일무이한 방법이었습니다. 물론 IBM도 그렇게 생각했었습니다. 그러나 현대 기업 역사상 최악의 판단이라 할 수 있는 어떤 사건 이후로 모든 것이 변화하기 시작했습니다. 그것은 바로 IBM이 IBM PC의 운영체제를 마이크로소프트에 맡긴 것입니다. IBM은 운영체제를 대수롭게 생각하지 않았고, 그래서 마이크로소프트에 외주를 주어도 좋다는 판단을 했습니다.

그리하여 IBM PC에 탑재된 MS-DOS는 1981년부터 15년 동안 1억 명 이상의 사용자를 확보했으며, 1985년부터 선보인 마이크로소프트의 윈도우는 사실상 컴퓨터를 사용하는 모든 인류가 사용하는 운영체제가 되었습니다.

운영체제는 하나의 소프트웨어에 불과하지만, 컴퓨터의 각종 소프트웨어는 그 위에서 돌아갑니다. 그러니 그 각종 소프트웨어를 사용하는 사람들은 당연히 윈도우라는 창을 통해 디지털 세상을 볼 수밖에 없습니다.

윈도우를 그냥 싸고 좋은 제품으로 평가하기에는 석연치 않은 점이 적지 않습니다. 그저 하나의 운영체제에 소프트웨어가 모이고 또 사용자도 모이니, 인류 역사상 최대의 플랫폼이 탄생한 것입니다.

윈도우 출시 30여 년이 지난 지금, 세상은 또다시 판이 요동치고 있습니다. 우리에게 무한세계를 열어준 PC시대의 마이크로소프트는 요동치는 판에서 밀려나고 있는 실정입니다. 인터넷 시대의 무한세계에서 판을 제대로 벌인 4인방, 즉 구글, 애플, 페이스북, 아마존은 모두 플랫폼으로 성공을 거둔 기업들입니다. 이들을 '플랫폼 기업'이라 불러도 전혀 이상하지 않습니다.

그리고 지금은 전 산업에 걸쳐 플랫폼 기업이 넘쳐납니다. 의류업체 리앤펑은 1만 8,000여 개의 의류 생산업체를 끌어 모았고, 썬키스트는 캘리포니아 오렌지 재배농가의 모임체이며, 에어비앤비Airbnb는 35만 개 이상의 숙박제공자를 확보했습니다. 유통의 꽃인 백화점과 쇼핑몰은 그 업의 본질이 '판 벌이는 사업'입니다.

세계 100대 기업의 60% 정도가 플랫폼 비즈니스를 한다는 분석도 있지만, 세계 100대 기업 정도라면 100% 모두 플랫폼과 밀접하다고 생각합니다. 이젠 플랫폼이 기업의 전략이자 심지어 기업 그 자체가 되어버린 것입니다. 플랫폼 전략에 대해서는 좋은 자료와 책을 쉽게 찾을 수 있습니다.

더 나아가기 전에 여기서 잠깐 생각해볼 것이 있습니다. 모으고 모이는 것이 이토록 중요하지만, 그에 앞서 모일 수 있는 여건 혹은 모을 수 있는 자격에 대해서 잠깐이나마 얘기하고자 합니다.

앞서 판을 벌이는 것 자체는 어렵지 않다고 했지만, 판을 벌이는 것에는 초기투자가 필요합니다. 무언가를 모으기 위해서는 그럴듯한 판이 있어야 하니, 일정 규모의 자본력과 시장 선도력이 필요합니다. 그래서 '판을 벌이는 전략'은 그러한 역량을 가진 기업들에게서 흔히 볼 수 있습니다. 한편 새롭게 창업하는 경우라면 투자를 받거나, 창업자의 인내로 버틸 수 있어야 합니다.

앞 장에서 커뮤니케이터를 설명할 때, 제대로 판을 벌이기 전까지는 속내를 보이지 않고 겸손함을 유지해야 한다고 했습니다. 사람의 경우라면 '그릇'이라도 커야 합니다. 옛날 여느 양반 집에 손님이 많이 몰리는 이유는, 그 집의 곡식창고가 넉넉하거나 아니면 빚을 내서라도 손님을 잘 대접하는 주인장의 도량이 커서입니다.

《논어》의 〈위정爲政〉 편에 '군자불기君子不器'라는 말이 나옵니다. 군자는 일정한 용도와 크기의 그릇이 아니며, 그 한계를 넘어서라는 공자의 말입니다. 한편 《노자》 41장에 나오는 '대기만성大器晚成'도 있으니, 어쨌든 그릇의 크기를 사람의 격과 포용력에 비유하는 것은 맞는 것 같습니다.

그릇이 큰 사람이란 어떤 사람일까요? 인재라면 전력을 묻지 않고 신뢰한 현대 《삼국지》의 영웅 조조나, 대통령에 당선된 후 자신의 정적들을 국무장관, 재무장관, 법무장관으로 중용한 링컨이 떠오릅니다.

모으려면, 그래서 모이려면, 자본이건 그릇이건 크기가 커야 합니다. 저마다의 생각과 다양한 이해관계로 모이는 사람들을 인내하면서 받아들여야 하기 때문입니다. 플랫폼은 대인배大人輩 전략이기 때문입니다. 유한세계의 주먹구구식 이해타산으로는 절대 판을 벌일 수 없습니다.

반면 무한세계에서는 우리가 얻고자 하는 값진 것이 무한정합니다. 마치 한도 끝도 없는 땅콩더미처럼 말입니다. 냉정하게 말해서 인간이 배고픔과 추위에 허덕인다면, 먹고사는 것조차 녹녹치 않다면, 상생이니 공존이니 나눔이니 하는 아름다운 발상들은 공허할지 모릅니다. 하지만 무한의 세계에는 풍족함이 있고, 그 풍족함은 나눌 만큼 충분합니다. 그러니 우선 큰 그릇이 되어야 합니다. 모으고 모이는 데 한계가 없기 때문입니다. 거룩한 얘기를 하자는 것이 아닙니다. 누이 좋고 매부 좋은, 그래서 꿩 먹고 알 먹는 매개자가 되라는 것입니다. 마당을 쓸다 보면 엽전도 줍고, 도랑을 치다 보면 가재도 잡습니다.

이제는 판 벌이는 매개자가 정식으로 등장해도 될 것 같습니다.

가진 자가 더 가지게 되는
무한세계에 도전하라

   모빌라이저는 동원자입니다. 목적을 달성하기 위하여 사람을 모으거나, 물자를 집결시키는 매개자입니다. 전시 체제처럼 다급하거나 생사가 걸린 상황은 아니더라도, 모빌라이저는 판을 벌이고 총력을 기울여 매개의 대상자를 모읍니다.

   동원자가 그 이름이니 동원을 잘하고 동원해서 모은 것을 잘 유지, 발전시키는 것이 핵심입니다. 전시 체제에서는 절대적인 명분과 권한으로 동원이 가능합니다. 하지만 그런 상황이 아니라면, 매개 대상자를 동원하기 위해서 당연히 그에 합당한 미끼나 매력이 있어야 합니다.

   2로 시작하는 연도표기가 어색했던 21세기 초입에, 우리는 인터넷 비즈니스의 광풍을 지켜보았습니다. 그 광풍에 승천하기도 하고 저 멀리 날아가 곤두박질치기도 했지만요. 닷컴기업들이 우후죽순처럼 생겨났습니다. 컴퓨터와 책상만 들어찬 고만고만한 크기의 사무실을 가진 닷컴기업의 주가는, 엄청난 땅덩어리와 공장과 가진 '브릭 앤 모타르brick and mortar' 전통기업의 그것을 넘어서곤 했습니다. 마치 유한세계의 부동산보다는 무한세계의 그것이 더 중요하다는 식으로 말입니다.

당시, 무한세계의 부동산 격인 도메인도 엄청나게 높은 금액으로 거래되었습니다. korea.com은 60억 원, business.com 90억 원, year2000.com 120억 원, 그리고 기네스에 오른 sex.com은 160억 원 가까운 액수에 팔렸다고 합니다. 상징적이고 대표성 있는 도메인 주소에 모두가 몰려올 것이라는 기대를 반영한 값이지요.

얼마 전까지만 해도 인터넷 비즈니스가 지향하는 최고의 선善은 사람을 모으는 것이었습니다. 모든 수단과 방법을 동원해서 조회수를 높이고 회원수를 늘리는 것이 어쩌면 유일한 성공요인이었습니다.

하지만 광풍이 열풍으로, 다시 훈풍 정도로 바뀌면서 수도 없이 벌어진 판들의 옥석이 가려지고 분위기가 가라앉은 듯했습니다. 바야흐로 웹 2.0이 도래한 것이죠. 이제 더 이상 인터넷 사용자는 수동적인 군중이 아닙니다. 애매한 판에 끼어 이름 석 자를 남겨주거나 조회기록을 헌납할 만큼 아둔하지도 않습니다. 누구나 참여하고 개방하고 공유하는 웹 2.0 시대에는, 역설적으로 들리지만 동원하기가 더욱 힘들어졌습니다.

그럼에도 불구하고 판을 벌이는 매개자가 유념해야 하는 첫 번째는 바로 '군중심리crowd mind'입니다. 누구나 군중의 일원이 된 기억이 있습니다. 아니면 '군중 속의 고독'에 대한 추억이라도 있겠죠. 군중심리는 군중 속에서 개인적 특성이 소멸되고 군중과 쉽게 동질화되는 심리현상을 일컫습니다. 군중심리에 대한 고전으로는 귀스타브 르 봉Gustave Le Bon이 1895년 출간한 동명의 책이 있습니다. 르 봉은 군중이 '감정적이고 우매하여 암시자의 의도에 따르기 쉽다.'고 했고, 이 책을 극찬한 지그문트 프로이트는 '군중이 자신을 지도자와 동일시하는 개념'으로 군중심리를 보았습니다.

남자라면 동의할 것 같습니다. 아무리 고매한 인격과 훌륭한 직업을 가졌더라도, 예비군복만 입으면 다 똑같아진다는 사실을 말입니다. 이상하게도 예비군복을 입는 날은 야릇한 일탈의 해방감을 느끼곤 합니다. 아마도 예비군복이라는 군중화의 도구와 군대 시절의 아련한 추억이 합쳐져서, 멀쩡한 모자를 괜히 삐딱하게 쓰고, 함께 큰소리치며 길거리에 실례(?)하기도 합니다. 마치 그 옷만 입으면 군중 속에 자신을 완벽하게 숨길 수 있을 거라고 생각하면서 말입니다.

어쨌든 군중 속의 개인은, '비이성적'까지는 아니더라도, 개인이 갖고 있는 논리력과 판단력이 왜곡되는 경험을 합니다. 암시자나 지도자, 또는 그들이 의도한 환경이 있다면 더더욱 그렇겠죠.

동원자는 매개 대상자를 현혹합니다. 물론 해를 끼치지 않는 범위에서 말이죠. 동원자는 군중심리를 활용하여 군중의 경계심을 무디게 할 필요가 있습니다. 무한세계에서는 더욱 그렇습니다. 앞에서 설명했듯이 무한세계에는 수확체증의 법칙이 있고, 늘어날수록 더 늘어나는 수확체증의 법칙은 '부익부 빈익빈'을 초래합니다. 그러니 의구심 많고 영악해진 군중을 어떻게든 더 많이 끌어모아야 합니다.

가진 자가 더 가지게 되는 부익부 빈익빈, 혹은 마태 효과의 또 다른 모습이 '네트워크 효과network effect'입니다. 네트워크 효과는 어떤 상품에 대한 수요가 다른 사람들의 수요에 영향을 미치는 것을 말합니다. 사용자가 몰리면 몰릴수록 사용자가 계속 늘어나는 현상이 대표적입니다. 쉬운 예로, 유행하는 물건을 구입하는 것이 바로 그런 현상입니다. 유행은 일종의 사회 네트워크의 동조현상이기 때문입니다.

특히 사용자가 독립적으로 사용하지 않고 함께 사용하고 공유하는 소프트웨어나 콘텐츠 같은 디지털 상품에서 네트워크 효과는 더욱 강렬하게 나타납니다. 여기서 중요한 것은, 상품 자체의 품질보다는 얼마나 많은 사람이 사용하고 있느냐입니다. 군중심리가 작용한 결과입니다.

군중심리의 동조현상을 잘 설명해주는 '3의 법칙'도 들어보았을 것입니다. 한두 명이 아닌 세 명의 사람이 일관적인 행태를 보이면, 다른 사람들도 따라 하게 된다는 법칙입니다. 일상에서 쉽게 관찰할 수 있습니다. 길을 가다가 한 사람이나 두 사람이 하늘을 쳐다보면 그런가 보다 하고 지나치지만, 세 사람이 그러고 있으면 대부분의 사람들은 그들을 따라서 하늘을 쳐다봅니다. 이러한 실험 영상은 인터넷에도 쉽게 볼 수 있습니다.

왜 그럴까요? 한 명은 개인이고, 두 명은 작은 집단이지만, 세 명부터는 대세를 상징하는 큰 집단으로 인식하기 때문입니다. 세 명은 일종의 대세가 되는 '임계점critical point'인 것입니다. 임계점은 판을 벌이는 매개자가 집중해야 할 두 번째 핵심입니다. 일단 판을 벌이면 다음은 모아야 합니다. 모아지지 않으면 그다음은 없습니다. 그렇지만 판 벌이는 매개자가 직접 나서서 설명하고, 불러들여 설득하고 모으는 데는 한계가 있습니다. 어느 시점 이후에는 사람이 사람을 부르고, 모이니 더 모이는 식으로 자동적으로 모아져야 합니다.

그 어느 시점이 바로 임계점이고, 모빌라이저가 갈망하는 것은 그 임계점을 넘은 후에 벌어지는 '동원의 자동화'입니다.

임계점을 넘어서면 무한하게 진화합니다. 물은 100도가 되면 기체가 되어버리고, 술은 주량을 넘게 먹으면 술이 술을 먹습니다. 돈도 어느 정도 이상의 큰돈이 되면 돈이 돈을 벌어서 부자 대열에 합류할 수 있습니다. 책을 단기적으로 1,000권 정도 읽으면 폭발적인 사고의 확장을 경험한다고 합니다. 책 판매도 1만 권을 넘어서면 추가적인 광고와 판촉 없이도 베스트셀러가 된다고 합니다. 100도, 주량, 1,000권, 1만 권이 바로 임계점입니다.

모빌라이저가 고군분투하지 않더라도 자동적으로 동원이 이루어지는 임계점. 이것을 파악하는 것이 중요합니다. 그렇다면 임계점의 존재와 그 값을 추정할 수는 없을까요? 1969년 발표된 '바스 확산모형Bass Diffusion Model'이 유명합니다만, 수리적 모델이라 현실에 적용하기에는 마땅치 않은 경우가 많습니다. 통설로는, 새로운 개념의 제품이 출시되어 보급률이 10% 정도 되면 시장에 존재가 뚜렷하게 각인되고, 30%까지 올라가면 임계점이 형성된다고 합니다. 당연히 매개의 상황에 따라 그에 적합한 임계점의 추정방법이 달라집니다.

무한세계의 네트워크 경제에서는, 동원자가 임계점을 설정하고 거기까지 도달하기 위해 혼신의 힘을 다하는 모습을 흔히 볼 수 있습니다. 회원이 몇 명인가, 제공되는 상품이 몇 개인가, 거래량이 얼마인가 등이 그 매개자와 매개 비즈니스의 위용을 알게 해주는 척도입니다.

한편, 넘어야 하는 이 임계점을 낮추는 노력도 병행합니다. 대표적인 것으로는 시장에서 표준이 되는 것인데, 표준이 되면 임계점을 1/10 수준까지 낮춘다는 주장도 있네요.

모빌라이저는 왜 임계점에 도달하기 위해 애쓰고, 때론 임계점을 낮추려고 노력할까요? 다시 한 번 강조하지만, 임계점을 돌파해야만 무한의 멱함수 시대의 급물살을 탈 수 있습니다. 임계점을 통과하는 순간, 모빌라이저가 벌인 판은 대세가 되고 군중심리와 네트워크 효과가 합쳐져 말 그대로 눈덩이처럼 가파르게 불어납니다. 강자는 더욱 강해지는 길로 접어들고, 그 바닥에서 '원조'나 '정통'의 반열에 올라서는 것이죠.

다음으로는 동원자가 성공하는 방법을 정리해보겠습니다. 그런데 그 전에 먼저 짚고 넘어가야 할 것이 있습니다. 아주 중요하면서도 지금까지 거론되지 않았던 내용입니다. 그것은 바로 모빌라이저가 모아야 하는 매개 대상자가 단 한 부류만은 아니라는 것입니다. 모빌라이저로 성공하기, 그리고 수익창출의 성패는 바로 여기에 달려 있습니다.

모빌라이저로 성공하기, 중용

모빌라이저는 판을 벌입니다. 그 판은 처음부터 그럴듯해야 하니 초기 투자도 꽤 필요하고, 많은 손님이 몰려들 것을 대비해 규모도 커야 합니다. 판이나 플랫폼은 그곳에 몰려든 손님들과 함께 존재가 완성되는 것이어서 그 자체로는 미완성품입니다. 인터넷, 디지털, 스마트가 일상적인 언어가 된 만큼 손님들은 더욱 스마트해졌습니다. 그리고 그들은 인내심이 눈곱만큼도 없어서 일회성 뜨내기손님으로 대우받으면 즉시 등을 돌립니다.

미완의 존재를 완성하기 위하여 매개자 모빌라이저는 치열하게 동원해야 하고, 그러기 위해 군중심리를 이용해 손님들의 경계심을 낮춥니다. 하지만 그 열정과 치열함이 영원히 지속될 수는 없으니, 소진되기 전에 임계점을 넘어야 합니다. 종종 임계점을 낮추기도 해야 하고요.

비로소 모양이 갖추어진 판은 그제야 자가발전하게 됩니다. 고진감래 끝에 엄청난 속도로 성장합니다. 그런데 모빌라이저가 동원하고 관리해야 하는 대상은 하나의 동질의 집단이 아닙니다. 이 매개자의 비즈니스는 2개 또는 그 이상의 상이한 집단을 끌어들여 그들의 역학관계에서 이익을 만들어내는 것입니다. 흔하디흔한 인터넷 쇼핑몰은 회원과 구매자를 모으지만, 반대로 엄청난 양의 상품과 판매자를 동시에 갖추고 있어야 합니다. 포털사이트는 방문자에게 목매지만 사실 더욱 구애하는 대상은 광고주입니다.

지금부터 하려는 이야기는 '양면시장two-sided market'에 관한 것인데, 단골로 등장하는 사례는 바로 나이트클럽입니다. 나이트클럽은 남자도 모으고 여자도 모읍니다. 서로 다른 특성을 지닌 복수의 집단을 동원하고, 이들이 가진 서로 다른 목적을 충족시키는 것이 나이트클럽의 목적입니다. 북적거리는 나이트클럽은 모빌라이저가 그 역할을 다하고 있는 것입니다.

원래 시장이라는 것은 서로 원하는 가치를 주고받는 곳입니다. 가치를 주고받는 집단이 다양할수록, 그래서 매개자가 더 다양한 집단을 상대할수록, 기회는 많아지게 마련입니다. 그토록 겸손하게 소통자 커뮤니케이터를 자청하며 묵묵히 봉사했던 페이스북이 돈을 벌기 시작한 것은 언제부터였을까요? 자신들이 모은 사용자 수를 들이밀며 광고주를 모집하기 시작할 때부터입니다. 페이스북은 커뮤니케이터로 시작하여 사용자를 길들이더니, 모빌라이저로 변신해 광고주까지 끌어들이는 판을 벌였습니다.

엄청난 용량의 이메일 계정을 무료로 주며 우리를 길들인 포털사이트들도 비슷한 케이스입니다. 사용자와 광고주라는 이질적인 두 집단을 동원하고, 그들 사이의 간격을 수익으로 환산하고자 합니다.

동원한 두 집단에서 수익을 얻는 방식도 다양합니다. 판을 벌일 때, 두 집단 모두에게 참가비를 받지 않기도 하고, 한 집단에게만 받기도 하며, 혹은 두 집단 모두에게 받을 수도 있습니다. 그리고 두 집단에 차이를 두어 받기도 합니다.

인터넷 쇼핑몰의 기본적인 행태는 구매자나 판매자에게 요금을 부과하지 않고, 거래가 발생할 경우 그에 대한 수수료를 받습니다. 포털사이트는 광고료가 주 수입원입니다. 포털사이트의 이용자는 무상으로 모셔야 할 집단이고, 광고주는 유상으로 더욱 모셔야 할 집단입니다. 나이트클럽에서는 남녀 모두에게 입장료를 받지만, 여자의 입장료가 더 싼 것은 모두가 아는 영업비밀입니다.

2014년 노벨 경제학상을 받은 프랑스의 장 티롤Jean Tirole 교수는, 2003년 장 샤를르 로쉐Jean Charles Rochet 교수와 함께 양면시장의 논지를 정립해 발표했습니다. 그 내용인즉, 양면시장은 두 개의 다른 고객 집단이 존재하고, 한쪽 고객이 늘어날수록 다른 고객도 늘어나며, 두 고객 집단의 이해관계를 중재할 제3자가 필요한 시장이라는 것입니다.

앞에서 말한 구매자와 판매자, 이용자와 광고주, 남자와 여자가 양면

시장의 고객집단이고, 이들을 중개하는 인터넷 쇼핑몰, 포털사이트, 나이트클럽이 양면시장의 제3자이자 매개자인 모빌라이저이겠죠.

양면시장이 부분적이지만 장 티롤에게 노벨상까지 안겨준 이유는, 우리가 흔히 생각하는 시장과 다르기 때문입니다. 한쪽이 상품을 팔면 다른 한쪽이 그것을 사는 시장에서 고객은 한쪽뿐입니다. 비록 그 사이에 유통채널이나 중간상인과 같은 매개자가 있을 수도 있지만, 시장을 상징하는 고객이 한쪽이니 단면시장입니다.

그러나 이제는 상품을 직접 생산하지 않더라도 연결만 잘하면 되는 시대가 되었습니다. 연결의 상대가 다 고객이자 시장인 셈입니다. 생산자원과 생산능력에 구애받지 않고 끝없는 가치를 창출하는 무한세계의 모습입니다.

물론 양면시장의 비즈니스, 즉 양면 비즈니스는 매개 비즈니스의 일부분에 불과합니다. 이 책에서 소개하는 8가지 매개자 중 4가지가 양면 비즈니스에 해당합니다. 또한 양면 비즈니스와 거의 동일한 것으로 간주되는 플랫폼 비즈니스는 3가지의 매개자와 매칭되고요.

이처럼 대응되는 매개자의 숫자만 보아도 플랫폼과 양면 비즈니스는 동일하지 않습니다. 플랫폼은 양면 비즈니스보다는 훨씬 포괄적인 개념이고, 한편으로는 양면 비즈니스 중에는 굳이 플랫폼의 형태가 아닌 것도 있습니다. 그냥 그게 그것인 것처럼 설명하는 자료가 많은데, 매개 비즈니스, 플랫폼 비즈니스, 양면 비즈니스의 비교와 관계에 대해서는 8가지 매개자 소개가 다 끝난 후에 정리해서 설명하겠습니다. 일단 여기서는 양면시장이 매개 비즈니스를 설명하는 하나의 이론적 근거를 제공한 것에 의의를 두겠습니다.

지금까지 멱함수, 수확체증, 네트워크 효과, 플랫폼, 그리고 양면시장까지 다소 재미없는 용어들의 성찬이었습니다. 그렇지만 이들은 모빌라이저에게만 연관되는 얘기가 아닙니다. 매개와 매개자 전반을 관통하는 개념이고, 새로운 시대의 시사용어입니다. 특히 그들의 상호관계에 대한 이해가 필요합니다. 그래도 이번 기회에 네트워크 경제의 주요한 내용을 간략하게나마 섭렵한 것에 의미를 부여하기 바랍니다.

모빌라이저의 마지막 성공요인으로 넘어가겠습니다. 두 개 혹은 그 이상의 집단을 동원하여, 양면, 때론 다면 비즈니스로 수익을 얻어야 하는 모빌라이저로 성공하기 위한, 사실상 결정적 요인이라 할 수 있습니다.

사람 사는 세상에서 집밖으로 나가면 우리가 의지하기도 하고 우리를 괴롭히기도 하는 것이 바로 '모임'입니다. 각종 동창회, 동호회, 친목회부터 그것들 각각의 번개모임까지. 모임에는 회장의 후광이 중요하지만 그 모임이 지속되는 것은 기실 총무의 노력 덕분입니다. 모든 모임의 총무들은 카카오톡, 밴드, 문자, 이메일로 그리고 마지막 수단으로 전화까지 동원하여 모임을 지속시킵니다.

그런데 사람들을 모으다 보면 종종 이런 일이 생깁니다. A에게 모임에 나오라고 연락했더니, 대뜸 B가 나오느냐고 물어봅니다. A는 B가 나와야 나가겠다는 겁니다. 이때 총무의 기지와 끊임없는 노력이 발휘됩니다. B에게 묻기 전에 A에게 B가 온다고 말하고, B에게는 'A도 나오니 당신도 나오라.'고 말합니다. 그러면 둘 다 나오게 됩니다.

모임이 커지면 행사가 됩니다. 행사는 저명한 분을 모셔야 폼이 납니다. 저명한 분이 폼을 잡으려면 행사에 많은 사람이 모여야 합니다. 그래서 저명한 분들은 사람이 얼마나 모이는지를 먼저 물어보고 참석여부를 결정합니다. 물론 그분이 오셔야 더 많은 사람들이 모일 테지만요.

닭과 계란의 문제입니다. 닭이 있어야 계란이 있고 계란이 있어야 닭이 있을 텐데, 도대체 무엇이 먼저일까요? 양면시장에서 매개자로 성공하려면 이 문제를 풀어야 합니다. 친분을 무기로 더 동원하기 쉬운 한쪽을 선택하는 것이 일반적이겠죠.

그렇지만 소규모 모임이나 일회성 행사와는 달리 엄청난 규모를 계속적으로 동원해야 하는 비즈니스에서는 더 동원하기 쉬운 한쪽이란 것은 없습니다. 결국은 양쪽의 특성과 상황에 맞게 점진적으로 끌어들이면서 단계적으로 그 규모를 확대할 수밖에 없습니다.

'번개탄 전략'을 들어보았나요? 초기 동원단계에서 한쪽 편에 강력하고 상징적인 누군가를 영입을 하는 것입니다. 행사의 저명인사도 그렇고, 나이트클럽 오픈에 미모의 여성분들을 손님들로 오게 하여 분위기를 띄우는 것도 그렇습니다. 새로 개장하는 인터넷 쇼핑몰에서 과감한 할인 행사를 하는 것도 마찬가지입니다. 번개탄이나 불쏘시개처럼 일시적으로 붐업boom up시키는 것입니다. 그렇지만 번개탄은 번개탄일 뿐입니다.

한식당 최초로 영예의 미슐랭 별을 딴 뉴욕 맨해튼의 식당 '단지Danji' 의 요리사 김훈이는 개점 시 홍보로 반짝 뜬 식당은 유행이 지나면 지고 만다고 회고했습니다. 그래서 번개탄 전략이나 파격적인 이벤트를 모빌라이저의 성공방정식으로 보기는 어렵습니다.

양면시장에서 양편을 동원하고 관리하는 데는 치열한 균형 맞추기가 필요합니다. 나이트클럽을 열었습니다. 여자들이 오기 시작합니다. 여자들 사이에서 가볼 만한 곳으로 입소문이 나면서 더 많은 여자들이 옵니다. 여자들이 오니 남자들도 옵니다. 남자들 사이에도 '강추'되어 더 많은 남자들이 오고, 남자들이 몰리니 여자들도 더욱 몰립니다. 이렇게만 되면 더 바랄 게 없을 것입니다. 이처럼 여자가 많아지면 여자가 더 많아지는 것을 '각자 동원', 여자가 많아지니 남자도 많아지는 것을 '상호 동원'이라고 부르겠습니다.

플랫폼 전략에서는 이 두 가지를 통칭해 동원의 지렛대, 즉 '레버리지 leverage'라 부릅니다. 양편의 각자가 그리고 상호가 순차적으로 동원을 확대시키는 선순환을 이룩하는 것입니다. 이것이야말로 모든 모빌라이저의 바람이겠죠. 이렇듯 각자와 상호의 연관 속에서 동원이 이루어지면, 마치 톱니바퀴가 엮여 돌아가듯이 동원뿐 아니라 이탈이 방지되는 잠금 lock-in 효과도 발생합니다. 유지관리까지 자동으로 되는 것이죠. 레버리지 와 잠금효과도 여러 곳에 써먹기에 꽤 좋은 용어입니다.

데이비드 에반스David Evans와 리처드 슈말렌지Richard Schmalensee는 촉매

catalyst라는 표현으로 이러한 과정을 설명했습니다. 그들의 저서 《카탈리스트 코드》에는 플랫폼과 양면 비즈니스에 대한 다양한 사례들이 정리되어 있습니다. 판을 벌이는 모빌라이저의 주도적인 역할을 생각해보았을 때, 촉매라는 용어가 다소 수동적으로 느껴지고, 촉매 기업의 범주와 역할도 애매하다는 점이 아쉽습니다.

결국 중요한 것은 끊임없는 균형입니다. 체조선수가 평균대에서 아름답게 균형을 잡습니다. 그러나 자세히 보면 미세하게 어느 한쪽으로 기울어지다가 다시 다른 쪽으로 기우는 과정의 반복이라는 것을 알 수 있습니다. 어느 한쪽으로 치우치지 않으려는 부단한 대응과 노력입니다. 마찬가지로 백조가 물 위에 우아하게 떠 있는 것이나, 자전거가 똑바로 서서 가는 것 역시 끊임없는 균형의 결과입니다. 상황에 맞게 어느 한쪽을 잡아주며 균형을 잃지 않는 것, 이를 동원자의 중용中庸이라 부르겠습니다.

중용이야말로 동원자의 결정적 성공요인입니다.

《중용》은 공자의 손자인 자사子思가 저술했다고 알려져 있으며, 역사학자 토인비가 동양의 지혜라 극찬한 유교 경전의 이름입니다. 동양철학의 핵심사상으로 자리 잡은 중용은, 아리스토텔레스가 얘기하는 중용golden mean과는 다릅니다.

서양의 중용은 중간의 위치를 의미하는데, 비겁과 만용 같은 극단적인 두 악덕 사이에 존재하는 용기 등의 미덕을 지칭할 때 사용하는 언어입니다. 이러한 연유로, 중용을 물리적이나 산술적 또는 논리상 얼추 중간쯤으로 간주하거나, 문제에 대한 적당한 절충과 타협으로 생각하는 오해가 발생하기도 합니다.

김용옥은 저서와 강의에서 "좌파도 아니고 우파도 아닌 중용의 길을 걸어가겠다고 호언하는 자는 회색분자도 못 되는 소인배에 지나지 않을 것이며, 이도저도 아닌 우유부단한 머뭇거림의 비겁한 방편을 제시하는 말장난"이라고까지 핏대를 세웁니다.

판 벌이는 모빌라이저의 성공은 치열한 동원과 끊임없는 중용에 달려 있습니다. 이때 중용의 의미에 혼선이 없어야 하기에 강조한 것입니다. 다음은 진정한 플랫폼으로 우뚝 서기 위해 벌인 판을 키우는 매개자에 대해 알아보겠습니다.

5
버스를
사지 말고
버스 티켓을 사라

COORDINATOR
판 키우는 매개자 — 코디네이터

비용 있는 소유냐,
개념 있는 통제냐

🧩

대학에 갓 입학하고 에리히 프롬Erich Fromm의 《사랑의 기술The Art of
Loving》을 읽었습니다. 그 책을 처음 접했을 때, "왜 원제의 '아트Art'를 '기
술'로 번역했을까?" 하는 의구심이 생겼습니다. 이성異性과 사랑에 대한
호기심이 충만했던 그 시절에, 기술적으로 사랑에 접근하는 방법을 기대
하게 만드는 제목에 끌리기도 했었습니다.

사회심리학의 개척자라 할 수 있는 에리히 프롬은, 사랑을 우연히 경
험하는 감정으로 보기보다는 이성적 사고와 훈련을 통해 얻어지는 것으
로 봐야 한다고 말합니다. '아트'도 들여다보면 어차피 이성적 사고와 훈
련이 수반되어야 하는 점에서는 기술과 다르지 않다고 생각하며 의구심
을 스스로 해소했습니다. 비록 세속적인 기대(?)에는 못 미쳤지만, 이 책
은 플라톤의 에로스처럼 다소 철학적이지도 않고, 프로이트의 성性과 같

이 약간 생리적이지도 않아 현실적 만족감을 느끼게 해주었습니다.

《사랑의 기술》이 세상에 알려지고 20년 후, 프롬은 더욱 유명한 책 《소유냐 존재냐To Have or To Be》를 발간합니다. 햄릿이 남긴 희대의 명대사 "사느냐 죽느냐, 그것이 문제로다.To be, or not to be, that is the question."가 떠오를지도 모르겠습니다. 공통사항 to be를 제외하면 '소유냐to have'가 '죽느냐not to be'에 해당하는군요. 소유양식이 인간의 궁극적 행복을 보장하지 않으며 자아의 존재를 무색하게 한다는 내용이니 틀린 비교라고 할 수는 없겠습니다.

소유의 삶에 대한 현인들의 경고는 비단 어제오늘의 이야기가 아닙니다. 법정스님의 《무소유》는 말할 것도 없고, 《생각 버리기 연습》을 쓴 일본의 젊은 스님 코이케 류노스케小池龍之介도 소유에 대해 이런 이야기를 했습니다. 요즘 사람들은 소유의 기억으로 자기 존재의 이미지를 만들기 때문에 소유물이 결여되면 자신의 정체성도 상처받는다고요. 《성경》역시 줄곧 가진 것을 내려놓고 성령으로 채우라고 합니다.

그런데 말입니다. 이러한 개인을 위한 자기계발서 혹은 행복 안내서에나 나올 것 같은 논리가 사회 전면에 등장하고 있습니다. 현대사회는 명백한 자본주의 사회입니다. 자본의 사유화와 개인의 소유욕이 기본입니다. 자본은 물질을 대표하고, 물질은 한정되어 있으니, 경쟁하여 소유합니다.

애덤 스미스의 《국부론》에 이런 얘기가 나옵니다. 부지런한 빵장수는 싼 가격에 맛있는 빵을 굽습니다. 동네 주민들에게 봉사하기 위해서도 아니고, 빵에 장인정신이 스며든 것도 아닙니다. 그저 잘 먹고 잘살기 위해 부지런히 맛있는 빵을 만들고, 덕분에 많은 사람들이 좋은 빵을 맛봅니다. 버나드 맨더빌Bernard Mandeville의 《꿀벌의 우화》를 보면, 꿀벌들의 여왕벌에 대한 충성심을 강조하지 않습니다. 그저 꿀벌들이 스스로 열심히 살다 보니 꿀통이 채워진 것뿐입니다. 개미는 어떤가요? 각자 맡은 분업을 할 뿐이고, 용도가 폐기된 여왕개미는 무정하게 처치됩니다.

'개인의 악덕이 공공의 미덕private vice, public virtue'이라는 말을 들어보았나요? 이 말은 '개인의 이기적인 노력이 사회의 공익적 효용을 창출한다.'는 뜻입니다. 애덤 스미스의 '보이지 않는 손'을 알 것입니다. '보이지 않는 손'의 자동조절 기능 덕분에 개인이 자본을 소유해도 사회가 발전할 수 있다는 내용입니다. 이것은 자유 시장경제의 뿌리이며, 소유양식에 대한 일종의 면죄부입니다.

그런데 이 대목에서 한 가지 질문이 떠오릅니다. 만일 소유의 대상이 한정되어 있지 않다면 어떨까요? 물론 세상은 유한하니 한정된 물질로 구성되어 있습니다. 그렇지만 중력으로 떨어진 뉴튼의 사과와 역학力學으로 설명되는 세상의 법칙을 무색하게 하는, 무한의 세상에서는 어떨까요? 앞 장에서 설명한 무한세계 말입니다. 기본적으로 남을 배제하는 것이 소유인데, 남과 공유하는 것이 더 좋다면 소유의 미래는 어떤 모습일까요?

인간의 존재 혹은 개인의 행복을 지향하기 위해 소유를 '지양'하자는,

중요하지만 사사로운 이슈를 얘기하자는 것은 아닙니다. 어쩌면 자본주의를 다시 생각해보는 시발점이 되는 전 사회적인 문제입니다.

　소유의 경계를 미묘하게 오가는 것 중 하나가 바로 '음원'입니다. 음악을 워낙 좋아하는 터라 어릴 적부터 팝, 록, 소울, 재즈, 클래식 그리고 가요까지 열심히 들었습니다. 당연히 그 애정과 집착은 LP, 카세트테이프, CD의 수집으로 이어졌습니다. 좋아하는 뮤지션의 신보를 구입하고 음악을 들으며 LP를 만지작거리면 그렇게 행복할 수가 없었습니다. 연륜이 있는 음악광이라면 대부분 LP에 대한 애정을 숨기지 않는데, 아마도 화보나 음반의 크기가 적당해서 소유물로 애장하기에 제격이라는 이유도 있을 겁니다.

　그러던 어느 날, 샌프란시스코에서 운전을 하고 가던 중 고가에 설치된 한 광고를 보고 충격을 받았습니다. "당신의 주머니 속에 1만 곡10,000 Songs In Your Pocket."이라는 카피 때문입니다. 애플의 아이팟이 처음으로 출시되었던 것입니다. LP도 CD도 없이 음악을 듣고, 그것도 엄청난 양을 주머니에 넣고 다닐 수 있다니!

　아이팟도 소유양식의 결과물입니다. 스티브 잡스는 음악을 소유하고 싶어 하는 인간의 욕망을 실현한 것이라고 회고한 바 있습니다. 그러나 이 '소유'를 위한 기기가 사실은 '공유'를 위한 계기를 만들어줍니다. 음악이 아날로그에서 디지털로 바뀝니다. 저용량 오디오 파일 규격인 MP3가 대세가 되고, '음반'이라는 용어는 '음원'으로 대체됩니다.

1999년 미국의 대학생 숀 패닝Shawn Fanning은 자신의 별명으로 이름 붙인 냅스터Napster라는 사이트를 만들었습니다. 냅스터는 CD음질 수준의 MP3 음악파일을 복제하고 배포할 수 있는 공유사이트로, 폭발적인 반응을 얻습니다.

그즈음 우리나라에는 소리바다가 생깁니다. 오래가지 않아 냅스터는 폐쇄되었지만, 덩달아 음반산업도 존패의 위기를 맞습니다. 그리고 이제 사실상 음원은 뮤지션의 소유물이라 보기 어려워졌습니다. 아직도 소유 양식을 못 버려서 좋아하는 곡의 음원을 잔뜩 모아놓고 자랑스러워합니다만, 주변에 비슷한 사람을 찾기가 힘들더군요. 유행하는 음원은 인터넷에 얼마든지 넘쳐나고, 다양한 스트리밍 서비스도 있으니, 대다수의 사람들에게 음원은 이제 더 이상 소유의 대상이 아닙니다.

그렇다면 우리의 일상에 없어서는 안 될 문자, 카톡, 이메일의 소유자는 누구인가요? 물리적으로 본다면 그것들은 우리의 소유가 아닙니다. 어느 날 갑자기 핸드폰에 구름 모양의 그림이 많이 보입니다. '클라우드'는 우리가 사용하는 데이터가 물리적으로 저장된 곳을 상징합니다. 내 데이터는 내 PC나 핸드폰에 있지 않고 하늘 높이 구름 너머 어딘가에 있습니다.

요즘 기업들은 그들이 사용하는 엄청난 데이터를 남이 소유한 데이터 센터에 저장합니다. 심지어 하드웨어와 소프트웨어조차 빌려 씁니다. ASPApplication Service Provider에서 시작해서 SaaSSoftware as a Service, 그리고 클라우드에 이르기까지 점점 더 많은 기업들이 전산자원을 '소유하지 않게'

되었습니다. 지금 생각해봐도 "목적지에 가기 위해 버스를 사지 말고 버스티켓을 사라."는 ASP의 슬로건은 정곡을 찌릅니다.

그런데 이런 현상은 비단 디지털 세계에서만 일어나는 것이 아닙니다. 물질세계의 상징이자 재산목록 1, 2호인 주택과 자동차를 생각해보세요. 디지털 기술과 함께 출생하고 성장한 N세대Net generation에게 주택은 '머스트 해브must-have' 아이템이 아닙니다. 있으면 좋겠지만 어마한 비용을 감당할 수 없다면 빌립니다. 실버세대도 주택연금을 받는 순간부터 주택의 실소유자로 보기 어렵습니다.

자동차는 리스와 렌트가 확대일로입니다. 그나마 소유하고 있는 주택에서도 여분의 방은 객실로 임대하고, 자동차도 공유할 사람을 찾습니다. 자동차는 산업화 시대의 상징이고, 운전자라면 누구에게나 자기만의 '드림카dream car'가 있습니다. 수많은 물질 중에서 인간이 소유하고 싶어서 꿈까지 꾸는 것은 많지 않을 것입니다.

2012년 〈뉴욕타임스〉의 한 기사가 흥미로운 설문조사 결과를 보여주었습니다. 미국 젊은이들을 대상으로 한 설문조사인데, 자동차 운전 면허증의 취득률은 점차 떨어지고, 자동차 소유보다는 인터넷 접속을 원한다는 비율이 증가한다는 것입니다. 변하고 있습니다.

경제사회를 살아가는 이들이 점차 소유하지 않는 이유는 무엇일까요? 바로 '소유'가 경제적이지 않기 때문입니다. 소유욕을 충족시켰을 때 얻는 기쁨에 비해 지불해야 하는 비용이 더 크다는 말입니다.

비용이 높아져서일 수도 있겠지만, 반대로 충족감이 낮아져서일 수도 있습니다. 사람들은 단순히 비용의 문제를 떠나서 남들의 사용을 배제하는 배타적인 소유에 부정적인 경향을 보이기도 합니다. 환경문제를 생각하고, 재활용에 앞장서고, 기꺼이 공유에 동참합니다. 그러다 보니 소위 '개념 있는' 사람들에게 소유에 대한 효용가치는 더욱 떨어질 것입니다.

기술경제학자 제러미 리프킨Jeremy Rifkin은 《소유의 종말》에서 협력적 소비는 돈, 공간, 시간을 절약해주는 동시에 새로운 친구도 만나게 해주고 다시 한 번 적극적인 시민이 되도록 돕는다고 했습니다.

그렇다면 데이터를 구름 위로 올리고, 주요 전산기기를 사지도 않으며, 주택과 자동차도 재산목록으로 여기지 않는, 그래서 소유양식을 절제하는 대신 사람들이 진정으로 바라는 생활방식은 무엇일까요? 그들이 바라는 것이 무소유는 아닙니다. 진정 원하는 방식은 필요할 때 소유하는 것, 아니 필요할 때만 소유하는 것입니다. 바로 그때만 소유하는 것처럼 사용할 수 있기를 바라는 것입니다. 이를 '통제'라 부르겠습니다.

소유하면 마음대로 할 수 있습니다. 그에 따른 대가는 지불해야 하지만요. 그러나 소유하지 않더라도 필요할 때 언제든지 사용할 수 있다면 통제하는 것입니다. 비용 있는 소유to have냐, 개념 있는 통제to control냐, 이러한 선택 앞에 놓였다면 머뭇거릴 이유가 없습니다.

판을 장악하는
롤role과 룰rule

중국 역사에서 의리의 화신으로 추앙받으며 지금까지도 신격화된 영웅은 관우입니다. 유비는 서주에서 조조에게 패해 원소에게로 도주하여 망명하고, 관우는 조조에게 사로잡히게 됩니다. 《삼국지》에서, 조조는 관우에게 천자의 이름으로 편장군이라는 관직을 내렸고 여포의 적토마를 주며 극진하게 대접했습니다. 항복한 장수이니 자신이 소유한 셈인데도 말입니다. 그러나 관우는 유비의 편지를 받자마자 지체 없이 조조의 곁을 떠납니다. 그때 관우를 소유한 것은 조조였으나 통제한 것은 유비였습니다.

소설에서나 정사에서도, 유비는 엄청난 매력을 지닌 인물로 기술되어 있습니다. 변변한 도성과 근거지도 갖지 못했지만, 그럼에도 불구하고 장수와 백성들은 무조건으로 그를 따랐습니다. 조조가 합리적인 처세로세를 키웠다면, 유비는 감정에 호소하며 사람을 모았습니다.

유비는 황족이지만 늘 겸손했습니다. 낮은 자세로 곧잘 눈물도 보였지요. 그런 유약한 모습은 당대 비주류 인사들의 마음을 흔들었고, 유비는 그들로부터 사랑받았습니다. 유비에게는 '약한 것이 강하다.'라는 말이 잘 어울립니다. 유비의 매력은 실로 대단해서, 전략 시뮬레이션의 레전드라 할 수 있는 코에이KOEI 사의 삼국지 게임에서도 매력치 만점에 육박합니다.

게이오기주쿠 대학 교수인 가네코 이쿠요金子郁容는 '취약함의 역설paradox of vulnerability'을 이야기했습니다. 상처받기 쉬운 약함은 상대방으로부터 조건 없는 지원을 끌어내는 힘이 있어 쉽사리 공격받지 않는 강함이 된다는 말입니다. 비슷한 것으로, 강력하게 일원화된 조직보다 느슨하게 다원화된 조직이 쉽사리 무너지지 않는다는 조직이론도 있습니다.

국어사전에서 '온유'라는 단어의 뜻을 찾아보면 '온화하고 부드러움'이지만, 그리스어에서 온유를 뜻하는 '프라이스prays'는 '통제된 힘'을 의미한다고 합니다. 저마다 갖고 있는 힘과 에너지를 통제할 수 있는 내면의 강인함이 외형의 온유함으로 표출되는 것이라고 해석해봅니다.

왠지, 약해 보이지만 강한 것은, 소유하진 않지만 통제하는 것과 유사한 느낌으로 다가옵니다. 둘 다 눈에 보이는 것보다는 보이지 않는 것이 더 큰 힘을 가졌다는 맥락이니까요.

이왕 힘이라는 단어가 나왔으니 힘의 원천에 대해 조금 더 얘기해보겠습니다. 마키아벨리는《군주론》에서 '적정한 거리감과 경외심이 권력의

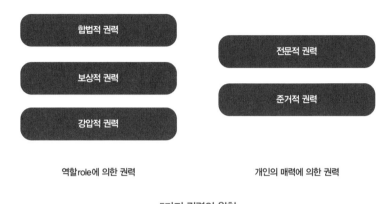

5가지 권력의 원천

조건'이라는 유명한 논지를 폈습니다만, 조금 더 체계적으로 권력의 원천을 나열한 것은 존 프렌치John French와 버트램 레이븐Bertram Raven입니다.

그들은 권력의 원천을 5가지로 구분했는데, 공식적인 지위에 의한 합법적legitimate 권력, 보상을 해주는 보상적reward 권력, 처벌을 할 수 있는 강압적coercive 권력, 전문성에 근거한 전문적expert 권력, 그리고 개인적 매력에 의한 준거적referent 권력이 그것입니다.

여기서 합법적, 보상적, 강압적 권력은 조직에서의 지위를 기반으로 하는 권력이고, 전문적, 준거적 권력은 조직보다는 개인의 능력에 기반한 것입니다. 그래서 자기계발이나 리더십 이론에서는, 시간이 지나면 사라질 직책에 따른 권력보다는 꾸준할 수 있는 전문적 또는 준거적 권력을 키우라고 합니다. 유비 같은 매력 말입니다.

그렇지만 여기서는 다르게 얘기해보고 싶습니다. 독보적인 전문성이나 매력은 쉽사리 얻어지는 것이 아닙니다. 무리에서 우두머리가 현실적으로 갖추어야 할 리더십, 그리고 힘의 원천은 지위에서 보장되는 역할임을 부정하기 어렵습니다.

앞 장에서 알아본 모빌라이저는 이해관계가 다른 이해관계자들 사이에서 치열한 균형을 유지하면서 모으고 모아 판을 벌였습니다. 많은 수를 모았으니 당연히 모빌라이저의 역할은 리더의 롤role입니다. 다수를 이끌어야 하는 리더는 알고 있습니다. 르 봉의 '군중심리'를 다시 들먹이지 않더라도, 다수는 편향될 수 있고, 종종 구성원의 평균적인 이성 수준 이하로 행동한다는 것을 알고 있습니다.

'집단지성'이나 제임스 서로워키James Surowiecki의 '대중의 지혜'가 발휘되기 위해서는 특정 조건이 필요합니다. 더욱이 각자의 목적의식으로 다수가 모였고, 그 다수의 목적의식을 활용하여 나름의 또 다른 목적을 얻고자 하는 매개자는 잘 알고 있어야 합니다. 전문적 권력이나 준거적 권력만으로는 어림없다는 사실을. 그런 면에서 《삼국지》의 유비는 현대의 영웅이 아닙니다.

여기서 잠깐 눈을 돌려서 근자의 경제학에서 꽤나 독특한 유명세를 탔던 공유지 시리즈 3부작에 대해 알아보겠습니다. 그래도 3부에 걸친 시리즈이니 결말을 기대하면서 재미를 느끼기 바랍니다.

3부작의 첫 번째는 생물학자 개릿 하딘Garrett Hardin의 작품입니다. 1968년

〈공유지의 비극The Tragedy of the Commons〉이라는 논문을 발표합니다. 그가 설정한 공유지는 한 목초지이며 모두에게 개방되어 있습니다. 사람들은 거기에 자신들의 소를 데리고 와서 풀을 뜯게 합니다. 저마다 가능한 한 많은 소를 방목하려 합니다. 공짜니까요.

소가 늘어나는 대신 풀은 급격히 줄어듭니다. 누구나 그 사실을 압니다. 어차피 모두의 것은 누구의 것도 아니니 공유지가 황폐해져도 일단은 조금 더 챙기려 합니다. 어느 날 공유지는 비극의 현장이 됩니다. 풀은 사라지고, 심지어 방목된 소도 굶어 죽어 시체가 되어 널려집니다.

공유지의 비극은, 각자의 이익을 추구하는 다수가 모였을 때 다수에게 주어진 공공의 자원은 피폐해지고, 결과적으로 공동체 전부가 피해를 입게 된다는 주장입니다. 얼핏 들으면 '보이지 않는 손'과는 결론이 반대되는 것 같지만, 주어진 상황 자체가 다릅니다. 공유지의 비극을 부른 원인은, '책임 없는 무임승차'입니다.

비극이 희극으로 반전되는 데는 18년이 걸립니다. 1986년 법학자 캐럴 로즈Carol Rose는 〈공유지의 희극The Comedy of the Commons〉에서 개럿 하딘을 비판합니다. 특히 하딘이 '공유사회'의 가능성을 일축한 것이 못마땅했던 것 같습니다. 사유화에 무게를 실어준 하딘의 논조에 반박합니다.

캐럴 로즈는 법학자답게 타인의 사용을 배제하는 사유재산권에 우리가 너무 익숙해졌다는 이유로 그보다 더 앞서야 하는 공공의 자원을 활용하는 권리인 관습권custom right을 평가절하하면 안 된다고 합니다. 관습권을 강조하면서 공공의 자원을 서로 공유하면 웃을 일도 많아진다는 것입니다. 예컨대, 파티, 축제, 스포츠와 같은 사회활동은 더 많은 사람이 모이고 참가할수록 참가자에게 돌아오는 가치가 증대된다는 것입니다.

여기서 비극과 희극을 가르는 뚜렷한 가정의 차이가 보입니다. 비극의 땅 목초지는 엄연히 제한된 지역의 한정된 자원입니다. 철저한 유한 세계입니다. 반면 로즈의 희극이 벌어지는 배경은 무한세계에 가깝습니다. 고갈되지 않는 무한의 가치를 공유하면서 서로 웃고 떠드는 것은 별로 어렵지 않은 일이죠.

3부작의 완성은 노벨 경제학상 수상으로 귀결됩니다. 최초의 여성, 그리고 최초의 비주류 경제학 수상자라고 합니다. 경제학자이지만 인류학에도 조예가 깊은 엘리너 오스트롬Elinor Ostrom은 〈공유의 비극을 넘어서 Governing the Commons〉로 공유지 논쟁에 일단락을 짓습니다. 비극을 막기 위해 책임 소재를 명확히 하는 정부의 간섭도 아닌, 희극을 믿고 시장의 자유에 맡기는 것도 아닌, 제3의 처방을 내놓은 것입니다.

엘리너 오스트롬은 전 세계에서 오랫동안 지속되어온 성공적인 공동체를 조사하였고, 이들의 공통적인 특성을 밝혀냅니다. 성공한 공동체는 다수의 구성원이 합의한 자체적인 관리 법칙이 존재하고 또 그것이 지켜진다는 것입니다. 그렇습니다. 결국 제3의 처방은 구성원들이 합의한 법칙, 즉 룰rule이 있어야 한다는 것입니다. 빤한 답이라고요? 이래 봬도 노벨상감입니다.

비록 상을 받은 연구는 아니지만 흥미로운 실험을 한 가지 더 소개하겠습니다.

인간사회의 정의에 유독 관심이 많은 스위스의 경제학자 에른스트 페르Ernst Fehr는 이런 실험을 했습니다. 실험 참가자들에게 10달러씩 주고 각자 그중 얼마를 투자하라고 합니다. 모든 참가자들이 투자한 돈을 걷은 다음, 그 총액의 2배의 금액을 다시 전체 참가자에게 균등하게 나누어주었습니다. 만일 참가자가 3명이고 이들이 각각 5달러, 3달러, 1달러를 투자했다면 총 9달러의 2배인 18달러를 3명에게 균등하게 6달러씩 나누어주는 방식입니다. 참가자들이 받은 돈 10달러를 전부 투자했다면, 모두가 20달러씩을 돌려받는 것이죠. 어쨌든 무조건 이익입니다.

그런데 이렇게 좋은 투자기회에도 분위기는 점차 시들해졌습니다. 회를 거듭할수록 투자액이 줄어든 것입니다. 결국은 아무도 투자를 하지 않게 되었습니다. 이유가 뭘까요? 실험조건을 들여다보면 투자를 하지 않은 사람도 배당을 받게 되는 것을 알 수 있습니다. 그래서 약삭빠른 몇 사람들은 투자를 않게 되고, 이 사실을 눈치 챈 다른 실험 참가자들은 못마땅해 합니다. 그러다 보니 하나둘씩 투자를 줄여가고 돌려받는 금액도 점점 적어집니다. 급기야 참가자들은 정의감을 발휘합니다. '무임승차하는 인간은 용납할 수 없다!'고 말입니다. 그래서 결국 계속 돈을 벌 수 있는데도 아예 투자를 하지 않게 되는 것입니다.

페르는 실험조건을 바꿔봤습니다. 누구라도 무임승차 투자자를 발견하면 신고할 수 있게 했고, 신고당한 사람은 2달러의 벌금을 내게 했습니다. 특이한 조건이 하나 더 있습니다. 신고를 한 사람도 신고 처리비용으로 1달러를 내야 한다는 것입니다. 그런데 놀랍게도 사람들은 자기 돈을 내가면서까지 적극적으로 신고를 했습니다. 종국에는 페르의 투자 게임은 정상적으로 진행되었다고 합니다. 모두가 수긍하는 룰이 정착되었기 때문입니다.

지금까지 나온 이야기를 정리해보겠습니다. 우리는 자본주의 세상에 살고 있지만, 소유는 절대의 선도 아니고 궁극의 목표도 아닙니다. 비단 무한의 자원과 가치를 지닌 디지털상품이 아니더라도, 비용을 유발하는 '소유'보다는 필요할 때만 내 것처럼 사용하는 '통제'를 선호하게 되었습니다.

다수를 동원해야 하는, 그것도 이해관계가 다른 다수를 모아서 또 다른 이해타산을 노리는 매개자에게는 통제가 중요합니다. 어차피 매개자는 다수인 그들을 소유할 수 없으니 더욱더 그러합니다. 다수를 통제해야 하는 매개자는, 지위에 근거한 권력을 수반해야 본연의 롤을 수행할 수 있습니다.

미묘한 양면성을 지닌 인간과 사회의 생리를 고려하면서, 그 롤은 룰에 의해 성립됩니다, 상도 주고 벌도 줄 수 있는 룰입니다. 무엇보다 중요한 것은 그 룰에 구성원이 합의해야 한다는 것입니다. 이처럼 판을 벌이고 그 판을 키우는 매개자의 역할은 룰을 정하고 집행하는 것입니다. 결코 쉽지 않은 이 역할은 누구의 몫인가요? 바로 '코디네이터'입니다.

눈높이를 관리하는
밀당의 고수가 되라

요즘은 코디네이터라는 말이 주변에서 꽤 자주 들립니다. 패션, 영화, 방송에서 화장이나 의상, 액세서리 등을 조화롭게 연출하거나 다양한 소품을 구성하는 사람으로 흔히 알려져 있습니다. 하지만 사전적인 의미는 훨씬 더 포괄적입니다. 특정 업무나 행사를 전체적으로 계획하고 진행하는 조정자라고 보면 됩니다. 흔히 방송계에서 '코디'라 부르는 직업은 '스타일리스트' 정도로 생각해도 되겠죠. 이번 장에서 소개하는 매개자 코디네이터는 단순한 조정 업무나 소수가 참여하는 이벤트 진행자의 의미를 넘어섭니다. 그리고 타인의 의견을 중재해주는 수동적인 조정자 이상의 역할을 맡습니다.

에니어그램enneagram은 그리스어로 9를 뜻하는 에니어ennear와 점과 선, 도형을 뜻하는 그라모스grammos의 합성어입니다. '9개의 점이 있는 도형'

이라는 의미로, 하나의 점이 인간의 성격유형 중 하나를 나타냅니다. 〈구약〉 성경의 아브라함을 에니어그램의 창조자로 보는 견해도 있지만, 기원전 2500년경 중동아시아에서 유래한 것으로 더 많이 알려져 있습니다.

아무튼 에니어그램은 구전되어 온 고대의 지혜와 보편적인 지식을 집대성해놓은 만큼, 성격검사 차원에서 한번 해볼 만합니다. 근자에 해보았는데, 결과로 나온 유형의 해석을 읽고 깜짝 놀랐습니다. 아직 안 해보았다면 강추입니다.

9개의 점으로 만들어진 에니어그램에서 상단 꼭짓점은 1번이 아니라 9번 유형입니다. 9번 유형은 조화와 평화를 추구하는 중재자입니다. 9번은 다른 8가지 유형을 모두 포용할 수 있는 유형이라 해서, 에니어그램의 왕관이라고도 합니다. 왕관이니까 상단 꼭짓점에 위치하는 것입니다.

매개자 코디네이터는 조정하고 중재하지만 에니어그램의 9번 유형으로 설명되는 중재자와는 다릅니다. 갈등을 회피하고 화합을 최우선으로 여기는 평화주의자도 아니고, 캐스팅보트casting vote를 노리는 기회주의자도 아닙니다.

다수의 참여자들은 뚜렷한 목적을 가지고 참여합니다. 코디네이터는 다수가 가진 목적을 공동의 목적으로 수렴시키고, 이를 성취하기 위하여 앞장섭니다. 게다가 종종 공동의 목적과는 사뭇 다른 목적도 달성해야 하는 단순치 않은 업무를 수행합니다.

그렇다면, 어떤 사람이 코디네이터일까요? 예컨대 TV 시사토론을 진행하는 노련한 진행자는 토론자들에게 끌려가지 않습니다. 끊기도 하고 덧붙이기도 하며 토론을 이끌어갑니다. 서로 다른 의견을 가진 토론자들을 매개하면서, 쟁점을 자신의 생각대로 귀결시켜갑니다. 그래서 유명 진행자는 다른 출연자들을 조역으로 삼아 스타 반열에 오르기도 합니다. 모두를 위해, 특히 자신을 위해 판을 키우는 조정자가 매개자 코디네이터입니다.

   물론 이 역할은 결코 녹녹치 않습니다만 코디네이터는 강력한 무기가 있습니다. 바로 룰입니다. 그래서 코디네이터는 룰메이커rulemaker가 되어야 합니다. 벌어진 판이나 구축된 플랫폼에서는 다수가 저마다의 생각으로 우글댑니다. 여기서는 아무도 공유지의 비극을 바라지 않습니다. 사실 판이나 플랫폼이 공유지는 아니지만요. 공유의 비극을 방지하기 위해서는 룰이 있어야 함을 모두가 알기에, 룰메이커는 판에서 최고의 권력자입니다. 상도 주고 벌도 주는 권력자 말입니다.

   룰은 지켜야 하는 규칙이고, 규칙을 지키게 하는 동인動因은 상과 벌입니다. 고집 센 당나귀를 당근과 채찍으로 유혹하고 협박해서 말을 듣게 합니다. 정부의 산업정책에도 당근과 채찍이 있는데, 바로 진흥과 규제입니다. 미래를 창조하기 위해 관련 산업과 기술을 지원하는 미래창조과학부, 각종 산업을 고도화시키고 중소기업을 육성하는 산업통상자원부와 중소기업청은 대표적인 진흥부처입니다. 반면, 금융과 방송처럼 견제와 균형이 중요한 사안을 다루는 금융위원회나 방송통신위원회 등은 규제기관입니다. 당연히 진흥부처에는 기금 등의 당근이 많고, 규제기관에는 채찍 역할을 할 제재 수단이 구비되어 있습니다.

이왕 《삼국지》를 인용했으니 더 써먹도록 하겠습니다. 조조는 전세가 엄청나게 불리했음에도 불구하고 관도전투에서 원소의 대군을 격파합니다. 그 후 패주한 원소의 진영에서 한 무더기의 편지 다발을 발견합니다. 조조의 부하들이 투항하겠다며 원소와 내통한 증거들입니다.

그러나 조조는 편지를 읽지 않은 채 부하들 앞에서 모두 불태웁니다. 이 분소밀신焚燒密信 일화는 조조의 인사철학을 잘 보여줍니다. 능력만 있다면 명예와 재물을 주고, 심지어 통 큰 용서로 부하들을 감동시키고 충성심을 진흥시킵니다.

반면 유비는 관우를 사지에 빠뜨리게 한 명목으로 양아들 유봉을 처형합니다. 마찬가지로 제갈량은 가정전투를 패하게 한 이유로 애제자 마속을 처형하죠. 이 두 경우는 일종의 규제정책입니다. 한나라 전통을 잇는 촉으로서는 부하들을 다스릴 때도 명분을 중시해야 했기 때문입니다.

플랫폼에서 참여자들을 많이 모으는 것만큼 중요한 것이 또 있습니다. 참여자들이 '괜찮은' 참여자여야 한다는 것입니다. 양과 질을 모두 따지라는 것입니다. 양은 참가자의 숫자이고, 질은 그들의 능력과 행태를 의미합니다. 플랫폼에서 기대하는 적정 수준 이상이길 바라는 것입니다. 질은 어떻게 관리할까요? 바로 앞에서 말한 진흥과 규제의 룰로 관리합니다.

이베이는 구매자에게 개별적으로 판매자를 평가하게 하고 그 결과를 공개합니다. 유튜브는 사용자들에게 부적절한 동영상을 신고하게 합니다. 애플은 아예 자사의 품질인증을 통과한 앱만 앱스토어에 올립니다.

당연히 규제의 룰만 있는 것은 아닙니다. 신고를 격려하는 유튜브이지만 모범생 회원들에게는 상도 줍니다. 업로드하는 콘텐츠의 용량, 즉 재생 시간을 기준으로 15분에서 12시간까지 늘려준다고 하네요. 신용카드 회사들은 일정액 이상을 사용하는 우수 회원들에게 여러 가지 혜택을 주기도 합니다. 이런 사례들이 다 진흥의 룰입니다.

판이 벌어졌습니다. 그 판을 키우려면 그 판에 적합한 룰을 설정해야 하고, 그것이 코디네이터의 역할입니다. 그런데 코디네이터가 고민해야 할 것은 어떤 룰이냐보다는 언제 어떻게 그 룰을 집행하느냐인 것 같습니다. 넘쳐나는 선진 사례에서 다양한 룰이 등장합니다. 어렵지 않게 기존의 룰을 참고할 수 있습니다.

정작 어려운 대목은, 그 선진 사례가 지금 우리의 상황과 환경에 맞아떨어지는지를 가늠하는 것입니다. 잘못 적용하면 안 하는 것만 못합니다. 진흥과 규제의 규칙도 동전의 양면처럼 명쾌하게 구분되지 않는 경우도 많습니다. 똑같은 규칙도 누구에게는 진흥이지만 누구에게는 규제가 될 수 있습니다. 물론 반대도 마찬가지입니다.

예를 들어, 2012년부터 개정 시행된 소프트웨어산업진흥법은 원칙적으로 국가기관 등 공공 부문에서 발주하는 정보화사업에 중소 소프트웨어 사업자만 참여할 수 있게 해 소프트웨어산업의 진흥을 도모했지만, 참여에 제한을 받은 대기업에게는 강력한 규제를 하는 법입니다.

지나친 진흥과 규제는 자칫 판의 양적 균형을 무너뜨릴 뿐만 아니라

판 자체를 깨뜨릴 수도 있습니다. 잘못 사용하면 양날의 검이 되기도 합니다. 당근과 채찍의 대상도 시대와 시기에 따라 바뀌는 것이 이치이니 정말 쉽지 않습니다.

이번에는 매개자 코디네이터가 갖추어야 할 또 한 가지의 미묘한 조정능력을 소개하겠습니다. 그것을 '눈높이 관리'라 부르겠습니다. 예컨대 이런 것입니다. 상대방에게 10점 정도로 잘하던 사람이 7~8점으로 대하면 상대방은 섭섭해 합니다. 반면, 평상시에 1점이던 사람이 3~4점만큼 하면 상대방은 고마워합니다. 5~6점이면 감격하고, 7~8점은 꿈도 안 꿉니다. 같은 7~8점으로 대하는 것인데, 어떤 상대는 섭섭해 하고 또 어떤 상대방은 언감생심이라는 겁니다.

눈높이는 어떤 사물을 보거나 상황을 인식하는 안목의 수준인데, 문제는 이것이 변화한다는 데 있습니다. 하여튼 상대에게 쓸데없이 기대치만 높여주어서 사서 고생하는 사람들이 많습니다.

'크레스피 효과Crespi effect'는 당근과 채찍이 효과를 내려면 그 강도가 점점 더 세져야만 한다는 이론입니다. 급여 인상률을 2%에서 3%로 올리니 직원들이 좋아합니다. 그러나 그 순간 직원들에게 3%라는 숫자, 그리고 인상한다는 사실이 그들의 눈높이가 됩니다. 후년에는 4%로 올리지 않으면, 사장님 귀에 들리건 들리지 않건 직원들의 불만이 쌓여갑니다. 채찍도 마찬가지죠. 어차피 맷집은 생기게 되어 있으니까요.

미국의 식당에 가면 식대의 10~15% 정도의 팁을 주고 나와야 등 뒤가 따갑지 않습니다. 심리학자 레오 크레스피Leo Crespi는 이것이 심히 못마땅해 본인의 이론을 실천에 옮겼습니다. 팁이라는 것은 친절한 서비스를 받기 위한 당근이자 인센티브이지 의무적으로 내야만 하는 것은 아니라는 것이죠. 그래서 그는 평생 팁을 준 적이 없다고 합니다. 아니, 더 정확히 말하면 평생 외식을 하지 않았다고 하네요.

판의 조정자이자 룰메이커인 코디네이터는 구성원들과 밀고 당기는 '밀당관계'입니다. 말이 생태계이지 생태계의 낙원은 무법천지 정글입니다. 진정 평화로운 생태계, 발전하는 플랫폼을 만들려면 구성원들의 눈높이를 관리하는 '밀당의 고수'가 되어야 한다고 힘주어 말하겠습니다.

그런데, 눈높이와 비슷한 용도로 쓰이는 단어로 '스탠더드standard'가 있습니다. 참 매력 있는 단어입니다. 옥스퍼드 영어사전을 보니, 스탠더드가 개별적이거나 특정 상황에서의 기준, 즉 '질적 수준level of quality'이랍니다. 눈높이와 유사한 뜻이죠. 또 '행위의 수준level of behaviour'라는 규범, 규칙의 뜻도 있네요. 이래저래 룰과 눈높이를 중시하는 코디네이터는 스탠더드라는 단어를 명심해야 할 것 같습니다.

스탠더드는 여기서 그치지 않고 코디네이터의 매개사상으로 한 걸음 더 들어옵니다. 어쩌면 더 많이 사용되는 '표준'을 의미하기 때문입니다. 표준은 경제사회의 규칙이고, 표준화는 경쟁사회의 전략입니다. 코디네이터가 조정하기 위해서, 매개자로 성공하기 위해서 편승해야 하는 바로 그것입니다.

코디네이터로 성공하기,
대표성과 일관성

[퍼즐 아이콘]

매개자는 부차적 존재입니다. 매개 대상자들 사이를 매개하는 롤이니, 매개 대상자들이 없으면 매개자도 없습니다. 그렇다고 매개자가 수동적일 필요는 없습니다.

바로 앞에서 소개한 모빌라이저나 이번 장의 코디네이터는 능동적이고 주도적입니다. 판을 벌이고 판을 키우는 주체이자 리더이기 때문입니다. 이러한 내용을 포함하는 매개자들의 속성을 구분하고 특성을 비교하는 것은 마지막 장에서 자세히 다루겠습니다. 능동적으로 제 역할을 하고 주도적으로 룰을 만드는 코디네이터가 성공하려면 어떻게 해야 할까요?

앞에서 설명한 것과 같이, 코디네이터는 판에 모인 구성원들을 통제하기 위하여 적절한 룰을 만들고 운용해야 합니다. 눈높이 관리를 잘해서 구성원들의 기대치와 상대적 만족감을 충족시키는 밀당의 고수가 되어야 하는데, 이때 요긴한 것이 바로 표준입니다.

표준은 살짝 다른 두 가지 뜻으로 혼용되고 있습니다. 하나는 '평범'이라는 뜻으로 표준 체형, 표준 키 등에 쓰이고, 다른 하나는 '모범'의 뜻으로 글로벌 표준, 표준 프로세스 등에 쓰입니다.

조정자 코디네이터는 두 가지 표준, 즉 평범과 모범 모두에 관심을 가져야 합니다. 다양한 이해관계와 목적의식을 가진 구성원들의 합의를 이끌어내는 것은 쉽지 않은 일입니다. 설령 절대적인 권력을 활용해 당장은 순응을 얻을지라도, 상황은 늘 변합니다.

평범의 표준은 구성원들의 상식에 호소할 수 있으며, 모범의 표준은 동기를 자극할 수 있습니다. 판의 안팎을 비교한 평범이나 판의 목표를 고려한 모범은 곧잘 받아들여집니다. 누구나 공동의 상식과 동기를 벗어난 입장에 자신을 두려 하지 않기 때문입니다. 협상의 법칙이나 설득의 심리학에도 합의에는 표준을 들이대는 것이 주효하다는 얘기가 빠지지 않습니다.

판의 룰을 만드는 논리로 표준을 쓰기도 하지만, 때로는 표준 자체가 룰이 되기도 합니다. 대표성을 확보한 표준화 기구가 기술이나 제품의 규격을 공표하여 이를 준수하게 하는 '공적 표준de jure standard', 시장에서 기업이나 단체 긴 경쟁을 통해 자연스럽게 성립되는 '사실상의 표준de facto standard'은 룰입니다. 기술사회에서 기술 간의 상호 접속, 상호 연동, 상호 운용은 기술의 생명을 결정하기 때문에, 표준으로 채택되기 위한 표준화 활동은 기업과 국가의 핵심전략입니다.

표준화 기구 역시 관련한 기업, 단체, 국가들이 모여 합의를 통해 표준을 결정하는 것이니 매개자 코디네이터입니다. 특정 산업에 속한 기업들이 모인 협회와 일정 학술 분야의 학자들이 모인 학회와 같은 사단법인은 코디네이터의 기능을 수행합니다. 물론 OPEC처럼 석유 수출국들이 모여 석유의 공시가격과 생산량을 합의하여 결정하는 이익단체들도 마찬가지입니다.

태생적으로 조정자인 이익단체나 사단법인과 같은 코디네이터가 성공하기 위해 담보해야 하는 것은 대표성representativeness입니다. 대표성은 판 내부의 구성원들이 인정하여 만들어지기도 하지만, 판 외부에서 먼저 형성되기도 합니다. 누군가 절대자에 의해 주어지기도 하며, 매개자 스스로의 능력에 의해 구해지기도 합니다. 노력하여 동원한 구성원의 양 또는 질이 일정 수준 이상이 되면 대표성이 확보됩니다.

확보된 대표성이 대표자로서의 롤을 부여하고, 부여받은 롤에 의해서 룰을 만드는 것입니다. 대표성은 어쩌면 성공요인이라기보다는 선행요인이라고 하는 게 맞을 것 같습니다.

또 다른 성공요인으로 가는 길목에서 매개 사회의 총아인 프랜차이즈franchise에 대해 얘기해보겠습니다. 특정 상품 및 서비스를 개발한 본사franchiser가 가맹점franchisee에게 일정지역에서의 독점적 영업권을 주고 대신 로열티를 받습니다. 본사는 전문성을 가지고 개별적으로 가맹점의 운영을 지원하고 전체적으로 마케팅을 수행합니다.

본사가 벌인 판에 가맹점이 동원되었고 대부분의 투자는 가맹점이 하게 하면서 로열티를 챙기니 알짜 매개 비즈니스입니다. 본사는 자사의 상품과 서비스를 알리고 알려 브랜드화 합니다. 그리고 대외적으로 대표 자임을 공표한 후 가맹점들을 모읍니다. 가맹점들을 밖으로 대표하고 안으로는 조정하는 본사는 코디네이터입니다.

신도시나 새로 생긴 주택단지에 가보면 마치 거대한 프랜차이즈 경연장처럼 보입니다. 조지 리처George Ritzer는 1993년 출간한 《맥도날드 그리고 맥도날드화》에서 외식뿐 아니라 교육, 의료, 노동, 여가 등 사실상 사회 전반에 '맥도날디제이션McDonaldization', 즉 프랜차이즈 현상이 심화되고 있다고 지적했습니다. 우리나라도 외식업에서 프랜차이즈 가맹점이 전체의 15%에 육박한다는 조사결과가 있습니다.

코디네이터로 성공하기에 리처를 끌어들인 것은 리처가 인용한 사회학의 대가 막스 베버Max Weber의 합리성 개념 때문입니다. 이미 고전의 반열에 오른 《경제와 사회》에서 그는 인간의 행위를 규정하는 합리성은 예측 가능성과 계산 가능성이라고 하였습니다.

미국을 자동차로 여행해본 사람은 어두운 밤 끝도 없는 고속도로에서 만나게 되는 맥도날드 불빛이 얼마나 반가운지 알 것입니다. 그곳에 들르면 서울에서나 뉴욕 맨해튼에서나 똑같이 맛볼 수 있는 빅맥과 맥카페가 있습니다. 매장 분위기, 화장실, 그리고 가격도 그만그만하니 예측이 가능합니다. 우리가 예측과 계산이 가능한 프랜차이즈를 선택하는 이유는, 베버가 말한 합리적 행위이기 때문일 것입니다.

맥도날드 본사의 매뉴얼은 맥도날드 매장에서 접하는 모든 상품과 서비스를 예측 가능하게 표준화했습니다. 오죽하면 표준 프로세스 기업경영의 대명사가 맥도날드이겠습니까. 표준화된 룰은 누구나 예측할 수 있습니다. 프랜차이즈가 현대인의 사랑을 받을 수밖에 없는 이유입니다.

표준화가 주는 예측 가능성은 코디네이터의 또 하나의 성공요인을 알려줍니다. 그것은 바로 일관성consistency입니다. 판을 키우려면 동원된 구성원들의 자발적 노력이 필수이겠지요. 그리고 그 노력을 이끌어내는 것은 그들에게 돌아갈 실리의 몫이고요. 코디네이터는 판 외부에도 예측 가능성을 주어야 하지만 판 내부 구성원들에게도 예측 가능하게 해야 합니다. 룰은 지키라고 있는 것이지만, 그것도 일관성이 있어야 제대로 지켜집니다.

플랫폼 기업 하면 단골로 등장하는 리앤펑은 1만 8,000여 개의 의류 공급업체를 거느리고 있습니다. 리앤펑은 '30/70룰'로 유명합니다. 공급업체가 보유하고 있는 생산 용량의 30% 이상은 주문해주는 것을 보장하되, 70%는 넘기지 않는다는 것입니다. 공급 협력업체와의 긴밀도와 긴장감을 적절히 유지하려는 방책으로 철저히 지켜진다고 합니다.

수익배분의 일관성은 더욱 예민한 문제입니다. 대중의 아이디어를 모아 판매하는 쿼키Quirky의 수익배분 원칙은 꼼꼼하고 정확한 것으로 유명합니다. 디자인상도 받은 성공작인 '피봇 파워pivot power'는 최초에 아이디어를 제안한 사람과 상품화 과정에 도움을 준 853명 모두에게 정해진 룰에 따라 수익을 정확히 차등 배분했다고 합니다.

리더십 이론에서 리더의 자질로 가장 먼저 꼽히는 것이 '비전'입니다. 그리고 '책임'도 자주 거론됩니다. 그런데 제가 개인적으로 강조하고 싶은 것은 '일관성'입니다. 가장 이상적인 리더는, 시작할 때는 비전을 제시하고, 과정에서는 일관성을 유지하며, 끝에는 책임지는 리더가 아닐까요? 모든 일이 그렇듯, 시작과 끝에 비해 과정은 꽤 깁니다. 그리고 판을 키우는 것은 결과가 아닌 과정입니다. 그래서 일관성을 강조하고 싶습니다.

여러 코디네이터가 예시되었지만, 조정자인 매개자에게 딱 어울리는 본보기는 오케스트라 지휘자입니다. 악기가 아닌 지휘봉으로 악기 연주자들을 지휘하고 화음을 연출하여 작품을 해석하는 지휘자는 진정한 매개자 코디네이터입니다.

이전에는 레코드 가게나 다방, 그리고 책방에서조차 심심치 않게 헤르베르트 폰 카라얀의 사진을 볼 수 있었습니다. 그를 성공시킨 베를린 필하모닉이나 말년에 정착했던 빈 필하모닉의 단원들은 사진에 등장하지 않습니다. 오직 눈을 감고 있는 카라얀만 기억납니다. 카라얀은 필하모닉을 대표했고, 눈을 감고 지휘할 정도로 시종일관 오케스트라를 자기 것으로 통제했습니다. 진정한 코디네이터라 할 만합니다.

또 다른 매개자를 소개할 시간입니다. 그런데 그 매개자는 이미 맥도날드, 아니 프랜차이즈 스토리에 출연한 바 있습니다.

6

응형무궁만이 살길이다

ADAPTER

속 다른 매개자 — 어댑터

기본과 핵심,
그리고 본질의 차이

　1970년대부터 1990년대까지, 대학입시를 위해 달려가던 대한민국 청소년들에게 얼굴은 모르지만 이름은 누구나 아는 무척 유명한 사람들이 있었습니다. 바로 《성문종합영어》와 《수학의 정석》 저자들입니다. 그 시절 어지간히 놀지 않았다면 이 책들을 책꽂이에 꽂아놓지 않았던 수험생이 있었을까요.

　《성문종합영어》는 영어책이었지만 내용 중에 한문도 꽤 등장해 고리타분한 분위기를 풍겼던 기억이 납니다. 이 책이 영어 참고서의 고전으로 등극하자 그 후광으로 《성문기초영어》, 《성문기본영어》, 《성문핵심영어》가 줄줄이 등장합니다. 책의 크기나 두께가 급격히 작아진 막내 《성문기초영어》는 중학생들이 봤는데, 그 책은 '기초'니까 그렇다고 치고, '기본' 영어와 '핵심' 영어의 차이는 무엇일까 궁금했던 적이 있습니다.

'기본'과 '핵심'은 뭐가 다를까요?

기본은 기본이고 핵심은 핵심이라 하면 그만이지만, 이번에 소개할 매개자를 위해 구분해보고자 합니다. 먼저 인간에게 있어서 '기본'은 무엇일까요? 아마도 이것은 영원한 관심거리일 것입니다. 여러 관점으로 생각해볼 수 있지만, 현실에서 인간에게 필요한 기본은 '의식주'입니다.

특히 먹는다는 것은 생존을 위한 기본적인 행위로, 우리는 먹지 않으면 생명을 유지할 수 없습니다. 기네스북에는 소량의 수분 외에 아무것도 먹지 않고 18일 동안 버텼던 기록이 있습니다. 먹지 않고 버티는 가장 익숙한 설정은 조난과 표류인데, 역사상 가장 불행한 이름 중의 하나인 리처드 파커Richard Parker가 떠오릅니다.

추리소설, 특히 단편 추리소설로 잘 알려진 에드가 앨런 포Edgar Allan Poe의 한 장편소설에는 그 당시로는 꽤 이색적인 설정이 있습니다. 《아서 고든 핌의 모험》입니다. 조난당한 배에서 살아남은 4명의 선원이 굶주림에 지쳐 한 사람을 잡아먹기로 합니다. 누구를 먹을 것인가는 제비뽑기로 정하기로 했죠. 여기서 불행의 제비를 뽑아 잡아먹힌 사람이 바로 리처드 파커입니다. 소설 속의 리처드 파커는 가상의 인물이었습니다만, 현실에서는 에드가 앨런 포가 죽은 지 35년이 지난 후에 등장합니다.

많은 논란을 일으킨 1884년 미뇨네트Mignonette 호 사건이 바로 그것입니다. 이 사건은 모두의 행복이 개인의 행복에 우선하느냐에 대한 공리주의utilitarianism 논쟁에서 자주 인용됩니다. 미뇨네트 호는 폭풍에 침몰했고 4명의 영국 선원이 구명보트에 올라탄 채 남대서양을 표류하고 있었습니다. 그들은 8일간 아무것도 먹지 못했고, 그중 가장 약했던 17세 소년을 죽여서 먹으며 연명해 결국 구조되었습니다. 놀랍게도 그 소년의 이름은 포의 예언처럼 리처드 파커였습니다.

이런 끔찍한 상황에 이미 익숙해진 그 이름은, 한 번 더 소설에 등장하더니 급기야 영화화되어 대히트를 칩니다. 동명의 소설로 이안李安 감독이 만든 2012년 개봉작 '라이프 오브 파이Life of Pi'입니다. 그 소설과 영화에서 리처드 파커는 벵골 호랑이의 이름입니다.

16세 소년 파이는 호랑이 리처드 파커와 함께 구명보트에서 무려 227일을 표류합니다. 영화에서는 대서양 한복판이 호랑이와 소년의 무대였지만, 사실은 소년 혼자 외롭게 생존한 이야기입니다. 처음에는 이쪽 역시 4명이 구명보트에 살아남았지만, 서로 죽이고 잡아먹으며 버티어낸 소년의 환상이 호랑이입니다. 생존이라는 기본을 해결하기 위해 인간의 조건을 포기한 소년의 죄책감이 잉태한 가상의 리처드 파커인 셈이죠. 이와 같이 생사를 넘나드는 극단적인 상황은 아니더라도, 무엇을 하기 위해서 필요한 최소한의 것을 '기본'이라 하겠습니다. 다시 인간으로 돌아가겠습니다.

인간의 삶에 의식주와 같은 기본이 충족되었다면 그다음은 무엇일까요? 읽기가 상당히 어려운 책이지만 많은 사람들에게 영감을 준, 한나 아렌트Hannah Arendt의 《인간의 조건》을 이야기해보겠습니다. 아렌트는 인간의 조건을 노동labor, 작업work, 행위action를 통해 규정 짓습니다. 얼핏 비슷해 보이는 이 용어들의 미묘한 차이에 대해서도 설명했습니다만, 개인의 사적인 사유세계에 갇히지 않고 활동하는 삶을 살아야 한다는 점은 공통입니다. 또한 공적인 영역에서 상호 소통하고 행동하는 것은, 사회적 동물인 인간의 핵심조건이라고 강조합니다. 간략하게 요약했더니 다소 평범한 얘기로 들리는군요. 그래도 의식주라는 기본조건과는 달리 사회적 관계를 인간의 핵심조건으로 설정하는 논지를 제공해주었다는 점에서 의미가 있습니다.

이제 기본과 핵심을 구분해보겠습니다. '기본은 존재의 조건, 핵심은 관계의 조건'이라고 하면 어떨까요? 존재를 유지하기 위해 필요한 것을 '기본'으로, 존재가 성립된 후 관계 활동을 수행하기 위해 요구되는 것을 '핵심'이라고 말입니다. 물론 잘 알려진 영어참고서의 제목과는 동떨어진 맥락입니다.

이왕 영어 얘기를 꺼낸 김에 영어 표현 빌리자면, "back to basics"는 (존재의 가치를 지탱해주는) 기본에 충실하자로 번역할 수 있고, "get to the point"는 (관계의 이해를 도모해주는) 핵심에 집중하자는 뜻입니다.

기본은 쉽게 바뀔 수 없는 데 반해서, 핵심은 상황과 관계의 변화에 따라 바뀔 수 있습니다. 미국의 과학철학자 토마스 쿤Thomas Kuhn은 '패러다임 시프트paradigm shift'라는 말로 근본적인 변화, 진정한 변화를 지칭했습니다. 기본이 바뀐다는 것은 패러다임 시프트 정도는 되어야 할 것입니다.

이번 장의 주인공을 좀 더 쉽게 설명하기 위해서 기본과 핵심을 나름

대로 구분해보았습니다. 여기서 한 가지 더 얘기하자면 '본질'이 있습니다. 토마스 아퀴나스Thomas Aquinas의 책《존재자와 본질에 대하여》에서 본질은 '어떤 것을 다른 것이 아니라 바로 그것이게 만드는 것'으로 설명됩니다. 바로 그것 자체라면 그것이 존재하는 한 변화하지 않는 무엇이 바로 본질입니다. 쉽게 변할 수도 있는 것이 핵심, 쉽게 변할 수 없는 것이 기본이라면, 앞의 두 가지와 또 다르게 아예 변하지 않는 것이 바로 본질입니다.

어쩌면 인간의 본질은, 종교인에게는 영혼이고, 유물론자materialist에게는 결국 화장 후 남는 한 줌의 재라고 할 수 있겠네요. 톨스토이는 자신의 한 단편소설에서 이런 질문을 던졌습니다. "사람은 무엇으로 사는가?" 그 소설에서 답은 바로 '사랑'이었습니다. 여기서 사랑은, 사람을 살아가게 하는 형이상학적 본질로 해석됩니다. 어쨌든 본질은 불변입니다.

현실로 돌아와서, 기업이라면 어떨까요? 기업의 기본과 핵심, 그리고 본질은 무엇일까요? 눈에 보이는 '현상'이 있다면, 그 현상을 나타나게 만든 이유가 '본질'입니다. 기본과 핵심을 본질과 대비한 현상으로 보았을 때, 기업의 '기본'은 경영 제반 업무입니다. 돈과 사람, 물자와 기술을 다루는 업무는 말 그대로 기업의 기본업무이고 이것 없이는 기업이 존재할 수 없습니다. 또 하나의 현상인 기업의 '핵심'은 사업입니다. 그때그때 사업을 통해서 기업은 이해관계자와 소통을 하며 기업의 기본을 유지시킵니다.

물론 영원히 변하지 않을 기업의 '본질'은 '수익창출'이죠. 회사의 비

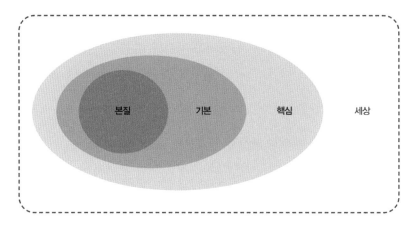

기본과 핵심, 그리고 본질

전 선언문에 나와 있는 전 사회적 사명의식이 아무리 거룩하다고 하더라도, 주식회사의 본질은 주주의 이익을 극대화하는 것입니다. 고객만족과 사회적 책임, 기업가정신과 고용창출은 본질을 위한 과정이나 효과 정도라고 보는 것이 맞습니다.

외부와의 관계에 근거하는 '핵심'은 상황에 따라 바뀝니다. 아니, 적절하게 핵심을 바꾸면서 대응해야 기본이 흔들리지 않는 경우도 많습니다. 150km/h가 넘는 강속구를 던지던 투수가 나이가 들거나 부상으로 수술을 했다면, 그 투수의 핵심은 이제 변해야 합니다. 투수로서의 생명을 유지하고자 한다면 130~140km/h대의 애매한 속구보다는 변화구와 제구력으로 승부해야 함이 당연합니다.

영화배우 클린트 이스트우드를 알 것입니다. 그는 젊은 시절 '석양의 무법자'나 '더티 해리' 등에서 남성미와 마초의 대명사였지만, 나이가 들고 주름살이 늘면서 핵심을 바꿉니다. 그 결과 남성미를 과시했던 젊은 시절보다 오히려 후반에 더욱더 인정받게 되었습니다. 감독으로서 인생을 관조하는 예술성 높은 영화를 연출했고, 배우로서 삶의 깊이가 묻어나는 연기력을 보여주었기 때문입니다. 전혀 다른 분야지만 비슷한 사례로, 선경은 직물회사에서 통신회사로 대표되는 SK가 되었고, 두산은 이제 맥주회사가 아니라 기계·중공업 회사입니다.

다시 정리하면, 본질은 변하지 않고, 기본은 쉽사리 변하지 않으며, 핵심은 변화에 따라 변합니다. 개념을 정의하느라 조금 돌아온 느낌이지만, 아무튼 변하지 않는 것을 위해서, 변하기 어려운 것을 부여잡고, 변해야 할 것은 변화에 맞추어 변하는 것이 관건입니다.

이것은 개인이나 기업 모두에 해당하지만, 사람이 모인 조직인 기업은 더욱 복잡한 양상을 보입니다.

변화하되
지킬 것은 지키는 방법

이제 일정 규모 이상의 기업은 모든 것을 혼자서 하지 않습니다. 무슨 말인가 하면, 사업에 따라 협력업체와 협력하지만, 종종 경쟁업체와도 경쟁하지 않고 공조합니다. 예를 들어, '아웃소싱outsourcing'은 기업이 자신들의 업무 중 일부를 외부에서 조달하는 경영방식을 지칭합니다. 요즘은 너무나 흔한 용어가 되었지요. 청소와 경비 업무를 외부업체에 맡기기도 하고, 전산 업무나 행사 이벤트를 전문업체에 위탁하기도 합니다. 기업이 반드시 스스로 해야 하는 기본업무는 아니니까요. 부가가치가 없는 '부가적 업무'나 별도의 전문인력이 필요한 '전문적 업무'처럼 기본이 아닌 것에 대한 아웃소싱은 다음 장에서 자세히 알아보도록 하겠습니다. 그리고 보니 가정에서 파출부를 고용하는 것도 일종의 아웃소싱이군요. 그런데 혼동되는 것이 있습니다. 파출부에게 맡겨지는 일이 집안일의 기

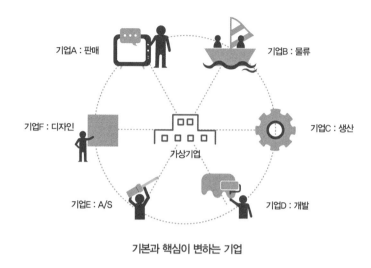

기본과 핵심이 변하는 기업

본업무인가요?

아웃소싱 대상 업무가 점점 확대되고 있습니다. 기업이 기본적으로 수행해야 하는 기본업무까지도 그 영역이 확대되었습니다. 나이키는 본사가 있는 미국에서는 신발 한 켤레 만들지 않습니다. 주문자 상표 부착 생산 즉, OEMOriginal Equipment Manufacturing은 제품생산 업무를 통째로 위탁해 생산하는 것이고, 전자제품의 경우 더 나아가서 물류와 판매까지 다른 기업에 의존하기도 합니다.

마이크로소프트, HP, 소니, 시스코 등은 연구개발과 설계에 주력하고 나머지를 솔렉트론Solectron, 플렉스트로닉스Flextronics와 같은 EMSElectronics Manufacturing Service 즉 전자제품 생산 전문기업에 의뢰합니다.

가상기업virtual enterprise이라는 말을 들어보았는지 모르겠습니다. 가상기업이란, A사의 연구개발 부서, B사의 생산, C사의 물류, D사의 판매, E사의 마케팅 등 여러 기업들에서 각각의 부서들이 특정 사업을 위해 마치 하나의 기업인 양 협업하는 형태입니다. 서로서로 기본업무를 상대에게 맡기는 것입니다. 놀랍지 않나요? 예전에는 상상도 못할 일입니다. 앞에서 언급했던 플랫폼 기업은 특정 사업에 한정되어 상대에게 기본업무를 맡기는 것이 아닙니다. 플랫폼 기업의 구조 자체에서 이미 기본업무가 기본이 아닙니다. 현대 기업경영의 진정한 패러다임 시프트인 셈이죠.

중국이나 홍콩, 태국과 같은 동남아시아의 거리에는 밥집이 눈에 자주 띕니다. 테마가 있는 요리점이 아니고, 그저 집에서 일상적으로 먹는 음식을 파는 밥집입니다. 이런 밥집이 흔한 이유는, 집에서 밥을 하지 않기 때문이라고 하더군요. 아침에 일어나서 출근길에, 그리고 일과를 마친 후는 퇴근길에 밥을 먹으러 밥집에 갑니다. 집안일의 기본업무 중 '밥하기'를 아웃소싱으로 해결한 것입니다. 그러니 집안일 자체를 다시 생각해보게 되었습니다.

남에게 무언가를 대신 하게 하려면 먼저 나 스스로가 꼭 해야 할 일이 무엇인지부터 정해야 합니다. 일찍이 경영학자 코임바토레 프라할라드 Coimbatore K. Prahalad와 경영전략가 게리 하멜Gary Hamel은 기업의 핵심역량 core competence을 강조했습니다. 핵심역량이란 기업이 시장에서의 경쟁우위를 지키기 위해 집중해야 하는 능력으로, 이 두 사람은 핵심역량을 제외한 나머지는 과감하게 남에게 맡겨야 한다고 주장합니다.

이것은 이미 경영학의 철칙 중 하나로 받아들여지고 있습니다만, 여기에 덧붙여 생각해야 하는 것이 있습니다. 앞에서 핵심은 변하는 것이라고 여러 번 말했습니다. 그러니 긴 안목으로 보면 핵심역량도 변해야 합니다. 바로 이것을 명심해야 합니다. 기업이든 개인이든 급박한 변화에 대처하기 위해 핵심역량 역시 변화해야 할 그것입니다. 사실 이를 강조하기 위해서 본질과 기본에 대비되는 핵심의 가변성을 앞서 언급했던 것입니다.

PC 역사의 희비쌍곡선인 IBM과 마이크로소프트 스토리를 조금 자세히 들여다보겠습니다. IBM이 PC의 여러 부분을 '외주'로 뺄 때, 스스로 지켜야 할 핵심역량이라고 생각했던 것은 바로 BIOSBasic Input Output System입니다. 왜 그랬을까요? 당시 PC를 사용하던 사람들 대다수는 지금처럼 단순 사용자가 아니었습니다. 직접 프로그램을 만들어 사용하는 초보 이상의 개발자들이 대부분이었기 때문에, IBM은 하드웨어와 소프트웨어 프로그램을 연결하고 번역하는 BIOS가 PC의 '핵심'이라고 믿었던 것입니다.

사용자의 조작 편의성을 위한 일개 소프트웨어로 평가 절하된 DOSDisk Operation System는 마이크로소프트에게 맡겨졌습니다. BIOS만 움켜잡고 있으면 된다고 생각한 IBM은 다가올 시대의 진정한 핵심역량을 알아채지 못한 것입니다.

불과 2년도 지나지 않아 전세는 역전됩니다. IBM PC가 아닌 컴팩 등 다수 업체가 만든 IBM 호환 PC에도 MS-DOS가 깔리면서 말입니다. IBM의 수많은 외주 업체 중의 하나인 마이크로소프트가 아니라, 마이크로소프트의 DOS를 사용하는 수많은 PC 업체 중에 하나인 IBM이 된 꼴입니다.

핵심역량의 변화를 눈치 채지 못한 IBM은 여러 방법으로 절치부심하였으나, 20세기를 마무리하는 시점에 공개되었던 유명한 광고 "소프트웨어가 움직이는 세상입니다."로 항복선언을 합니다.

변화하는 핵심에 대한 고민은 기업과 기업 사이에서뿐 아니라 기업 내부에서도 계속됩니다. 자동차에 어느 정도 관심이 있다면 렉서스, 인피니티, 어큐라를 알 겁니다. 그렇다면 혹시 이들과 도요타, 닛산, 혼다를 연결시킬 수도 있나요?

1980년대부터 일본차는 세계로 뻗어나기 시작합니다. 미국은 넓습니다. 그중에서도 미국의 서부와 동부는 상대적으로 개방된 동네입니다. 미국의 웨스트코스트west-coast와 이스트코스트east-coast의 프리웨이는 일본차로 가득해졌지만, 도요타, 닛산, 혼다는 그저 '값싼 자동차'라는 이미지를 벗어내지 못하고 있었습니다. 고급 차를 만들 수 있는 기술과 조직도 확보했지만, 고객의 인식과 시장에서의 이미지가 문제였습니다.

고급 시장을 공략하기 위해 과감한 전략을 채택합니다. 마치 도요타와 렉서스, 닛산과 인피니티, 혼다와 어큐라는 서로 전혀 다른 회사인 것처럼 보이게 합니다. 온전히 도요타의 기술력과 인력으로 독립 브랜드 렉서스가 시동을 겁니다.

렉서스는 소비자들이 도요타의 값싼 이미지를 떠올리지 않을까 염려했지만, 반대로 도요타는 도요타 브랜드로 고급차를 출시하면 그간 쌓아왔던 저렴하고 성능 좋은 서민 자동차라는 평판에 해가 될까 우려했습니다. 결국 도요타가 지킬 것은 지키고 해볼 것은 해보고자 했던 전략이 렉서스의 탄생입니다.

사내벤처의 경우도 크게 다르지 않습니다. 본래의 핵심사업과는 다른 시장에 진출하거나, 새로운 제품개발을 목적으로 기업 내부에 독립된 사업체를 설치한 것이 사내벤처입니다. 신규 사업을 기존 사업과 분리하여 집중 육성할 때 효과적이며, 성공할 경우 아예 자회사로 분할하는 스핀오프spin-off가 일반적입니다. 우리나라에서는 인터파크를 그 효시로 보고 있습니다.

이번 매개자에는 기업과 경영 얘기가 좀 많은 것 같습니다. 변화는 하되 지킬 것은 지켜야 하는 것은, 기업에게는 매우 절박한 일입니다. 조금만 더 나아가 보겠습니다. 괜찮겠죠?

기업에 있어서 조직은 사람의 신체와 비유하면 뼈와 같습니다. 기업도 사람의 모임이고, 조직으로 지탱하고, 조직으로 활동하니 뼈라고 한 것입니다. 히포크라테스는 "만병의 근원은 뼈에서 비롯된다."고 했습니다. 조직이 흥하거나 망하는 것은 결국 사람에서 비롯되죠.

앞에서 기업끼리 사업을 위해 조직을 공유하고, 신사업을 위해 기업 내 조직을 분할하는 예를 들었습니다. 기업이 조직을 어떻게 구성하고 운영하는가는 원래 중요한 문제입니다. 게다가 기업의 핵심과 더불어 기본마저 바뀌는 패러다임 시프트의 목전에서 해결해야 할 더욱 복잡한 숙제가 된 것은 분명합니다.

꼭 조폭이 아니더라도 어느 정도 자리 잡힌 조직에는 '쓴맛'이 있습니다. 조직의 원칙에 위배되면 쓴맛을 보게 됩니다. 그런데 이 원칙이 헷갈리고 있습니다. 조직의 원칙이 헷갈리니 조직의 쓴맛이 몸에 좋은 보약의 쓴맛이 되기도 하고요. 이게 무슨 말인지 좀 더 설명해보겠습니다.

기업이라는 조직의 원칙에 대해서 알아야 합니다. 규율이 강한 조직은 대부분 계층hierarchy 구조입니다. 피라미드 모양으로 A 밑에 B가 있고, B 밑에 C가 있는 구조입니다. 군대나 조폭을 생각하면 됩니다. 계층의 위로 올라갈수록 힘이 집중되고, 가장 꼭대기에 있는 사람이 최대 권력을 갖는 모양새입니다. 이것은 과거 군주제로부터 이어진, 산업화 시대 기업조직의 전형입니다.

그러나 이러한 조직은 정보화 시대에 접어들며 엄청난 비판을 받습니다. 하층 구성원들의 의견이 무시되고, 위로 갈수록 상황 변화에 둔감한 구조니까요. 1990년대 경영계를 흔들었던 BPRBusiness Process Reengineering과 PIProcess Innovation는 업무를 진행하는 프로세스에 맞추는 팀제로 조직을 변화시킵니다. 목표가 설정된 핵심사업과 그 업무를 수행하는 데 제격입니다. 그러나 이것 역시 계층구조 전체를 흔들지는 못합니다. 그 후 2010년을 지나면서 창의성과 혁신이 강조되었고, 조직의 자율성이 중시되는 네트워크 구조가 퍼져나가고 있습니다.

자율적 조직 구성

주인정신형　　　　　　　　　　　집단지성형

근면한　　　　　　　　　　　　　　　　　　　　창의적
조직 구성원　　　　　　　　　　　　　　　　　조직 구성원

일사분란형　　　　　　　　　　　군계일학형

통제적 조직 구성

응형무궁 조직

그렇다면 물어보겠습니다. 여러분의 기업에는 어떤 조직구조가 적합합니까? 아니, 질문을 다시 해야겠습니다. 지금 이 시점에서 여러분 기업에는 어떤 조직구조가 적절합니까? 질문 중에 밑줄을 그을 부분은 '어떤'이 아니고 '지금'입니다. 지금 시점의 상황이 어떠한가에 따라 답은 달라질 것입니다. 바로 지금 이 순간의 여러분 기업과 사업의 기본과 핵심을 고려해 답을 내어야 합니다.

가령 현재 여러분의 기업이 내부 혁신이나 업종 전환, 신제품 개발에 주력하고 있다면, 리더는 구성원들을 존중하고 여건을 조성해주는 '서번트servant' 형으로, 구성원은 독창적인 '고양이' 형으로 일해야 합니다. 반면 경쟁이 치열한 시장에서 수성해야 하는 위기상황이라면, 조직구조는 계층으로, 리더는 진두지휘하는 '카리스마' 형으로, 구성원은 이를 추종하는 성실한 '개' 형으로 편성해야 합니다.

CEO의 전횡이 회사의 발전을 막듯이, 직원의 지나친 창의와 자율이 배를 산으로 가게 할 수도 있습니다. 팀제는 핵심 업무에 집중하기 위함이고, 그 핵심 업무 또한 상황에 따라 변하니 팀도 계속 바뀌어야 하겠지요.

기업은 그때그때 상황에 맞게 꾸려가야 하는 '응형무궁應形無窮'으로 조직을 꾸려야 합니다. 이 사자성어는 '쉼 없이 변하는 상황에 맞추어 변화해야 한다.'는 뜻으로 《손자병법》에 나왔군요. 조직의 쓴맛은 원칙을 거스를 때 맛보게 되는데, 원칙이 변한다면 쓴맛 역시 당위성이 떨어지게 마련입니다. 원칙은 앞서 얘기한 기본에 해당되는 것이고 이 또한 변하는 것입니다. 말 그대로 '변하지 않는 것은, 모든 것은 변한다는 사실뿐'입니다. 조직이론은 널려 있고 조직이론가도 넘쳐납니다. 이론과 이론가는 핵심이 아닙니다. 결국은 형국을 판단하고, 핵심을 집어내는 것이 중요하겠죠.

지금까지의 장황한 내용을 모으면 의외로 간단합니다. 핵심 사업이 바뀌니 이를 추진할 핵심역량도 바뀝니다. 바뀌어야 합니다. 기본마저 변하니 조직의 원칙과 구조도 변화해야 합니다. 비단 기업만의 얘기가 아니며 개인의 역량과 삶에도 해당됩니다. 그때그때 바뀌어야 합니다. 물론 이 모든 것의 원인은 외부에 있습니다. 디지털 시대, 무한의 시대, 공유의 시대, 그리고 매개의 전성시대가 도래했기 때문입니다. 여기에 변형자라 부르게 될 매개자 '어댑터'가 등장합니다.

올리브 나무를 안고
렉서스를 타라

해외를 여행할 때 미리 알아봐야 하는 것 중 하나가 그 나라의 전압 용량과 콘센트 모양입니다. 전자제품을 가져가 사용하거나 충전하려면 그 나라 콘센트에 꽂을 수 있는 플러그 모양의 어댑터가 필요합니다. 굳이 해외로 여행을 떠나지 않아도, 회사나 가정에서 사용하는 갖가지 전자제품마다 어댑터가 다양하게 달려 있습니다. 어댑터는 일반적으로 기계적으로나 전기적으로 서로 다른 형태의 장치를 연결해주는 도구입니다.

서로 다른 것들을 연결해주니 어댑터는 그 자체로 매개자입니다. 그렇지만 연결하는 양쪽의 매개 대상자들에게 똑같이 작용하는 것은 아닙니다. 전자제품의 플러그에 어댑터를 끼워서 변형시키고, 변형된 상태로 콘센트에 꽂습니다. 그러니까 어댑터는 콘센트를 변형시킨 것이 아니고 전자제품을 변형시킨 것이죠. 이때 어댑터가 변형시킨 매개 대상자(전자

제품)를 '변형 대상자'라 부르겠습니다. 그리고 어댑터를 '변형자'라고도 하겠습니다.

앞에서 코디네이터를 설명할 때 나온 프랜차이즈 얘기를 기억하나요? 본사인 프랜차이저는 가맹점인 프랜차이지의 코디네이터라고 했습니다. 본사는 가맹점을 통제하고 관리하는 조정자입니다만, 가맹점 입장에서 생각해보면 매개의 상황은 달라집니다. 가맹점은 본사와 고객을 매개하는 어댑터입니다.

물론 여기서 변형 대상자는 본사입니다. 본사의 브랜드와 노하우를 퍼트려줄 가맹점이 필요합니다. 본사가 모든 지역을 커버할 수 없고, 특정 지역의 특색을 다 맞추기는 어려우니 가맹점을 통해 적합화, 즉 커스터마이징customizing합니다. 실제로 외식 프랜차이즈의 경우 지역에 따라 짜거나 매운 정도가 다르다고 합니다.

글로벌 프랜차이즈의 경우 어댑터 매개자가 중첩됩니다. 맥도날드 본사의 변형자가 맥도날드 한국 지사이고 한국 지사의 변형자가 한국 내 가맹점들입니다. 적합화시킬 범위와 규모가 클수록 중첩은 늘어납니다.

글로벌 기업을 생각할 때 쉽게 연상되는 어댑터는 현지법인입니다. 현지법인은 본사의 경영 시스템이나 서비스를 현지 상황에 적합하게 변형시킨, 일종의 맞춤형입니다. 그 나라의 정세, 정황, 정서를 감안하여 경영합니다. 현지법인도 그 나라 기업이라고 홍보하고, 현지인 채용에도 적극적입니다. 틀린 얘기라고 할 수는 없겠지만 속사정은 좀 다르겠죠. 현지법인의 사장은 본사에서 임명되고, 현지법인의 경영목표는 본사의

본사는 가맹점의 코디네이터

가맹점은 본사의 어댑터

본사

가맹점

프랜차이즈의 코디네이터와 어댑터

나라에 최대한의 수익금을 보내는 것임이 뻔합니다.

어댑터가 존재하는 이유는, 다시 말해서 변형 대상자가 어댑터를 채용하는 이유는, 역설적으로 변형 대상자가 최소한으로 변형되기 위해서입니다. 본질을 지키고 가급적 기본에 손대고 싶지 않지만, 주변 상황에 응해야 하기 때문입니다.

변형자의 용도는 필요할 때 버리는 것입니다. 버릴 때 버리더라도 기본이나 본질이 침해받지 않기 위해서 변형자를 활용합니다. 변화는 하되 지킬 것은 지키고 싶은, 리스크 회피랄까요? 장갑이나 신발은 버릴 수 있지만 손과 발을 잘라내기는 어렵습니다. 물론 경우에 따라, 본질인 생명을 지키기 위해서 수족을 절단하기도 합니다.

현지법인은 본사의 수익을 올리기 위해 노력하다가 여의치 않을 경우 철수합니다. 렉서스를 출시할 때도 도요타 내부에서는 거센 반발이 있었습니다. 이미 경제적이고 실용적인 자동차로 성공한 도요타의 정체성을 훼손시킬 수 있다는 이유에서 말입니다.

어쨌든 렉서스는 여러 해 동안 미국 고급승용차 시장에서 1등을 차지했으니, 도요타는 기본도 지키고 고급차 시장 진출이라는 핵심도 살린 대성공 스토리의 반열에 올랐습니다. 토머스 프리드먼의《렉서스와 올리브 나무》책 제목에까지 등장하게 되었죠. 이 책에서 렉서스는 '끊임없는 발전을 위한 모색'을, 올리브 나무는 '정체성과 전통을 보존하는 노력'을 상징합니다. 어댑터의 논리에 꽤 부합하는 것 같습니다. 렉서스에 대한 재미있는 사족을 붙이면, Lexus는 'Let's export to US'의 약자라고 하네요. 정설은 아니니 믿거나 말거나입니다.

네이버도 어댑터 전략을 씁니다. 네이버에게 올 수 있는 리스크는 최소화하면서 모바일 서비스 분야의 새로운 전환을 위해 100% 출자 자회사인 '캠프 모바일'을 설립합니다. 네이버가 넘겨준 서비스가 '밴드'입니다. 네이버의 모바일 전진기지가 된 셈이죠. 우리가 피부로 느끼듯이 캠프 모바일은 성공가도에 있고, 이제 안심한 네이버는 자산이 급격히 늘어난 캠프 모바일을 1년 만에 주요 종속회사로 편입하게 됩니다. 캠프 모바일 입장에서는 네이버의 브랜드와 제품을 넘겨받고, 인력과 인프라도 공유했으니 비용을 엄청나게 절약한 셈입니다. 앞서 설명한 사내벤처의 최대 강점은 바로 비용절감입니다. 회사가 비용을 감당해주니 어댑터로서의 본분만 열심히 하면 됩니다.

매개자 변형자는 기업과 조직에만 해당되는 것은 아닙니다. 대부분의 PC 사용자들이 마이크로소프트의 윈도우에 너무 익숙해졌지만, 디자인 측면에서는 맥북이나 아이맥 같은 맥킨토시 컴퓨터를 부러워합니다. 그럴 때 패러렐즈Parallels와 같은 가상화virtualization 전문회사의 솔루션을 사용하면 쉽게 해결됩니다. 사용자 관점에서 가상화는 눈앞에서 보고 느껴지지만, 실제로는 존재하지 않는 가상의 인터페이스를 만드는 것입니다.

맥북을 쓰고 싶다면 운영체제도 맥OS를 써야 합니다. 하지만 맥OS는 사용해본 적이 없어 망설여지나요? 걱정할 것 없습니다. 어댑터인 가상화 솔루션을 쓰면 맥북에서 윈도우와 윈도우 응용프로그램을 완벽하게 실행할 수 있습니다. 물론 맥북과 맥OS에는 아무런 손상이 없습니다.

인터페이스라는 단어가 나왔습니다. 심심치 않게 들려오는 인터페이스라는 단어는, 매개에서도 아주 중요한 개념입니다. 영어단어 인터페이스interface는 서로 얼굴을 마주보고 있는 의미로 구성되었습니다. 서로 다른 두 장치나 시스템 등을 이어주는 부분이나, 제3의 접속장치를 지칭합니다. 개념적으로 바로 매개자라 할 수 있겠죠. 특히 접속을 위해 한쪽에 변형을 가한다면 변형자인 어댑터입니다.

HCIHuman-Computer Interface라는 용어 자체가, 인간의 편의를 위해, 인간의 사용성을 증진시키는 방향으로 컴퓨터의 하드웨어와 소프트웨어를 변형시키는 의미입니다. 인간을 바꿀 수는 없지 않습니까? 우리는 너무 소중하니까요.

인터페이스를 폭넓게 확대해보면 더욱 중요한 단어가 등장합니다. 인터페이스가 다른 객체 간의 접점이자 연결고리라면, 산업사회의 두 주인공인 기업과 고객의 인터페이스는 무엇일까요? 기업이 광고로 고객에게 다가가기도 하지만, 궁극적으로 고객과 만나는 것은 바로 '상품'입니다. 상품은 유형의 제품일 수도 있고 무형의 서비스일 수도 있습니다.

유형의 제품도 서비스로 고객에게 전달되고, 그 제품의 가격이 높을수록 제품의 부가가치는 온전히 서비스에서 창출됩니다. 즉, 기업과 고객의 인터페이스는 사실상 서비스이고, 기업과 상품의 성패는 서비스에 달려 있다고 해도 과언이 아닙니다. 서비스는 매개를 생각할 때 반드시 떠올려야 하는 단어입니다. 마찬가지로 어댑터는 서비스를 생각할 때 반드시 곱씹어야 하는 매개자입니다.

기업과 고객이 서비스로 만납니다. 고객은 왕이니까, 필요하다면 변해야 하는 당사자는 기업입니다. 즉 변형 대상자는 기업입니다. 그렇다면 기업에서 변화할 것을 찾아야 하는데, 말이 쉽지 뭐 하나 쉽게 바뀔 만한 게 없습니다. 제품, 제품을 만드는 공정, 공정을 움직이는 조직, 조직을 운영하는 전략, 전략을 가늠하는 경영철학 등등, 이 모든 것들은 쉽사리 바뀌지 않습니다. 더욱이 조변석개朝變夕改하는 고객을 왕으로 모셔야 한다면 대책이 안 섭니다. 현실적인 대안은 고객과의 최종 접점인 서비스 부문에서라도 다양한 변형을 시도해보는 것입니다. 다양성의 근원인 고객의 요구사항에 충실하기 위해 핵심인 서비스에 변형을 가하되, 변하기 쉽지 않은 기업의 기본은 가급적 지키자는 것입니다.

여기서 경영자와 전략가를 위하여 한 가지 노파심에 언급하고 싶은 것이 있습니다. BPR은 대유행을 했지만 BSRBusiness Service Reengineering이라는 용어는 없습니다. 서비스는 엔지니어링 되기가 어렵기 때문입니다. 기업이 제품을 만드는 과정에서 대전제는 효율화이고, 효율화는 표준화로 달성됩니다. 이것은 명확합니다. 그러나 서비스는 표준화하기가 쉽지 않습니다.

세계 최고의 서비스 기업으로 빼놓을 수 없는 리츠칼튼 호텔은, 당초 종업원의 행동을 목록으로 정하고 매뉴얼까지 만들었습니다. '항상 고객의 짐을 들 것, 호텔 내부의 위치를 안내할 때는 직접 모실 것'처럼 고객 대응을 프로세스로 보고 표준화한 것이죠.

그러나 매뉴얼에서 예측하지 못한 돌발상황이 지속적으로 발생하자 고객 만족도가 대폭 하락하게 되었습니다. 결국 호텔리어 개개인이 유연하게 대응할 것을 주문하였고, 잘 교육받고 임기응변에 능한 그들은 고객 만족도를 원상복귀시켰습니다.

요컨대, 서비스를 디자인할 때 어댑터를 활용하는 것은 유연성을 확보하기 위한 것이지, 섣불리 또 다른 절차를 만들자는 것은 아닙니다. 특별히 서비스를 수행할 때 발생할 수 있는 경우의 수가 충분히 파악된 상태가 아니라면, 서비스 어댑터는 프로세스process보다는 프린시플principle 형태로 제공되는 것이 바람직해 보입니다. 다소 이야기가 깊어지니 이쯤에서 줄이겠습니다.

어댑터로 성공하기,
동일시

　이제 전자제품에 붙이는 작은 장치만이 어댑터가 아니라는 것을 알았을 것입니다. 서비스, 인터페이스, 가상화, 가상기업까지 생각해보면 어댑터는 향후 더더욱 기승(?)을 부릴 것 같습니다. 그렇다면 변형자 어댑터의 성공요인은 무엇일까요?

　대부분의 경우 변형자를 채용하는 것은 변형 대상자입니다. 분사를 하거나 사내벤처를 육성하는 것은 모기업의 선택입니다. 그렇다면 매개자인 어댑터가 변형 대상자에게 선택받고 그 역할을 유지하기 위해서 무엇보다도 먼저 필요한 것은 분명해집니다. 변화 대상자가 대응하고자 하는 변화를 응대하는 능력입니다.

　'애시비Ashby 법칙'이라는 것이 있습니다. '필수다양성의 법칙Law of Requisite Variety'이라고도 하는데, 내용은 이렇습니다. 다양성이 존재하는 외부 환경에 대응하려면, 내부에도 그 이상의 다양성이 구비되어야 한다는 것입니다. '다양성만이 다양성을 이길 수 있다.'는 것이죠. 변형 대상자는 기본을 유지하면서 다양성을 확보하기 위해서 어댑터를 채용하니, 다양성 확보는 변형자가 존재하는 이유입니다.

해외여행자의 필수품이라며 괴상한 모양의 멀티어댑터도 판매됩니다. 그렇지만 대부분의 경우에서 매개자 어댑터가 멀티어댑터처럼 모든 다양성을 확보하기는 어렵습니다. 상황과 변화에 따른 유연성과 순발력으로 대응능력을 높이는 것이 최선입니다.

기업의 조직이라면 가능한 한 작은 조직이어야 합니다. 조직이 커지면 필연적으로 느리고 둔감해집니다. 규모가 커지면 아무리 획기적인 조직 구조로도 어댑터에 요구되는 대응능력을 창출하기는 어렵습니다.

20명이 넘는 조직을 사내벤처라 부르기는 어색합니다. 렉서스나 캠프 모바일은 이미 세상에 등장하여 성공하는 순간 어댑터의 기능을 상실했습니다. 이제는 버젓이 어댑터가 필요한 기업이 되었습니다. 작은 조직은 큰 조직과 달리 민첩하게 세상의 변화에 대응합니다.

아마 '레고Lego'를 모르는 사람은 없을 것입니다. 듀플로Duplo는 레고를 1~5세용으로 크게 제작한 것입니다. 유아들은 자칫 잘못하면 레고 블록을 삼킬 수도 있는데, 듀플로를 가지고 놀게 하면 그런 사고를 예방할 수 있습니다. 그러나 듀플로로 만든 작품은 뻔한 모양입니다. 블록이 크니까 그럴 수밖에 없죠. 디테일하지 않은 것으로는 디테일하게 만들 수가 없는 이치입니다.

뼛속부터 기업가정신으로 충만한 창업가는, 성공한 기업에 안주하지 않고 또 다른 창업을 합니다. 물론 시작은 순발력으로 무장한 작은 조직으로 도전합니다. 큰 조직과 달리 작은 조직은 듀플로 같이 투박하지 않아서, 디테일에서 감탄이 터져 나오는 작품을 순발력 있게 만듭니다.

인터페이스나 서비스에서 어댑터의 역할은 눈에 보이지 않는 기능이 되고 더욱 세밀해집니다. 변형 대상자가 변형자를 통해 대응하고 싶은 사용자나 고객의 요구는 다양합니다. 점점 더 다양해지는 그 요구들에 대응하려면 변형자도 더욱 다양한 옵션을 구비해야 합니다.

인터페이스나 서비스에 관한 한 사용자나 고객이 요구하는 다양성의 수준은 상상을 초월합니다. 그 경우의 수가 쉽게 파악된다면 표준화도 되고 매뉴얼도 만들 수 있겠죠. 하지만 사용자가 제기하는 거의 무한에 가까운 요구사항들을 모두 나열하려 한다거나, 그 하나하나에 대응하는 변형자를 만드는 것은 결과적으로 현명한 방법이 아닙니다. 밑 빠진 독에 물 붓기와 다르지 않습니다.

이 장의 서두에서 우리는 기본과 핵심을 구분했습니다. 그 논리를 응용해서, 텍스트text−컨텍스트context로 분리하여 다양성을 응대하는 방법을 제안해봅니다. 파악된 상황을 뚜렷한 문장으로 보고, 그것을 텍스트라 부르겠습니다. 그리고 불확실성을 포함한 상황변수를 맥락으로 보고, 컨텍스트라 부르겠습니다. 옆 페이지 그림과 함께 나아가겠습니다.

즉, A라는 상황이 발생하면 연이은 상황을 몇 가지 조건이 결정하니

A상황 발생

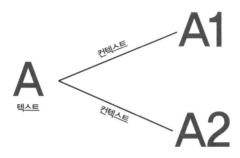

A상황에 연이은 상황을 결정하는 조건이 컨텍스트

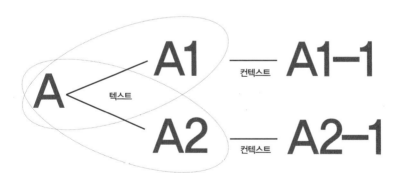

A-A1, A-A2 두 가지 상황은 다시 텍스트가 되고 여기에 연이은 상황을 초래하는 맥락이 새로운 컨텍스트

다양성의 대응

다. 이때 파악된 상황 A는 텍스트이고, 연이은 상황을 결정하는 조건이 컨텍스트입니다. 이후 연이은 두 가지 맥락이 파악되어서 각각 A1, A2라는 상황이 일어났습니다. 그러면 이제 상황은 A, A1, A2로 세 가지가 아니라, A-A1과 A-A2라는 두 가지 상황으로 정의합니다. 이때부터 이미 파악된 상황 A-A1과 A-A2가 텍스트가 되고, 다시 여기에 연이은 상황을 초래하는 맥락이 새로운 컨텍스트가 됩니다. 조금 복잡한가요?

좌우간, 이렇게 컨텍스트를 계속 텍스트로 만드는 것이 변화와 불확실성에 대응하는 방법입니다. 일단 텍스트가 되면 프로세스나 표준화 등으로 관리하기가 가능해지니까요. 여기서 텍스트를 기본으로, 컨텍스트를 핵심으로 보았습니다. 이미 눈치 챘으리라 생각합니다.

얘기가 좀 딱딱해진 것 같습니다. 매개자 어댑터는 상황과 변화에 맞게 변형을 하는 것인데, 그 상황과 변화를 구체적으로 설정하지 않고 개념적으로 설명하다 보니 추상적으로 흘러가는 것 같아 아쉽습니다. 그래도 곰곰이 생각해볼 만한 여지는 남긴 것 같습니다.

상황과 변화에 대한 대응능력이 어댑터의 첫 번째 성공요인인 것은 확실합니다. 그럴듯한 연상으로 농구선수의 피벗pivot 플레이가 딱 맞을 듯합니다. 한 발을 축으로 회전하며 공을 패스할 사람을 찾습니다. 떼지 못하는 한 발은 기본으로, 상대선수에 대응하기 위해 부지런히 움직이는 나머지 한 발은 핵심에 따라 변형하는 어댑터의 모습이라 여겨집니다.

어댑터로 성공하기 위한 두 번째 요인은 변형자를 채용하는 변형 대상자의 관점이 아니라, 변형 대상자가 대응하고자 하는 변화 주체의 관점에서 비롯됩니다. 전자제품이라면 전기를 공급하는 콘센트의 관점이고, 기업이라면 당연히 대가를 지불하는 고객의 관점이겠죠.

고객이 어떻게 어댑터를 보느냐의 문제인데, 사실 변형자로서 충실하게 그 역할을 수행하고 있을 때 고객은 어댑터를 어댑터로만 보지 않습니다. 우리는 맥도날드 신촌점을 맥도날드 한국법인과 다르게 보지 않고, 맥도날드 개별 매장은 한국법인과 본사를 동일시합니다.

투자시장은 사내벤처가 어느 기업의 사내에 있는지를 우선적으로 살펴봅니다. 렉서스도 진입초기에는 "도요타가 만들면 다릅니다." 하는 식으로 어필했습니다. 그러다 렉서스가 좋은 반응을 얻고 있음을 확인한 후에는 즉시 도요타라는 꼬리표를 없애버립니다. 이미 그 단계에서 렉서스는 도요타의 변형자 임무를 성공적으로 마치고, 그냥 렉서스로 혼자 우뚝 선 것입니다. 인터페이스는 컴퓨터와 동일시되고, 리츠 칼튼 호텔리어의 서비스는 리츠 칼튼의 서비스입니다.

고객이 보는 시각에서, 변형자는 변형자를 채택한 변형 대상자와 동일시되어야 합니다. 비록 또 다른 기업이거나 곧 떨어져나갈 조직이더라도, 심지어 실패가 두려워서 실험적으로 만들어진 어댑터라고 할지라도, 그 당시에는 고객이 그러한 사실을 알게 하면 안 됩니다. 속사정은 다르더라도 말입니다. 매개 비즈니스에서는 매개 대상자의 존재가 우선이고, 그들의 관계에 매개자의 존재 이유가 있습니다. 고객과의 관계를 위해 기업은 변형자를 채용하고, 변형자는 마치 그 기업과 한 몸인 것처럼 행동해야 합니다. 간혹 여우가 되어 호랑이인 기업의 위세를 빌려야 하는

속 다른 어댑터

호가호위狐假虎威도 필요합니다. 변형자가 유착해야 하는 것은 기업이지만 그렇게 인정해주는 것은 고객의 몫이니, 고객에게는 속 다른 매개자가 되어야 한다는 것입니다.

어떤 사람을 사랑할 때는 그 사람 자체가 사랑입니다. 톨스토이는 사람의 본질이 사랑이라고 했습니다만, 사랑을 하면 사랑이 넘쳐나 사랑의 대상에게 투영되어 내 사람이 내 사랑이 됩니다. 그 시절, 그 상황, 그 마음으로, 그 사람을 사랑하지만, 시절과 상황과 마음이 바뀌면 사랑의 대상도 바뀝니다. 사람을 만나 호감을 느끼면, 대뇌에서 '도파민dopamine', '페닐에틸아민phenylethylamine', 그리고 '엔도르핀endorphin'이 차례로 분비됩니다. 이 호르몬에 대한 항체가 생겨 더 이상의 효과가 없어질 때까지 약 3년이 걸린다고 하지 않나요? 사랑의 유효기간이 있다는 주장 말입니다.

사랑을 생리학적인 현상으로 보는 것은 건조합니다만, 사랑의 실체와 사랑의 대상 사이에는 어쩔 수 없이 일정한 거리가 있습니다. '사랑은 움직이는 것'이어서 이 사람의 모습으로 혹은 저 사람의 모습으로 변형되기도 합니다. 그렇지만, 가장 지고지순한 형태의 사랑은 그 사람 자체가 온전한 사랑으로 동일시되는 것입니다.

어댑터의 성공요인은, 변형 대상자와 일체화되어 보이게 하는 '동일시'입니다. 정신분석학이나 심지어 문학, 영화와 같은 예술 장르에도 동일시에 대한 이론과 응용이 있습니다. 매개자와 매개 비즈니스에 써먹을 수 있는 내용이 적지 않습니다만, 더 나아가지는 않겠습니다. 차라리 정말 속이 확연히 다른 변형자 한 가지 얘기하고 마무리하겠습니다.

근자에 한국에서는 만화가 원작인 《미생》이 붐이었습니다. 1990년대에 일본에서는 장편만화 이와아키 히토시岩明均의 《기생수》가 1,000만 부 이상 팔렸습니다. 만화가 이현세의 추천리스트에도 있어서 저도 구입하여 재미있게 보았는데, 최근 애니메이션으로 등장하더니 영화까지 개봉했네요. 신비로운 외계인이 인간에게 기생하고, 상황에 맞게 모습을 맘껏 변형합니다. 인간을 잡아먹는 기생 외계인이 인간 사회에서 생존하기 위해 인간과 동일해져야 하는 설정이 독특합니다. 독특한 재미가 있으니, 한번 보세요.

속 다른 매개자 어댑터는 속사정이 있어도 겉으로는 내색하지 않습니다. 다음 장에는 정반대의 매개자가 나옵니다. 분명 한통속인데도 겉은 다른 척하는, 겉 다른 매개자입니다.

7

이중성으로
책임 없는
권력을 거머쥐다

AGENT

겉 다른 매개자 — 에이전트

투명과
은밀 사이

《대망》이라는 책이 유행했던 적이 있습니다. 원제는 《도쿠가와 이에야스》이고 저자는 야마오카 소하치山岡莊八입니다. 전국시대를 평정하고 에도 막부 정권을 연 도쿠가와 이에야스를 300년 동안 일본의 평화를 가져온 영웅으로 묘사하고 있습니다. 원래는 12권인데, 다른 저자들의 책도 합본되어 36권짜리 전집으로 나왔습니다. 이 전집이 책장에 쭉 진열되면 나름의 압도감이 있었습니다. 저도 책 욕심에 그리고 과시 욕심에 전집을 구입한 후 몇 번이나 시도했지만, 결국 다 읽지 못하고 거금을 들인 것을 후회했던 기억이 있습니다.

그 책에는 도쿠가와 이에야스를 포함한 일본 전국시대 3대 영웅이 등장합니다. 이 세 사람은 아주 판이한 성격의 소유자들입니다. 정작 그 책에 나온 이야기는 아닙니다만, 이런 비유가 있습니다. 성격이 호탕하고 화끈한 오다 노부나가가 '두견새가 울지 않으면 죽여라.'라면, 임진왜란의 원흉인 도요토미 히데요시는 '두견새가 울지 않으면 울게 하라.'랍니다.

한편 도쿠가와 이에야스는 '두견새가 울지 않으면 울 때까지 기다려라.'입니다. 이로서 이 비유의 승자는 도쿠가와 이에야스가 됩니다. 그는 때를 기다리고 기다려 마침내 승자가 되었지만, '살쾡이 영감'이라는 별명이 있을 정도로 처세가 음흉한 것으로도 유명합니다. 저는 오히려 솔직담백한 오다 노부나가에게 인간적인 매력을 느낍니다.

자기 속내를 곧잘 보여주고 때론 약점도 드러내는 사람, 대체로 사람들은 그런 사람을 좋아합니다. 그에게는 나의 부족한 모습을 조금은 보여줘도 괜찮겠다는 생각 때문이 아닌가 싶습니다. 반대로 속에 무슨 생각이 들어 있는지 당최 알 수 없는 사람이 있습니다. 이런 사람과 만나면 거리감이 생깁니다. 비슷한 예로, 술을 좋아하는 사람이 술을 안 마시는 사람과 같이 술자리에 있으면 괜스레 외로움을 느끼는 것도 같은 이치인 것 같습니다. 있는 그대로를 보여주는 사람, 그대로 보이는 사람은 투명한 사람입니다. 겉과 속이 다른 사람과는 비교할 수 없습니다.

그렇지만 이런 사람은 어떤가요? 본인의 감정에 충실하고 이를 여과 없이 표현하는 사람, 그렇게 솔직한 것만으로도 상대와 상황에 떳떳한 사람은 어떤가요? 남을 껄끄럽게 하고 간혹 남에게 상처주기도 하면서 자신의 투명함만을 내세운다면 무조건 매력적이지는 않을 겁니다.

전쟁 영웅은 아니지만 일본 극우주의자들의 문필가 영웅이 있습니다. 미시마 유키오의 《가면의 고백》은 자전적인 이야기가 담긴 성장소설입니다. 가면이 고백한다니 '작은 거인'처럼 어울리지 않는 단어들의 어색한 만남입니다. 그 소설의 주인공은 전쟁의 혼란을 몸으로 겪은 소년입니다. 잔인함, 사악함, 질투와 욕망, 그리고 동성애까지도 있는 그대로 고백합니다. 그것도 감각적인 문장과 묘사로 말입니다. 어떠한 미화나 위선도 없이 써내려간 이 소설이, 사실 읽는 내내 불편했습니다.

《가면의 고백》은 자기애에 관한 소설이기도 합니다. 후에 미시마 유키오는 더욱 증폭된 자기애로 급진적인 민족주의자가 되고, 급기야는 자위대의 각성과 궐기를 촉구하는 연설을 한 뒤 할복자살합니다. 이러한 배경지식과 중첩되어서 그런지, 미시마 유키오의 투명함이 부담스러웠습니다.

언제부터인가 투명성 혹은 투명해야 한다는 것이 중요한 가치가 되었습니다. 심지어 요즘 사회에서는 투명성이 일종의 절대선善이 된 것 같습니다. 물론 투명한 사회는 좋은 점이 많습니다. 원인과 이유가 무엇인지도 알 수 있고, 피해자와 수혜자가 누구인지도 알 수 있습니다. 그리고 누가 누구와 얼마나 주고받았는지도 알게 됩니다. 사람들은 이런 믿음을 가지고 있습니다. 이해관계자들의 이해관계가 이렇게 투명해진다면, 결국 공정한 사회가 될 거라는 믿음 말입니다.

그렇다면 투명의 반대말이 부패인가요? 우리 현대사에 군사독재와 정경유착의 그림자가 짙게 드리워져 있다손 치더라도, 우리가 바라는 투명사회가 갖는 투명의 의미는 제한적으로 생각할 필요가 있습니다. 투명성은 하나의 특성이지 그 자체가 절대적인 가치는 아닙니다.

한병철 베를린 예술대 교수는 더 나아가 저서 《투명사회》에서 투명성에 대해 비판합니다. 그가 몸담고 있는 독일 사회가 유독 투명성에 집착하는 실정임을 감안하여 더욱 날카롭다는 평가를 받고 있습니다. 사람들은 투명성이 더 많은 정보와 효율성, 그리고 더 많은 자유와 민주주의를 가져올 것이라고 기대합니다만, 한병철 교수의 생각은 다릅니다.

투명성을 부패라든가 정보의 자유 같은 관점에서만 바라보면, 그것의 무시무시한 영향력을 제대로 파악할 수 없다고 말합니다. 투명성이야말로 모든 사회적 과정을 장악해 근원적인 변화로 끌어들이는 '시스템적 강제력'이라는 것이죠. 우리는 투명성을 좋아하고 매사에 투명해져야 한다고 강조합니다. 투명해야만 모든 것이 조작 가능해지고, 신속해질 것 같으니까요. 그는 말합니다. 시스템이 강제하는 투명사회는 획일적인 사회가 된다고. 심지어 '투명사회는 전체주의적인 특성이 있다.'고까지 주장합니다. 획일화를 표현하는 새 단어가 바로 '투명성'이라고 하네요.

사회에는 나와 남이 있습니다. 만약 투명해지기를 바란다면, 그 대상은 남이지 나는 아닐 것입니다. 사람들은 공공의 선과 정의를 위해 투명성을 요구합니다. 알 권리도 주장하죠. 하지만 나라는 개인의 사적인 부분까지 투명해져야 한다는 책임은 감수하지 않습니다.

정부나 대기업의 비윤리적 행위를 고발하고 관련 비밀문서를 폭로하는 위키리크스wikileaks.org가 한때 화제였습니다. 위키리크스의 편집장 줄리안 어샌지Julian Assange는 "약자에게 프라이버시를, 강자에게 트랜스패런시transparency, 투명성를!"이라고 외칩니다. 어쨌든 투명성의 가치는 절대적이 아니며 명백히 상대적입니다.

이쯤에서 은밀한 것도 생각해보겠습니다. 은밀隱密은, 사전적으로 '숨어 있어서 겉으로 드러나지 아니함'을 의미합니다. 은밀과 비슷한 느낌의 단어를 주변에 물어보니 은폐, 은닉, 그리고 역시 부정, 부패까지 나오더군요. 은폐가 '덮어 감추거나 가리어 숨김'이고, 은닉은 '남의 물건이나 범죄인을 감춤'입니다. 은밀은 겉으로 드러나지 않은 상태인데 반해, 은폐는 숨기려는 의도가 더해진 행위이고, 은닉은 한술 더 떠 숨기려는 대상이 떳떳하지 않습니다.

그런데 영어에서는 다른 양상입니다. 은밀의 형용사 표현에 해당하는 'secret'에는 비결, 비법, 그리고 신비함, 또 'confidential'에는 신뢰, 신임의 의미까지 있습니다. 아마도 내향적인 전통 유교 문화에서 외향적인 현대 문화로 바뀌는 과도기에, 숨어 있어 드러나지 않는 것에 대한 부정적 인식이 생겨난 것 같습니다. 검색해보니 은밀에 대해 그나마 긍정적으로 표현한 것은, 얼마 전 영화로도 만들어진 최종훈의 베스트 웹툰《은밀하게 위대하게》밖에 없더군요.

지금까지의 논조는 분명히 투명을 비판하고 은밀을 옹호하고 있습니다. 투명에 대한 지나친 흰색 평가와 은밀에 대한 과도한 흑색 평가가 있다는 얘기이지, 결코 은밀이 더 좋다는 것은 아닙니다. 필요할 때 투명해야 하고 적절할 때 은밀해야 함은 당연합니다. 때에 따라 달라야 하니 앞의 매개자 모빌라이저에서 강조한 중용의 관점이 떠오릅니다. 투명과 은밀 사이라고 해서 어정쩡한 중간 지점을 말하는 것은 아닙니다.

투명이 곧 공정과 정의가 되는 흐름을 탄 사회에서, 이미 개개인은 피로를 느끼고 있습니다. 개인의 신상과 행위, 자금과 거래가 프라이버시와 트랜스패런시 사이에서 방황하고 있습니다. 한병철 교수는 우리는 개성이 분해되고 정보화되어 발가벗겨진 '유리인간'이 된다고 하고, 니콜라스 카Nicholas Carr는 우리가 살아가는 세상을 심지어 '유리감옥'이라고 지적합니다. 오랜 연극 레퍼토리인 《관객모독》의 작가 페터 한트케는 "다른 사람들이 나에 대해 알지 못하는 것, 나는 그것으로 살아간다."고 하는데, 은밀한 것이 없어지니 살아가기가 힘들어집니다.

기업도 매한가지입니다. 아니, 더 심했으면 심했지 사정이 다르지 않습니다. 사업에는 비결과 비법도 있을 것이고, 기업은 고객의 신뢰와 신임을 받기 위해서 어떤 것들은 '말하지 않는 게 더 나은Somethings are better left unsaid' 경우도 있습니다. 물론 비리나 부패는 제외하고 말입니다. 투명하면서도 은밀하게 숨을 필요가 있습니다. 은밀하지만 투명해야 할 때는 나서야 합니다. 여기에 매개와 매개자의 역할이 있습니다. 아무리 유리사회라 하더라도 유리인간이나 유리기업이 되고 싶지는 않겠지요. 그래서 이를 도와줄 매개자는 더욱 입지가 굳어질 것입니다.

투명하기도 하고 은밀하기도 한 것이 삶과 사업의 묘미라고 한다면 너무 이중적인가요? 그렇다면 이번 장의 매개자를 소개하기 전에 이중성에 대한 변명부터 하겠습니다.

이중성을 위한
변명

　명색이 지식인이라 장 폴 사르트르의 《지식인을 위한 변명》을 열심히 읽은 적이 있습니다. 역사적으로 지식인은 독립적인 사회적, 경제적 권력을 지니지 못해 왕권이나 부르주아의 비호 아래 그 뜻을 펼쳐왔습니다. 또한 기존의 지식과 문화를 보존하고 전수하는 입장을 가진 지식인은 본질적으로 보수주의자입니다.

　그러나 진리와 진실을 위해서는 서민과 프롤레타리아 편에 서야 하는 책무가 있으므로, 지식인은 이중적인 신분을 가질 수밖에 없다는 것이 사르트르의 주장입니다. 이중성이 있다는 것입니다. 사르트르가 변명한 것은 아마도 지식인이 아니라 지식인의 이중성이겠죠.

　약하기도 하고 강하기도 한 묘한 입장의 지식인이 아니더라도, 사회의 구성원으로서 이중성은 보편적입니다. 나에 대한 기준과 남에 대한 기준이 다르고, 나쁜 것은 님비NIMBY, Not In My Back Yard이고 좋은 것은 핌피PIMFY, Please In My Front Yard입니다.

오죽하면 "내 일에는 보수, 남 일에는 진보"라고 하고, "남이 하면 불륜, 내가 하면 로맨스"라는 말도 있을까요. 우스갯소리이긴 하지만 여기에서 자유로운 사람은 정말 흔치 않을 것입니다.

인간 본연의 심성 중에 이중성을 배제하기는 어렵습니다. 표리부동表裏不同, 이율배반二律背反처럼 극단적이거나 야누스와 같은 양면적인 모습은 아니며, 단지 실존하는 인간의 구조적인 본성을 지칭하는 것입니다.

정신분석학에 있어서 프로이트에 견줄 만한 업적을 이룬 카를 구스타프 융은, 페르소나persona 개념을 이야기합니다. 페르소나는 원래 고대 그리스의 무대에서 배역들이 썼던 가면을 말하는데, 융은 자아가 다른 사람에게 투사된 성격, 즉 남에게 보이기 원하는 모습을 나타내는 것을 페르소나라고 칭했습니다. 한 인간의 가장 외면에 나타난 인격으로서, 이러한 사회적 자아가 있기에 우리는 사회적 관계와 요구에 응하고 적응할 수 있다고 합니다. 그러나 사회적 자아와 내적 자아 사이에는 엄연한 간격이 있을 테고, 이는 다름 아닌 이중성입니다.

블로그에 생각을, 페이스북에 느낌을, 인스타그램에 모습을 올리고 꾸밉니다. 그 모두가 자신의 있는 그대로라고 누가 얘기할 수 있을까요? 심지어 자기만 보는 일기에도 민낯을 드러내기가 어렵다고들 합니다. 주름진 얼굴을 가리기 위해 화장을 하고, 어여쁘게 보이기 위해 립스틱을 짙게 바르며, 숨겨진 속살을 가리기 위해 몸매가 드러나지 않는 옷을 입습니다. 보이는 모습과 실제 모습이 다르다고 이중적이라고 할 수는 없습니다. 그저 남들과 살아가며 남의 눈으로 존재를 확인하는 인간의 속성일 뿐입니다. 그 눈속임을 꼭 속임이라고 하기는 어렵습니다.

인터넷 실명제는 표현에 대한 책임과 표현할 자유 사이에 멍하니 서 있습니다. '익명'이 가면인지 페르소나인지는 몰라도 이중적인 모양새인 것은 확실합니다. 찾아내자고 하면 익명은 익명이 아니지만, 마치 선글라스를 끼고 사람들 앞에 서면 가볍게나마 해방감을 느끼는 것과 비슷한 느낌입니다. 마치 나는 남을 보지만 남은 나를 못 보는 기분이랄까요.

결국 실체와는 상관없이, 보여주고 싶은 것은 노출하고, 보여주고 싶지 않은 것은 은폐하기를 원합니다. 어쩔 수 없는 이러한 이중성 때문에 사람들은 시간과 장소와 상대방에 따라 투명해질지 은밀해질지를 달리 취합니다.

지금까지 인간이라면 누구도 피할 수 없는 이중성에 대한 변명을 이야기했습니다. 그렇다면 이제는 피할 수 없는 것이 아니라 매우 의도적인 이중성에 대해 얘기해보려 합니다. 그렇지만 이 이중성도 무조건 비난하기는 어렵습니다.

'노이즈 마케팅'을 아나요? 그 예는 주변에서 무척 쉽게 찾아볼 수 있습니다. 대중의 관심을 먹고사는 연예인이나 정치인은 간혹 노이즈 마케팅을 마다하지 않습니다. 안 좋은 내용이라도 인구에 회자되어 대중의 기억에 남고자 발버둥 칩니다. 일부러 구설이나 가십거리를 만들어 대중의 이목을 집중시키고 인지도를 높이려 합니다.

이왕 일본 얘기가 많이 나오고 있으니 일본 기업의 이중적인 마케팅 사례를 덧붙이겠습니다. 판매부진으로 경영난에 봉착한 카레회사 S&B의 사장은 "후지산 정상에 헬리콥터로 카레가루를 뿌려 색깔을 바꿔놓겠습니다."라는 폭탄발언을 합니다.

만년설로 유명한 후지산이 노랗게 더럽혀질 것을 우려한 일본인들은 큰 충격을 받았고, 여론과 시민단체는 연일 S&B를 성토했습니다. 이에 S&B가 "국민의 뜻을 따르겠다."며 태도를 바꿉니다. 적지 않은 기간 동안 S&B의 카레는 이슈였고, S&B는 엄청난 광고효과를 챙겼습니다. 물론 카레 살포계획은 애초에 없었고요. 일반 대중을 현혹시키는 이중성을 바람직하다고 할 수 없지만, 결과 중심의 비즈니스 세계에서는 비난의 강도가 완화됩니다.

만일 경쟁에서 승리해야 한다면 대상을 현혹시키는 이중성은 하나의 전략입니다. 바둑에서는 두고 싶은 곳의 반대쪽부터 포석하라는 말도 있고, 전쟁에서는 동쪽에서 소리 지르고 서쪽으로 공격하라는 성동격서聲東擊西라는 전략도 있습니다.

의도하는 효과를 극대화하는 데도 이중성은 빛을 발합니다. 노이즈 마케팅과는 또 다른 선상에 있는 이중성으로 공익광고가 있습니다. 공익광고에는 예외 없이 잔잔한 음악과 진중한 성우의 목소리가 흐르며, 착한 영상과 거룩한 메시지가 나옵니다. 공익광고를 제공한 기업은 광고의 마지막 부분에 부끄러운 듯 자신을 조금 드러내며, 이 광고는 기업의 이익과 아무런 관련이 없음을 웅변합니다. 관련이 없는 정도가 아니라 심지어 담배회사가 담배의 해악을 설명하기도 합니다.

왜일까요? 공익광고는 대부분 TV나 일간지 같은 대규모 대중매체에 등장합니다. 그런 곳은 광고비용이 결코 만만치 않은데도 말입니다. 사심이 없는 것처럼 보이게 하는 사심입니다. 소비자와 그 소비자가 속한 사회가 우선이라는 인상을 줌으로써 결국은 기업과 기업의 제품이 착하다고 홍보하는 것입니다. 사실 그런 것쯤은 소비자도 다 압니다. 하지만 우리가 이 명백한 이중성을 잘 알고 있다고 해도, 그래서 그 뒤에 숨은 사심을 비판한다고 해도, 그 광고는 우리의 지각과 인식에 흔적을 남깁니다.

'알레고리allegory'라는 것도 있습니다. 알레고리 역시 그리스어입니다. 어원의 의미는 '다르게 말하다.'인데, 나타내고자 하는 바를 그대로 나타내지 않고 다른 것에 빗대어 표현하는 방식을 일컫습니다. 고대로부터 주로 문학이나 미술작품에 많이 활용되었습니다. 예를 들어, '이솝 우화'에 나오는 여러 동물이야기는 사실 이면에 자리 잡은 인간에 대한 교훈을 알려주는 알레고리입니다.

표면적 내용과 이면적 내용의 이중성을 지닌 알레고리는 '상징symbol'과는 구분되어야 한다고 합니다. '십자가' 하면 '예수'나 '구원', '백의민족' 하면 '한국'이나 '한국인'처럼, 상징은 나타내고자 하는 바를 직접적이고 고정적으로 연상하게 합니다.

반면, 알레고리는 숨겨진 의미를 찾아가는 과정에서 더 깊은 이해와 고찰을 유도하기 위한 것입니다. 이중성으로 작자의 의도를 극대화시켜 전달하겠다는 것입니다.

알레고리가 예술작품에 그러하듯이, 이중성의 변명에 이미 등장한 페르소나는 영화의 단골 메뉴입니다. 특히 작가주의 감독은, 영화의 작가로서 자신의 영화세계를 대변해주는 특정 영화배우와 오랫동안 호흡을 맞추곤 합니다.

이탈리아 시칠리아 섬에서 이주한 부모와 뉴욕에서 생활한 마틴 스콜세지는 뉴욕을 무대로 소외된 사람들의 삶을 집요하게 탐구해온 영화감독입니다. '택시 드라이버'나 '좋은 친구들' 등의 영화에서 배우 로버트 드니로는 뒷골목의 이탈리아계 미국인으로 연결되는 스콜세지의 페르소나입니다. 팀 버튼 감독에게는 조니 뎁, 오우삼 감독에게는 주윤발, 김기덕 감독에게는 조재현, 봉준호 감독에게는 송강호가 그런 관계라고 합니다.

영화감독 이야기에 빠지면 안 되는 사람이 바로 알프레드 히치콕 아닐까요? 소위 명작이라는 영화를 본 후 해설을 보기 위해 꼭 펼치는 책이 있습니다. 바로《죽기 전에 꼭 봐야 할 영화 1001》입니다. 이 책의 한국어판 표지에는 자넷 리가 비명 지르는 얼굴이 있습니다.

그 유명한 '사이코'의 샤워실 살인 장면인데, 스토리의 발단인 돈뭉치가 샤워 장면 전후로 클로즈업됩니다. 그렇지만 그 후 돈뭉치는 본격적인 극 전개에 아무런 구실을 하지 않습니다. 관객들은 영화가 끝난 후에 그 사실을 깨닫게 됩니다. 히치콕이 던진 일종의 미끼이자 속임수입니다. 관객의 관심에 이중적인 흐름을 유도하여 긴장감과 극적인 효과를 만들어내는 것으로, 이러한 장치를 '맥거핀macguffin'이라 부릅니다. 이처럼 이중성은 인간의 구조적 성향에서부터 기업의 비즈니스 전략과 예술작품, 영화의 극적 효과까지 정말 여기저기에 산재하고 있습니다.

유리사회에서 유리인간으로 살아갈 수는 없습니다. 정작 투명인간은 남에게는 보이지 않습니다. 투명하기도 해야 하고 은밀하기도 해야 하는, 그래서 이중적으로 살아가야 하는 복잡한 세상입니다. 나와 남 사이, 기업과 고객 사이에서, 이를 도와줄 매개자가 필요합니다. 그 매개자가 바로 에이전트입니다.

의뢰인의 이중성을
폼 나게 완성하라

에이전트는 대행자입니다. 대신 업무를 수행해주니 대리인이라고도 부릅니다. 일반적으로 '전문적인 능력으로 의뢰인에게 의뢰받은 업무를 독자적으로 수행하는 권한이 부여된 자'로 정의할 수 있습니다.

이 정의에서 먼저 눈에 띄는 것은 '전문적인 능력'입니다. 의뢰인이 갖지 못한 능력으로 의뢰받은 업무를 대행합니다. 쉬운 예로, 근사한 결혼과 파티를 위해 웨딩 플래너와 파티 플래너를 고용합니다. 연예인은 복잡한 계약이나 번잡스러운 출연료 문제를 대신해주는, 말 그대로 에이전트에 의지합니다.

기업도 대규모 행사를 치를 때 이벤트 업체에 외주하고, 기술적인 전산 부문을 아예 통째로 위탁하여 운영합니다. 전문성으로 무장한 아웃소싱 업체는 분명히 의뢰인을 대신해서 세상을 대응해주는 매개자 에이전트입니다.

그런데, 여기서 전문성이라는 것이 무엇일까요? 이 점을 짚고 넘어가고 싶습니다. 전문성을 지닌 전문가로 대표적인 사람은 '박사'일 것입니다. 박사는 적지 않은 기간 동안 학위논문으로 일견되는 좁은 분야에 대해 전문적인 지식을 가진 사람입니다.

전문성이라는 것은 '특정 좁은 분야의 깊은 지식'입니다. 그러니까 집에서 고장 난 가전제품을 못 고친다고 해서 "공학박사 맞느냐?"고 물어보면 안 됩니다. 그래서 전문성에 따라붙는 단어가 분야, 즉 도메인domain입니다. 바로 그 도메인에서 보통 수준 이상의 지식과 능력을 갖추는 것이 바로 전문성입니다.

전문 분야 얘기가 나온 김에, 전문성을 평가하는 잣대를 소개하고자 합니다. 내가 가진 전문성이 얼마나 경쟁력을 가지고 있는지 평가하는 방법으로, '3R 모델'을 만들었습니다. 3R은 자원Resource, 관계Relation, 관리Reinforcement입니다.

자원은 무엇일까요? 기업이라면 인적자원, 기술력, 자본 등이고, 개인이라면 학력이나 자격증으로 측정되는 지적 수준이나 스킬 등이 되겠죠. 자원은 평가 대상자 스스로에 내재하는 능력이니 어찌 보면 전문성을 판단하는 상식적인 잣대입니다.

관계에 주목하여 평가하는 것은, 비교적 근자에 강조되는 관점입니다. 이것은 하버드 경영대학원 교수인 마이클 포터Michael Porter에 힘입은 바

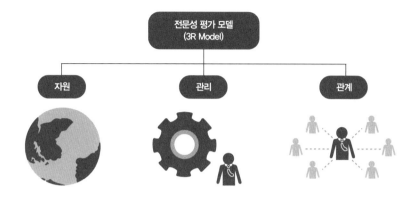

전문성 평가 3R 모델

가 큽니다. 아시다시피, 경쟁력이나 경쟁우위 하면 떠오르는 석학이 바로 마이클 포터 교수입니다. 보통 경영학은 기업 내부자원의 생산성에 집중하는 경향이 있는데, 경제학 박사학위를 받은 포터는 산업경제의 거시적 역학관계에 주목합니다. 외부의 이해 관계자와 어떻게 관계를 설정하느냐가 기업의 경쟁력으로 직결된다는 관점이죠. 이 관점은 디지털 경제와 매개 비즈니스와도 잘 맞아 떨어집니다.

3R 모델의 특징은 자원과 관계의 중요성만큼 관리를 강조한다는 것입니다. 관리를 '강화', '보강'을 뜻하는 'reinforcement'라는 단어로 썼습니다. 그 이유는 관리에 경험을 통한 강화의 의미를 부여하고자 해서입니다. 자원이나 관계는 지속적인 강화가 필요한데, 정작 그들을 평가하는 방식은 단속적입니다. 이를테면 기업의 전문인력을 평가할 때, 자원에서

는 전문인력의 수나 그들이 보유한 자격증을 보고, 관계에서는 활용 가능한 외부 전문인력 중심으로 봅니다. 반면 전문인력의 교육훈련이나 그들이 실제 투입되어 축적한 경력에 초점을 맞춘 것이 관리입니다. 전문가는 체계적인 훈련으로 양성되고, 전문성은 오랜 경험으로 획득됨을 감안하면 쉽게 수긍하리라 생각합니다. 자신이 가진 전문성이나 경쟁력을 분석하고 평가할 때 3R 모델을 많이 활용하기를 바랍니다.

에이전트의 일반적 요건 중 전문성이 들어 있어 조금 자세히 알아보았습니다. 그러나 의뢰인이 대행자를 고용하는 이유가 반드시 에이전트의 전문성에 의지하기 위해서만은 아닙니다. 좀 섬뜩하지만 킬러도 에이전트 아닙니까? 총과 칼이 난무하던 시절에는 빼어난 총잡이와 칼잡이를 고용해 자기보다 강한 상대를 쓰러뜨렸습니다. 하지만 오늘날 현실의 살인청부업자는 제임스 본드처럼 멋있지도 않고, 출중한 무공의 소유자가 아닌 경우가 대부분입니다. 그저 대행자일 뿐입니다. 의뢰인 입장에서는 자기 칼에 더러운 피를 묻히지 않고 뒤에 숨어서 처치하고 싶습니다.

그런데 정반대로 사람을 살리는 경우도 있습니다. 고집스럽게 숨어서 하는 기부하는 사람들 말입니다. 오른손이 하는 일을 왼손도 모르게 하는 이름 없는 천사들입니다. 왜 좋은 일을 숨어서 할까요? 기부의 심리학에서는 이렇게 설명합니다. 누군가를 돕겠다는 내적동기가, 자신이 알려져서 칭찬받겠다는 외적동기에 의해 상쇄되는 것을 꺼리기 때문이라고 말입니다.

살인청부자나 기부천사는 모두 대행자 에이전트 뒤에서 본인의 존재를 아예 숨기고 싶어 합니다. 비록 존재 자체를 숨겨주지는 않더라도, 연예인이나 스포츠맨의 에이전트는 스타의 본 모습이나 의도를 숨겨주는 역할을 합니다. 스타는 대중에게 아름답고 폼 나게 보여야 하면서도, 계약을 할 때는 한 푼이라도 더 받아내야 하고, 본업과 관련 없는 재테크에도 열심이어야 하니까요.

일반인과 전혀 다를 것 없는 속내와 속살을 가지고 있어도 스타로서 아우라를 풍겨야 하니, 신비감을 떨어뜨리는 일상의 업무를 대신해줄 누군가가 절실할 수밖에 없습니다. 에이전트나 매니저는 스타와 기업, 그리고 궁극적으로 스타와 대중 사이의 매개자입니다.

숨고 싶은 것은 비단 스타만이 아닙니다. 욱하는 감정을 참지 못하고 격한 글을 올리고 과한 말을 남깁니다. 헤어진 연인과의 행복했던 순간이 사진과 동영상으로 어딘가에 떠 있습니다. 다 잊고 모두 지우고 싶은데, 도대체 어디어디에 똬리를 틀고 있는지 모릅니다. 이젠 숨기고 숨고 싶은데요. 버락 오바마 미국 대통령은 SNS에 과도한 개인정보를 올리는 것이 나중에 인생의 커다란 걸림돌이 될 수 있다고 청소년들에게 경고한 바 있습니다. 인터넷에서 자신의 행적을 지우려면 리무브유어네임removeyourname.com이나 레퓨테이션닷컴reputation.com에 의뢰하면 됩니다. 현대인은 이러한 디지털 평판관리를 동원해서라도 숨으려 합니다.

위스퍼Whisper라는 앱은 아예 익명의 SNS이고, 취객 전용 SNS인 리버

Livr는 '모든 대화 기록은 삭제되라고 있는 것'이 전제입니다. 리버를 표현하는 문구는 '당신 주머니 속의 파티A Party In Your Pocket', '오직 취한 사람들을 위한 소셜 네트워크A Social Network Only For Drunk People'입니다. 일단, 스마트폰에 부착된 소형 음주측정기를 통해 혈중 알코올 농도가 일정 수치 이상이 되어야 로그인이 됩니다. 술 취한 사람들끼리 맘껏 떠들다가 블랙아웃blackout 버튼 하나로 리셋합니다. 마치 전날 광란의 파티 기억을 지우고 쿨하게 일상으로 돌아가는 것과 같습니다.

하여튼 더 많은 사람들이 숨고 싶고 은밀해지고 싶을수록, 에이전트 혹은 변종 에이전트를 더 많이 찾게 될 것입니다. 다시 에이전트의 상투적인 정의로 돌아가서, '전문적인 능력' 다음으로 와 닿는 것은 '독자적인 수행'입니다. 의뢰인은 일단 일을 맡겼으니 빠지고, 대행하는 매개자는 독자적인 판단으로 그 일을 수행합니다. 하지만 그것도 삐딱하게 볼 여지가 있습니다.

CEO는 기업의 골치 아픈 현안을 해결하기 위해 아웃소싱으로 컨설팅을 받습니다. 구조조정이나 인사고과에 대해 직원들이 예민하게 반응하면 CEO는 전문가의 컨설팅 결과라고 발뺌합니다. 어떤 일은 영업대표나 운영책임COO, Chief Operation Officer 소관업무라고 말하고, 일정관리는 비서가 다 알아서 한다고 합니다. 그러나 다 핑계입니다.

후원을 요청하면 글로벌 업체는 본사의 방침이라며 거절하고, 돈을 빌려달라고 부탁하면 친구는 '집사람 허락 없이는 안 된다.'고 말합니다. 사실 기부하거나 빌려줄 마음이 있었으면 충분히 할 수 있는데도 말입니다.

　대행자는 독자적인 수행을 위임받은 모양새로 의뢰인의 방패막이가 되어줍니다. 독자적이라고 하니 겉보기에는 따로따로이지만 들여다보면 한통속입니다. 의뢰인은 '겉 다른 매개자'로 대행자를 고용해 피하고 싶은 것은 피하려 합니다. 투명해 보이면서도 사실은 은밀하고, 은밀한 것 같아도 사실은 투명한, 그러한 이중성을 위하여 에이전트가 필요한 것입니다. 에이전트로 의뢰인의 이중성이 완성되는 것이죠.

　그러고 보니 앞서 변명한 이중성과는 사뭇 다른 양상입니다. 인간의 본성 자체도 아니고, 효과를 극대화하기 위한 방편도 아닙니다. 편의를 위한 이중성이니 인간사회에서 가장 흔하게 나타나는 이중성 같습니다. 이 이중성에 대해서는 그냥 흔하다는 것으로 변명을 갈음하겠습니다.

　이중성과 에이전트의 용도에 급기야 '편의'까지 등장하였습니다. 편의성만 놓고 보자면 전문성과는 거리가 있어 보입니다. 전문성이 요구되지 않는 대행자도 적지 않습니다. 청소를 아웃소싱하거나 경비, 주차를 외주합니다. 청소, 경비, 주차를 대행해주는 용역업체를 전문업체라고는 하지만, 사실 그 업무 자체가 전문적인 지식이 요구된다고 보기는 어렵습니다. 직접 하는 것보다 맡기는 것이 편하고 저렴하기 때문이겠죠.

　더 나아가보겠습니다. 대리 운전을 합니다. 미국에서는 시간당 15~20달러를 받고 대신 줄도 서줍니다. 인도에서는 대리모 임신이 합법입니다. 중국에는 대신 사과하는 서비스도 있었다고 하고, 우리나라에도 옛날에 돈을 받고 양반 자제 대신 군대에 가는 평민이 있었습니다. 이래저래 대행자에게 있어서 전문성의 비중은 점점 더 떨어지고 있는 것 같습니다.

공자는 구명 안에서 아홉 번이나 휘어지는 구슬을 얻었는데, 이것을 실로 꿰려고 아무리 노력해도 성공할 수 없었습니다. 주변의 뽕밭에서 뽕잎 따는 아낙네에게 그 방법을 물으니, '차분히 생각해보라.'고 합니다. 공자는 '차분히'의 밀密과 발음이 같은 '꿀'의 밀蜜을 떠올립니다. 그는 개미를 한 마리 붙잡아 허리에 실을 묶고 구슬의 한쪽 구멍에 밀어 넣습니다. 반대편 구명에 꿀을 발라 놓으니 개미의 힘으로 그 진기한 구슬에 실을 꿸 수 있었다고 합니다.

'공자천주孔子穿珠'는 자기보다 못한 사람에게도 묻고 배워야 한다는 고사성어입니다. 공자도 촌부에게 아이디어를 얻고 개미에게 실 꿰는 일을 대신하게 하였습니다.

그렇다면 무엇이 매개자 에이전트의 진정한 핵심 성공요인일까요? '전문적인 능력으로 의뢰인에게 의뢰받은 업무를 독자적으로 수행하는 권한이 부여된 자'라는 일반적인 정의에서, '전문적인 능력'과 '독자적으로 수행'이 퇴색되었다면 무엇이 남았을까요? 답은 '권한이 부여된'에 있습니다.

에이전트로 성공하기,
책임 없는 권력

투명함이 절대가치로 인정받고 있는 시대이지만, 역설적으로 은밀함의 상대적 가치가 돋보이는 시대이기도 합니다. 투명과 은밀 사이를 오가는 이중성에 대한 요구가 더욱 부각되고 있습니다.

여기에 이를 감당해줄 대행자 에이전트가 호황하게 된 이유가 있습니다. 인간생활에서 혹은 기업의 비즈니스에서 매개자 에이전트의 기능과 역할이 무엇인지 음미해봐야 할 것입니다.

방금 전에 에이전트의 성공요인으로 전문성과 독자성보다 강조되어야 하는 것이 있다고 했습니다. 그것은 '부여받은 권한'과 관련 있다고요.

권한 또는 권리 하면 자연스레 연결되는 단어가 무엇인가요? 혹시 책임 혹은 의무 아닌가요? 권리를 행사하면 그에 따른 의무가 있고, 권한이 있으면 반대급부의 책임도 있어, 마치 권리와 의무, 권한과 책임은 반대어인데도 자연스럽게 어울립니다.

대한민국 헌법에도 총론 형식의 제1장 총강 다음에 나오는 제2장의 제목도 '국민의 권리와 의무'입니다. 익숙하지 않을 수 없는 커플링coupling입니다. '권한'의 커플은 '책임'인데, 에이전트로 성공하려면 진정으로 강조해야 할 것이 바로 '책임'입니다.

앞서 소개한 용어들을 써먹자면, '책임'의 알레고리로 '권한'에 밑줄을 그었습니다. 지금부터 얘기할 '책임' 전에 장황히 설명했던 전문성과 독자성이 일종의 맥거핀이라면 너무 과한가요? 네, 조금 과한 것 같습니다. 어쨌거나 전문성과 독자성도 충분히 중요한 에이전트의 요건입니다.

의뢰인이 대행자를 통해서 바라는 것을 꼭 집어서 말한다면 '책임 없는 권력'입니다. 책임 없는 권력이라니, '가면의 고백'이나 '작은 거인'과 같은 어불성설 조합 아닌가요? 그럴 수만 있다면 책임 없는 권력은 무척 매력적이긴 하지만요.

그런데 정말 책임 없는 권력이 있습니다. 바로 '여론'입니다. 여론을 만드는 대중이나 국민, 여론을 전달하는 신문과 미디어, 여론을 등에 업은 정치나 정치인은 어떤가요? 모두 권력은 있지만 책임을 물으면 '여론'으로 전가합니다. 실체를 파악하기 어려운 여론으로 말입니다. 때때로 고위 공직자들은 권력을 가지고 있으면서 책임지지 않으려는 행태 때문에 욕을 먹곤 합니다. 하여튼 의뢰인이 에이전트에게 비용을 지불하는 이유는 '책임 없는 권력'을 얻기 위함입니다.

그래서 대행자 에이전트로 성공하기 위한 방법은 '대신 책임지기'입니다. 의뢰인이 타인에게, 기업에게, 그리고 세상에게 책임지기 싫은 것을 대신 책임져주어야 합니다. 그렇다면 지금부터 무엇을 책임져야 하는지 얘기해보겠습니다. 먼저, 의뢰받은 업무를 깔끔히 책임지고 대행해야 합니다. 그리고 하기로 한 일에 대해서는 뒷말이 없어야 합니다. 이런저런 핑계가 많은 사람을 중용하기는 어렵습니다.

10년이 훌쩍 넘었지만 아직도 생생히 기억에 남는 포스터가 있습니다. 미국의 한 컨설팅 업체의 홍보 포스터에 타이거 우즈가 샷을 하고 있습니다. 볼이 깊은 러프에 빠졌는지 휘두른 골프 아이언의 헤드는 한 움큼의 풀로 표면조차 보이지 않습니다.

스캔들과 슬럼프 때문에 예전의 모습은 아니지만, 타이거 우즈는 대단했습니다. 실력도 실력이지만 극적인 감동까지. 역사상 최고의 골퍼라고 해도 손색없는 그가 광고모델로 나왔지만, 그보다 더 눈길을 끌었던 것은 포스터의 짧은 카피입니다.

"상황은 변해도 결과는 변치 않습니다Conditions change, results shouldn't."

정말 멋있지 않나요? 아무리 상황이 나빠졌어도, 볼이 깊숙한 러프에 빠졌더라도, 하기로 한 업무는 책임져야 합니다. 우리가 흔히 '프로'라고 부르는 프로페셔널professional은 전문가와는 다소 다른 어감입니다. 취미가 아니라 돈을 받고 직업적으로 일하는 전문가이니, 업무결과에 책임을 져야 하는 것은 기본입니다.

서두칠 전 동원시스템즈 부회장은 프로 정신에 대하여 이렇게 말했습니다. "마라톤이 끝난 뒤 운동장을 한 바퀴 더 도는 선수는 비난받아 마땅하다. 최선을 다했다면 쓰러져야 한다." 그러나 만일 목표한 등수에 들었다면 꼭 비난받아야 하나요? 박완서의 수필《꼴찌에게 보내는 갈채》에서는 끝까지 달려서 골인한 꼴찌 주자를 열렬히 응원합니다. 고통과 고독을 이기고 최선을 다했다는 것입니다.

그렇지만, 프로나 대행자가 책임져야 할 것은 그들이 최선을 다했는가 여부가 아닙니다. 의뢰인이 의뢰한 업무의 결과만 중요합니다. 현실에서는 최선을 다했다고 말하는 것도 핑계일 뿐, 갈채 받을 일은 아니라고 생각합니다.

매개자가 책임져야 할 두 번째는 대행과정에서 취득한 의뢰인의 내부 정보입니다. 파출부가 자신이 근무한 집의 속사정을 다른 곳에서 흠잡고, 운전기사가 사장님의 통화내용과 사생활을 빌미로 협박하고, 컨설팅 업체가 고객사의 내부사항을 그 고객의 경쟁사에 대한 영업에 활용한다면 의뢰인은 주저할 수밖에 없습니다.

'오픈 이노베이션open innovation'은 필요한 기술과 아이디어를 외부에서 조달하는 동시에 내부자원을 외부와 공유하는, 단어의 뜻 그대로 '개방형 혁신'입니다. 많은 성공사례도 있지만, 개방도 개방 나름이지 원치 않는 내부의 기술정보까지 외부에 공유되고 유출되기를 바라는 기업은 없습니다.

의뢰인이 에이전트에게 마지막으로 기대하는 것은 위험요인에 대한 책임입니다. 평상시에는 책임을 다하다가 생각지 못한 돌발상황에서 돌변할 여지가 있습니다. 하지만 의뢰인은 대신 책임지는 에이전트를 통하여 어떠한 경우에도 책임 없는 권력을 성취하고자 합니다.

특히 은밀한 존재인 의뢰인을 은폐하는 역할이라면 더 말할 필요가 없습니다. 의뢰인은 꼼꼼하게 경우의 수를 따져서 계약사항에 넣고, 대행자는 그에 합당한 비용을 청구해야 합니다.

경제학자 마이클 젠센Michael Jensen과 윌리엄 맥클링William Meckling이 제기한 '대리인 문제agent problem는, 의뢰인이 주요 권한을 주며 대리인에게 의뢰할 때, 이들 간에 발생하는 정보의 불균형과 감시의 불완전성으로 수반된 이슈를 지칭합니다. 의뢰인이 이 문제를 해결하기 위해 발생하는 정보획득 비용과 감시 비용 등을 대리인 비용이라고 하며, 이를 최소화하는 것이 대행자의 선택기준이 됩니다. 다시 말해서 의뢰인은 업무처리와 기밀유지에 책임을 다하는 대행자를 택해 대리인 비용을 절감하려 한다는 것입니다. 믿음직한 대리인을 선정하여 비용을 줄이고, 신뢰를 바탕으로 한 장기적 협력으로 한계비용 제로를 추구하려 합니다.

그러나 에이전트 입장에서는 의뢰인 비용도 고려해야 합니다. 계약에서 대가를 지불하는 의뢰인 관점을 중심으로 비용을 책정한 것이 대리인 비용이라지만, 우리의 매개자 관점에 생각하면 의뢰인 비용이라 명명할 수 있습니다.

의뢰인이 어떤 이유에서 대행자를 건너뛰어, 대행자가 의뢰인과 매개하는 대상과 직접 소통한다면 대행자는 낭패입니다. 대행자는 책임을 다

대리인 비용과 의뢰인 비용

하지만 의뢰인은 은밀한 특성을 악용하여 계약을 충실히 이행하지 않는다면, 이 또한 대행자가 지불해야 할 의뢰인 비용이 발생한 것입니다.

매개자가 의뢰인에게 간택을 받으려면, 대신 책임지고 때론 전문적이고 독자적이어야 하지만, 매개 비즈니스를 이어가려면 의뢰인 비용을 최소화하는 데 주력해야 합니다. 입술이 없으면 이가 시리게 해야 한다는 말입니다.

에이전트는 입술이고 완충하는 버퍼buffer입니다. 한국전쟁에서 북한은 중국의 입술이고 공산주의 수호의 대행자였습니다. 아직도 중국이 섣불리 북한을 무시하지 않는 이유이기도 합니다. 이번 매개자에는 유독 일본 얘기가 많이 나왔습니다. 일본 사람, 일본 소설, 일본 기업이 나왔으니 일본 영화로 마무리해보려 합니다.

기타노 다케시는 일본에서는 아직도 코미디언 이미지가 강하지만, 세계적으로는 유명 영화감독이자 배우입니다. 1997년 세계 3대 영화제 중 하나인 베니스영화제 황금사자상의 주인공은 기타노 다케시가 감독하고 주연한 영화 '하나비'였습니다. 기타노 다케시는 수상소감을 발표하는 자리에서 '일본에서 사라져가고 있는 전통적인 정신, 즉 자신의 책임을 완수하려는 일본 남자를 표현하고자 했다.'고 말했습니다.

사실 그가 '하나비'에서 표현하고자 한 이 주제는, 1993년에 발표한 그의 전작 '소나티네'에 먼저 나옵니다. 오야붕의 지시로 오키나와로 내려가 다른 야쿠자와 상대하는 주인공은, 그의 부하들이 몰살된 이유가 오야붕의 배신 때문임을 알게 됩니다. 의뢰인(오야붕)이 대행자(주인공)를 따돌려 양쪽 야쿠자로부터 고립시킨 것입니다. 영화는 오야붕과 조직에 대한 주인공의 무차별 난사와 학살로 끝납니다. 의뢰인 비용을 대리인 비용으로 되갚은 것이죠.

투명하기도 하고 은밀하기도 한 이중성을 담보하는 대행자 에이전트는 분명 '겉 다른 매개자'입니다. 매개로 점철된 생활과 비즈니스에 많은 시사점 있기를 바랍니다.

지금까지 속 다르게, 겉 다르게 만들어주는 매개자를 알아보았습니다. 이제는 한 발짝 물러나서 같은 것과 다른 것을 관찰하고 활용하는 매개자 이야기로 넘어가보겠습니다.

8

남다르게 보기가
남다른 성공을
부른다

MATCHMAKER

같은 것을 다르게 보는 매개자
— 매치메이커

세상을 보는 기술,
정답과 해답

구글로 본 지구는 충격적이었습니다. 정확히 말하자면 지구가 충격적인 것이 아니라 구글로 지구를 낱낱이 본다는 사실이 충격으로 와 닿았습니다. 벌써 10여 년 전 일이지만 기억이 생생합니다.

손가락으로 확대해보니 제가 살고 있는 아파트가 보였습니다. 다음은 설레는 마음으로 유학 시절에 살았던 동네로 가보았습니다. 금문교를 찾고 샌프란시스코에 들렀다가 다시 베이 브리지를 건넜습니다. 그랬더니 정말 보였습니다. 고불고불한 길, 그 길 옆에 유학 시절 힘들 때 고국을 그리워하면서 앉아 있곤 했던 뒷동산, 강의시간에 도망쳐 나와 들렀다가 우연히 지도교수님을 보고 다시 도망쳤던 커피숍….

구글 어스Google Earth는 전 세계의 지역 정보를 위성 영상 이미지로 보여줍니다. 이제는 360도 파노라마 형식으로 촬영된 거리 사진도 보여주고, 3D로 표시된 대도시 위를 F16 제트기로 날아가면서 보는 체험도 제공하고 있습니다. 실로 엄청난 분량의 사진들로 이 세상을 보여줍니다.

제임스 그레이James Gray는 꽤 유명한 데이터베이스 전문가였습니다. 그는 금문교를 입구로 하여 베이 브리지가 가로지르고 있는 샌프란시스코 만에 홀로 보트여행을 떠났다가 실종됩니다. 잘나가는 사람답게 그의 친구들은 그를 찾는 데 최선을 다합니다.

바다의 기류를 측정해 배가 움직였을 곳을 예측했고, 그 지역 인근의 인공위성 사진을 받아왔습니다. 그 지역의 면적은 3,500평방마일(약 9,100km²), 조각을 내보니 모두 56만 장의 사진입니다. 수많은 사람을 참여시켜 그 모든 사진을 불과 5일 만에 살펴보았지만 제임스 그레이를 찾을 수는 없었습니다. 결국 5년이 지난 후 그는 실종 사망 처리됩니다. 《라이프 오프 파이》의 표류기간 227일도 훌쩍 지났으니 어쩔 수 없겠지요.

세상을 쪼개서 본 것입니다. 쪼개진 세상도 세상의 일부이긴 하지만 온전한 세상이라 말하기는 어렵습니다. 여행을 가고 감동적인 풍경을 봅니다만 언제부터인가 사진 찍는 것은 포기했습니다. 조각난 사진으로는 결코 그 세상을 보지 못한다는 사실을 알기에 그냥 마음에 담으려고 애쓰고 있습니다. 세상은 조각으로 보이지도 않고, 사실 조각나지도 않습니다. 그리고 보니 '세상을 보는 기술'의 두 단어, '세상'과 '기술'도 썩 어울리는 단어는 아닙니다. 그렇지만 말입니다. 폭과 깊이를 줄이면 됩니다. 광활한 세상의 심오한 이치까지는 욕심내지 않고 당면한 현실의 문제와 이슈를 들여다보는 데는 기술이 도움을 줄 수 있습니다. 한계를 인식하기만 한다면, 기술적인 방법으로 세상을 보는 것은 요긴하다는 얘기입니다.

'방법론적 개체주의methodological individualism'라고 하면 왠지 말이 어려워보이지만 뜻은 별로 어렵지 않습니다. 개체를 기초단위로 삼고, 전체를 개체의 합으로 간주하는 접근법입니다. 사회에서는 개체가 개인이 되겠죠. 인간을 각자 주어진 조건에서 최대의 만족을 이끌어내는 이기적인 '경제적 인간'으로 상정한 신고전주의 경제학이나 미시경제학이 대표적인 예입니다.

과학도 '환원주의reductionism'에 많은 부분을 의지하고 있습니다. 알다시피 환원주의는 전체를 하나하나의 요소로 나누어 설명하고자 하는 이론이죠. 실증주의를 창시한 프랑스 철학자 오귀스트 콩트Auguste Comte는 측정의 단위가 단순할수록 과학은 보다 더 근본적이어서, 복잡한 현상을 연구하는 유의미한 방법은 그것을 단순화시키거나 좀 더 작은 요소로 나누는 것이라 하였습니다. 과학이 물질과 현상을 최소단위의 구성요소나 법칙으로 분해하여 설명하려 하는 것은, 전체를 부분으로 나누거나 더 기본적인 레벨의 개념으로 대체하여 인식하는 환원주의와 같은 선상에 있어서입니다.

우리가 흔하게 사용하는 '분석分析, analysis'은 말 그대로 나누고 쪼개는 것입니다. 아무리 거대한 물건이나 복잡한 문제도 나누고 쪼개다 보면 충분히 감당할 수 있게 됩니다.

긴급하거나 어려운 상황에 당면했을 때, 현명한 사람들이 어떻게 대처하는지 떠올려봅시다. 먼저 침착함과 평정심을 유지하고 그 상황을 몇 가지 문제로 나눕니다. 그리고 하나하나의 해결책을 생각해 나갑니다.

엄청나게 많은 일이 밀려와 엄청난 스트레스를 받으며 책상 앞에 앉습니다. 마음 가다듬고 할 일의 리스트를 적어봅니다. 그리고 하나둘 처리해갑니다. 문제가 있는데 무엇이 문제인지를 모를 때 체크리스트를 작성합니다. 한번쯤은 경험해보았겠죠. '분할정복Divide and conquer'의 힘을.

한편, '형이상학적 전체주의metaphysical holism'는 방법론적 개체주의를 비판합니다. 전체는 개체의 합이 아니며, 개체 합을 넘어서는 구조적인 전체의 특성이 있다고 힘주어 말합니다. 경제학적으로는 케인스John Maynard Keynes로 대표되는 거시경제학과 일맥이 통합니다. 이 역시 납득이 되는 주장이며, 무엇이 절대적으로 맞거나 틀린 것이 아니라, 끝나지 않는 논쟁의 한 축입니다.

그러나 인간의 인식과 지각의 엄연한 한계를 고려하면, 잘게 쪼개놓고 보는 것이 알기 쉽습니다. 심지어 인간의 복합적이고 형이상학적인 심정, 예를 들면 고통 같은 것도 글로 적어보고 정리해보면 그 정도를 가늠해볼 수 있습니다. 안의 것을 밖으로 드러내어 제3자의 시점으로 객관화objectification시키는 것, 그래서 종종 힘낼 수 있게 해주는 것도 다름 아닌 분석입니다.

분석의 가장 쉬운 형식은 분류classification, categorization입니다. 분류만 잘해놓아도 그다음 단계로 가는 길은 그리 멀고 험하지 않습니다. 세상의 성性을 남자, 여자, 아줌마로 구분하는 것과 같은 분류의 오류도 주변에 적지 않습니다만 말입니다.

더 나아가면, 어떤 문제나 현상을 분석하기 위해 많이 쓰는 것으로 MECE가 있습니다. 이것은 'Mutually Exclusive and Collectively Exhaustive'의 앞 글자를 딴 것으로 좀 있어 보이려면 기억해둘 만한 말입니다. 문제를 구성하고 있는 구성요소나 또는 그 문제에 영향을 미치는 요인들을 찾아가는 과정에서, 전체를 '중복 없고 누락 없는' 개체들의 합으로 표현하는 방식입니다. 과거에는 없었던 완전히 독창적인 방법이라고 할 수는 없지만, 세계 최고의 컨설팅회사라 할 수 있는 맥킨지에서 유래했다 하여 유명해졌습니다.

MECE는 이런 것입니다. 예를 들어, 한 결혼 중매업체의 남성 평가항목이 외모, 성격, 학벌, 직업, 재산이라면 어떻습니까? 이것으로 충분한가요? 여기에 집안도 보아야 한다면, 위의 다섯 가지 항목에 추가를 해야 합니다. 그런데 집안을 추가하면 혹시 재산과 중복되지는 않을까요? 이런 것들을 종합적으로 고려하여 잘 분석하라는 것이 MECE입니다.

세상을 보는 기술은 나누고 쪼개는 것으로 끝나지 않습니다. 보고자 하는 세상의 문제가 계층구조라면 MECE 방법을 쓰면 되지만, 인과관계나 시간의 흐름이라면 플로우flow로 표시해야겠죠. 간단한 구조나 도형 외에도, 세상과 현상을 나타내기 위해 각종 숫자, 기호, 도식, 언어를 사용합니다.

세상을 보고 세상의 문제를 풀기 위해, 세상을 묘사하는 모델을 세웁니다. 그 골치 아픈 수학으로 수리적 모델을, 머리 아픈 프로그래밍 언어로 컴퓨터 모델을 만듭니다. 세상을 바로 이 수리적 혹은 컴퓨터 모델로 나타냈다고 치고, 그 모델을 통해 문제를 풀고 답을 얻고자 하는 것입니다. 그렇게라도 하지 않으면 세상을 '해결의 책상' 위로 가져다 놓을 수 없으니까요.

이것은 과연 과학자나 공학자만의 방식인가요? 아닙니다. 이번 시즌 '신상' 재킷을 하나 살까 합니다. 관심이 가는 재킷이 있어서 입어보고 싶은데, 일단은 패션모델이나 연예인 뺨치는 쇼호스트가 입고 있는 것을 보고 결정합니다. 물론 나는 패션모델이 아니고, 세상도 수리적 모델은 아닙니다. 그러니 절대 오버하면 안 됩니다. 그래도 모델은 유용합니다. 다시 한 번 말하지만, 한계에 대한 인식만 명확하다면, 기술은, 그리고 분석이나 모델은 요긴합니다.

세상을 보는 기술을 설명하다 보니 모델까지 왔습니다. 이제는 알고리즘algorithm과 휴리스틱heuristic을 소개하겠습니다. 머지않아 등장할 이번 장의 매개자를 위한 전주곡으로는 이 정도만 알아도 충분할 것 같네요.

세상을 보는 기술은, 세상을 눈앞의 혹은 책상 위의 모델로 상정하는 것을 전제하고 있습니다. 그 모델은 여러 가지 기호, 숫자, 명제, 언어들로 분석되어 표현되고 있다고 했습니다. 모델링이 되었으면 그다음엔 뭘 해야 할까요? 모델로 표시된 세상의 문제를 풀어야 할 차례입니다.

이때 알고리즘이 나옵니다. 알고리즘은 원래 '필산筆算'의 뜻으로, 손으로 풀어나간 계산은 과정이 눈에 다 보일 만큼 명확하고 한정되어 있다는 특성을 물려받았습니다. 어떤 문제에 알고리즘이 있다는 것은 정답, 그러니까 '최적의optimal 답'을 구할 수 있다는 것을 보장해주니, 이 얼마나 매력적입니까?

세상의 현상과 문제를 나누고 쪼개고, 그것으로 모델을 만들고, 알고리즘으로 답을 얻습니다. 이것이 현대 과학의 기본이자 실체라 해도 과언이 아닙니다. 별것 아니죠? 그런데 그것이 동시에 맹점이 되기도 합니다. 이유는 이렇습니다. 답을 꼭 얻고자 합니다. 그래서 알고리즘에 집착하고, 알고리즘이 가능한 모델에 주력하고, 그러다 보니 그에 합당하게 세상의 구성요소를 적절히 취사선택하게 됩니다. 답을 얻기 위해 거꾸로 세상과 문제를 재구성한 셈이죠.

이렇게 찾아간 세상은 사진으로 찍혀진 풍경이지 마음으로 담은 풍광은 아닙니다. 문제해결에서 '해결'에만 목매다 보니 '문제'를 잊어버린 셈입니다. 이 또한 기억하고 명심해야 할 한계입니다.

그런데 현실에서 알고리즘보다 더 강력한 것은 휴리스틱입니다. 정보의 제한과 시간의 제약을 고려해서 해답을 찾는 방법으로, 그 답이 '최적의 답'이라는 보장은 없습니다. 그렇지만 '어림짐작rule of thumb'으로 상식과 경험을 동원하고 중요한 몇 가지 요인만 반영하여 '빠르고 간편한quick and dirty' 답을 내야 하는 상황은 비일비재합니다.

알고리즘처럼 '정답'은 못 주어도, 휴리스틱은 '해답'을 줄 수 있습니다.

쉬운 예로, 여자친구를 소개받을 때, 성격이 맞을지 안 맞을지는 어차피 상대적인 거니까 외모만 보겠다고 하는 것도 일종의 휴리스틱입니다.

우리가 자주 쓰는 '시스템'이라는 말은, '구조화된 전체'를 의미하는 그리스어에서 기원했습니다. 그리고 '목적을 위해 상호작용하는 요소들의 집단'이라는 정의도 있습니다. 세상을 시스템으로 보자는 것입니다. 요소들을 알기 위해 분석하고, 상호작용이 무엇인지 모델링하고, 목적을 규명하고자 알고리즘과 휴리스틱을 씁니다. 학사, 석사, 박사, 그리고 교수까지 모두 전공분야가 시스템을 다루는 산업공학이지만, 이렇게 세상이라는 시스템을 보는 기술을 간략하게 설명하는 것은 전혀 쉽지 않군요.

사소한 관점의
중대한 차이

역사상 최고의 영문학 작품은 무엇일까요? 2007년 영어권 작가 125명이 최고로 뽑은 작품, 2009년 〈뉴스위크〉 선정 100대 명저 중 1위를 차지한 작품은, 바로 톨스토이의 《안나 카레니나》입니다.

도스토옙스키는 "완전무결한 예술작품"이라 극찬했고, 이 책의 맨 앞에 등장했던 《참을 수 없는 존재의 가벼움》도 밀란 쿤데라가 《안나 카레니나》에 바친 오마주hommage입니다. 이 위대한 고전문학은 이렇게 시작합니다.

"행복한 가정이란 모두가 서로 비슷하지만 불행한 가정은 저마다 다른 방식으로 불행하다."

행복한 가정의 모습과 비결은 고만고만하지만, 불행한 가정이 불행한 이유는 나름나름 다르다는 것이겠죠.

소설은 불행한 가정에 초점을 맞춥니다. 똑같은 불행한 가정이지만, 150명이 넘는 인물이 등장하면서 얽히는 속내를 다르게 보면서 인간사 人間事의 집대성을 만들었습니다. 같은 것을 다르게 보았습니다.

'다르게 본다.'는 것은 '차이를 인식한다.'는 것입니다. 원래 다르고 차이도 뚜렷한데 의외로 다르게 보기가 쉽지 않는 경우도 많습니다. 다른 것을 잘 알면서도 다르게 보지 못하는 으뜸은 뭐니 뭐니 해도 남녀 사이입니다. 존 그레이John Gray는 남자는 화성에서 오고 여자는 금성에서 왔다고 하고, 앨런 피즈Allan Pease와 바바라 피즈Barbara Pease는 남자는 한 번에 한 가지밖에 못하고 여자는 잔소리를 멈추지 않는다고 합니다.

어느 식당에서 한 테이블에 남자 4명이, 그 옆 테이블에 여자 4명이 앉았습니다. 서로 모르는 사이였지만, 남녀 동수임을 인지하고 잠깐의 긴장감이 흐른 후 각자의 대화가 시작됩니다. 두 테이블에서 흘러나오는 대화 소리의 크기 정도를 비교해보면 어떨까요?

남자 테이블에서 한 남자가 얘기하면 다른 남자들은 듣습니다. 남자는 한 번에 한 가지밖에 못하니까요. 그런데 신기한 것은 여자 테이블에서는 4명 모두가 얘기하고 있습니다. 동시에. 그래서 답은 4배 이상입니다. 이상이라고 한 것은 일반적으로 여자들의 대화 속도가 더 빠르다는 것을 감안해서입니다.

이런 얘기도 있습니다. 남편이 부인에게 할 말이 있어서 부인이 친구와의 통화를 끝내기만을 기다리고 있었습니다. 이제나 저제나 기다리는데, 1시간 반 동안 쉬지 않고 통화한 후 부인이 전화를 끊으면서 하는 말,

"자세한 건 만나서 얘기하자." 충격에 빠진 남편은 할 말을 잃습니다.

남자와 여자는 DNA와 호르몬이 다릅니다. 부모와 자식, 사장과 직원, 기업과 고객은 주고받는 가치가 다릅니다. 각각의 종교는 신과 교리가 명백히 다르고, 동서양은 역사와 문화가 확연히 다릅니다. 다른 것을 인정하면 존중이고, 인정하지 못하면 차별이라고 합니다. 다양성의 시대에 다름을 인정하는 것은 성숙한 교양인의 기본자세임은 두말할 나위 없습니다.

그럼에도 불구하고 다른 것을 인정하지 못하고 그 차이를 인식하지 못하는 이유가 무엇일까요? 어쩌면 그들 사이에 분명 같은 점이 있기 때문일 것입니다. 어차피 다 사람이고 사랑을 원하고 돈 벌기를 바라는 것은 같지 않느냐는 것입니다.

저마다 유일신을 주장하고, 세계는 한 가족이라고 외치기도 합니다. 쪼개진 세상에서는 다르지만 나누기 전에는 같았습니다. 상위의 시스템에서는 같은데, 그 하위의 시스템에서는 다르게 됩니다. 똑같은 사람이지만 남자와 여자는 다르고, 여자도 처녀와 아줌마로 다시 나누어지면 차이가 명확해집니다. 혹시 오해의 소지가 있을 수 있으니 남자도 총각과 아저씨로 나누겠습니다. 나누고 쪼갤수록, 즉 분석할수록 다르게 볼 수 있고 그 차이가 상세하고 선명해진다는 것입니다. 이 장에서는 이것을 기억해야 합니다.

같은 것이라도 구분하고 분류하면 차이가 보이고 다르게 보인다는 것

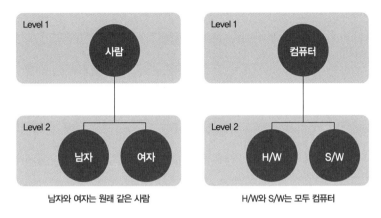

남자와 여자는 원래 같은 사람   H/W와 S/W는 모두 컴퓨터

원래 같은 다른 것

을 알았습니다. 그런데 이제부터가 중요합니다. 남자라도 다 같은 남자가 아니라고 하지요. 혼기에 있는 여자에게는 싱글남과 품절남으로, 술집 주인에게는 매너 있는 손님과 진상 손님으로 나누어지겠죠. 취업면접관은 군필과 미필로 구분하고, 절벽에서 훈련생들을 밀어 떨어뜨린 교관은 기어 올라오는 자와 아닌 자로 변별해 스파르타식 훈련을 진행합니다.

요는, 분석할 때 분석하는 '관점'에 따라 분석결과는 판이하다는 것입니다. 같은 것을 보더라도 어떻게 보느냐에 따라 제각각 다르게 보입니다. 같은 것을 다르게 보는 데도 여러 방법이 있다는 얘기입니다. 관점 point of view, perspective은 사물이나 현상을 관찰할 때 보고 생각하는 방향이나 태도입니다. 인물 소묘의 기본인 아그립파 석고모형도 보는 방향에 따라 명암이 사뭇 달라 보입니다. 있는 그대로의 사물을 있는 그대로 보는 것도 방향에 따라 다른데, 하물며 여기에 주관적인 태도와 감정까지 가미된다면 어떨까요? 인물 묘사만큼은 윌리엄 셰익스피어에 견줄 수 있다는 세르반테스의 《돈키호테》의 한 부분입니다.

> 황금빛 머릿결, 엘리시움 들판 같은 이마, 무지개 같은 눈썹, 반짝이는 두 눈동자, 장밋빛 두 뺨, 산홋빛 입술, 진주 같은 이, 석고같이 하얀 목, 대리석 같은 가슴, 상아빛 두 손, 눈처럼 하얀 피부, 그리고 인간의 눈에는 너무나도 드높기만 한 정절을 품고 있는 성품.

돈키호테의 눈에 비친 둘시네아의 모습입니다. 굳이 돈키호테가 풍차를 거인으로 보고 돌진한 것을 떠올리지 않더라도, 다른 이의 관점에서 둘시네아에게 황금, 무지개, 장미, 산호, 상아가 연상될지는 모르겠습니다.

우리가 사물이나 현상을 봅니다. 그 사물이나 현상은 객관화되어 그곳에 있지만, 그곳과 우리 사이에는 우리가 채용한 '관점'이 있습니다. 그 관점에 따라 사물과 현상은 주관화됩니다. 안경이나 창문을 생각하면 쉽습니다. 어떤 색깔의 안경을 쓰느냐, 어떤 방향으로 창문이 나 있느냐에 따라 세상은 달리 보입니다. 관점을 만들어주는 안경이나 창문과 같은 것을 '프레임frame'이라 부릅니다. 마이크로소프트의 윈도우도 새로운 세상, 즉 디지털 세상을 보는 창이란 뜻일 겁니다.

같은 것도 따져 보고 쪼개 보면 다르고, 그것도 관점에 따라 또 달라진다고 했습니다. 한술 더 떠 사람의 관점 그 자체도 상황과 시간에 따

관점의 차이

라 달라집니다. 관점을 '입장'이라고 조금 비틀어 말하면 얼마나 잘 바뀌는지 이해하기가 쉽습니다. 옥션 사이트 애용자라도 판매자일 때와 구매자일 때의 입장은 다릅니다. 화장실 갈 때와 나올 때의 입장도 다릅니다.

아직도 노래방에서 심심치 않게 흘러나오는 엄정화의 노래 '하늘만 허락한 사랑'은 친구의 남자를 빼앗은 여자의 노래입니다. 그로부터 4년 후에 듣게 된 '나눌 수 없는 사랑'은 반대로 친구에게 남자를 뺏긴 여자의 입장이더군요. '나눌 수 없는 사랑'에는 이런 가사가 나옵니다. "하늘 아래 그대와 난 똑같은 여자잖아요." 똑같은 여자이지만 입장은 상극입니다.

연결되고 공유되는 세상은 소통을 지향합니다. 세상을 보는 시야와 기준의 차이가 줄어들고 있음은 확연합니다. 남녀, 부모자식, 노사, 기업과 고객 또한 간격과 괴리가 예전 같지는 않습니다. 그렇지만 다른 것을 인정할 수는 있어도 같게 만들 수는 없습니다. 심지어 같은 것도 자세히 보면 다릅니다. 관점과 입장에 따라 다 다릅니다.

이번에 소개할 매개자는 매개 대상자들의 차이를 살펴보아야 합니다. 매개하려는 대상들은 원래 다르기도 하고, 관점에 따라서 다르기도 하고, 또 그 관점도 시시각각 변합니다. 같은 것을 다르게 보아야 하는 일은 만만치 않지만, 바로 그만큼의 기회도 있는 것이 세상의 이치입니다.

골프의 퍼팅라인으로 골프공에 새겨져 있는 글자나 화살표를 정렬합니다. 버디나 파 찬스라면 방향이 어긋나지 않도록 무척이나 공들입니다. 티샷tee shot에서도 보는 방향은 중요합니다. 사소한 차이로 굿샷이 오비OB, Out of Bounds가 되어버립니다. 사소한 관점의 차이가 나비효과butterfly effect처럼 중대한 차이를 만들어냅니다.

매개자는 같은 것을 다르게 보는 사소한 관점의 차이에 주목해 중대한 매개 비즈니스의 차이를 얻어내야 합니다. 그러고 보니 '사소한 관점 차이의 중대함'이 맞는 것 같네요. 이해하기에 크게 어렵지 않다면 그대로 두겠습니다.

나누고 쪼개서
최고의 짝을 찾아라

1997년 4월 〈뉴욕타임스〉에는 '큐피드는 한국인의 컴퓨터 속에서 짝을 찾아주고 있다Cupid's a Korean computer, making wise matches'라는 기사가 실립니다. 전산화된 프로필 정보로 남녀를 만나게 해주는 비즈니스가 한국에서 붐이라는 내용인데, 벌써 20년 가까이 되었지만 기사 내용은 지금과 크게 다르지 않습니다.

다만 그때는 학벌, 직업, 재산 등을 기준으로 소위 잘나가는 사람들 사이에 중매결혼이 대세(?)였습니다. 일명 '마담 뚜'에서 시작해 지금은 '결혼정보업'이라는 버젓한 업종 이름도 득하였습니다.

매치메이커는 남녀 사이나 권투선수 간의 매치match를 성사시키는 사람을 일컬을 때 주로 쓰입니다. 매개에서는 전문적인 능력으로 매개 대상자들의 정합整合을 목적으로 연결하는 매개자를 포괄적으로 지칭하려 합니다. '주선자'라고도 부르겠습니다.

여기서 '정합을 목적으로 연결한다.'는 것이 무슨 말일까요? 무작위 연결이 아닌 올바른 연결을 의미합니다. 물론 '올바른wise'의 기준은 매개 대상자들 또는 그들의 요구에 정합하는 것입니다. 다시 말해서 매개 대상자들의 요구에 부합하는 연결을 전문적으로 하는 매개자입니다. 그래서 매치메이커 자격에 우선 강조되는 것은 바로 전문성입니다.

요즘은 결혼정보업이 어느 정도는 편견에서 벗어난 듯 보입니다. 마치 정신적인 질환이 있는 사람만 정신과 의사를 만나지는 않는 것처럼, 결혼하기에 문제가 있는 사람만 결혼정보회사의 문을 두드리지는 않는다는 정도의 인식은 생겼습니다. 선남선녀들이 더 많은 연결과 기회를 원할수록 결혼정보회사는 성업합니다.

그러나 근자에 결혼정보업을 위협한다고 하는 소셜데이팅social dating 서비스가 등장했습니다. 그런데 이러한 서비스가 '짝짓기'를 목적으로 한다고 해도 무조건 매치메이커라 보기는 어렵습니다.

국내 최초 소셜데이팅 업체인 '이음'은 나이나 사회적 위치를 고려하기도 하고 아예 무시하기도 하는 다양한 서비스를 하고 있고, '하이데어'는 위치상 가장 가까운 이성 가입자를 연결해주는 식입니다. '돛단배'는 아예 정처 없는 무작위식 채팅입니다. 짝을 선별하고 주선해주는 노력과 전문성이 부족하고, 가입자의 수에 목매니 매치메이커보다는 오히려 동원자인 매개자 모빌라이저라 보는 것이 타당합니다. 장난스럽게 사랑의 화살을 쏜 큐피드를 매치메이커라 하지 않겠다는 얘기입니다.

페이스북이 어떤 사람의 신상을 소개하거나, 특정인에게 만남을 권유하기도 합니다. 특정인이 전문성을 가지고 주선한다면 페이스북을 통하여 매치메이킹을 하고 있는 것입니다. 이 경우 페이스북은 그저 매개자 커뮤니케이터에 불과합니다. 바로 앞 장에서 알아본 에이전트 중에서도 유명 스포츠 선수의 에이전트는 선수와 구단을 연결하지만, 모든 이해관계를 그 선수를 대행해 계산합니다. 매개 대상자 양편의 정합이 목적은 아닙니다. 매개자들은 각자의 특화된 기능이 있습니다. 그에 따른 나름의 성공요인도 있으니 잘 구분해야 합니다.

다시 《돈키호테》의 공주 둘시네아에게 돌아갑니다. 돈키호테의 묘사에는, 머릿결, 이마, 눈썹, 눈동자, 뺨, 입술, 이, 목, 가슴, 손, 피부, 성품이 포함되니 그는 여자를 볼 때 12가지로 나누어서 본다고 할 수 있겠네요. 그중 6가지는 얼굴, 3가지는 얼굴 주변, 2가지는 기타 외모, 나머지 1가지가 성격입니다.

첫째로, 여자의 외모에 대해 상당히 상세합니다. 단순히 외모를 전체적으로 보고 상중하 정도로 평가하는 것과는 비교도 되지 않습니다. 외모와 더불어 결혼정보회사의 주요 판단 기준인 학벌, 직업, 재산, 성격 등을 이런 수준으로 쪼개고 나누어본다면 충분히 전문적인 분석입니다.

둘째로, 돈키호테의 취향인지 1600년대 미美의 기준인지는 모르겠으나, 외모 특히 얼굴의 비중이 무척 높습니다.

셋째로, 둘시네아는 돈키호테에게는 절대적이고 지고지순한 연정의 대상이었습니다. 요즘처럼 결혼 따로 연애 따로, 혹은 연인 따로 친구 따로 관점에서 평가하는 기준은 다르겠죠. 단순히 친구인 여자 사람의 머릿결이 그리 중요할까요? 이렇듯 보는 관점과 용도에 따라 달라집니다.

요컨대, 매개자 매치메이커는 전문적이어야 하고, 그 전문성은 매개 대상자를 상세히 나눕니다. 용도에 따라 다르게도 나눠보는 것부터 시작한다는 것입니다. 분석하되 관점에 따른 다양한 분석을 시도해야 합니다.

매치메이커가 주선하는 매개의 대상이 당연히 사람과 사람이 아닐 수 있습니다. 헤드헌터는 기업 임원이나 전문인력 등 고급인재와 기업체를 연결해주는 역할을 합니다. 정합한 인재를 매치해주는 대가로 그 인재가 받는 연봉의 20~50% 선의 수수료를 받습니다.

특정 기술 및 특허를 매매해주는 중개 브로커도 전문성으로 무장한 매치메이커입니다. 고급 기술의 경우 10%의 주선 대가를 받는데, 수십억이 넘는 경우가 많습니다. 꼭 독립적인 업체나 사업이 아니더라도, 비즈니스나 생활에서 양쪽에게 적합한 것을 골라 짝을 지어주어야 한다면, 바로 그것이 매치메이킹의 상황입니다.

그렇지만 사람과 물건에 관한 최고의 짝짓기 시스템은 아마존에서 발견할 수 있습니다. 아마존 강은 유량과 유역 면적에 있어서 세계 으뜸입니다. 둘째, 셋째 가는 강들과 비교해도 차이가 2~3배 이상 벌어진다고 합니다. 엄청나게 꾸불꾸불하니 수많은 생태계가 존재합니다.

그런데 또 다른 아마존에는 엄청난 종류의 상품이 있습니다. 임의의 카테고리 14개를 정해 월마트닷컴wallmart.com의 품목 수와 비교해보았을 때 15배나 더 많았다고 합니다. 아마존 로고의 하단에는 미소 짓는 입모양이 있는데, 자세히 보면 amazon의 첫 a와 네 번째 글자인 z를 연결하는 화살표입니다. 상품의 a부터 z까지 모두 구비하겠다는 의미죠. 실제로 이 아마존도 품목 수에서 세계 으뜸입니다.

아마존의 위대함은 여기서부터입니다. 수천만 종의 품목에 대한 모든 상품정보가 상세히 분석되어 있으며, 이들과 짝짓기 할 고객정보는 더욱 상세합니다. 고객의 신상정보, 구매내역은 물론 고객이 구경하고 검색하고 리뷰하고 평가하는 모든 행위가 세세하게 저장되어 있습니다.

고객이 아마존에 들어오면 강력한 아마존의 추천 시스템recommendation system이 작동하기 시작합니다. 추천 시스템은 개인화된 기록에 의거하여 계속적으로 유용한 정보와 함께 상품을 추천합니다. 고객과 상품의 매치메이커로서 최선을 다하는 추천 시스템 덕분에 구매율이 10~20% 상승했다는 보고도 드물지 않습니다.

아마존의 추천 시스템은 자회사인 A9에서 만들었습니다. 아니, 만들고 있습니다. 지금도 지속적으로 보완하고 개선하고 있기 때문입니다. 얘기했듯이 추천 시스템의 기반은 상품정보와 고객정보입니다. 상품과 고객을 여러 항목으로 세분화합니다. 그리고 그 세분화한 항목에 대하여 다시 엄청난 상품정보와 고객정보를 모읍니다.

정보를 모으다 보면 고객 간의 유사성도 발견하고, 상품 간의 관계성도 보입니다. 그리고 최종적으로 이들을 다 조합해서 고객과 상품 간의 매치를 알아내고 '당신을 위한 추천Recommend for you'을 하는 것입니다.

고객과 고객, 상품과 상품, 궁극적으로 고객과 상품의 관계를 파악하여 매치를 주선하는 일은 A9의 엔진에 해당하는 각종 알고리즘과 휴리스틱입니다. 어떤 계산은 알고리즘으로 하고, 어떤 법칙은 휴리스틱으로 만들어냅니다. 확실한 것은 분석하는 대상이 많아질수록, 그래서 데이터가 한층 더 많아질수록 휴리스틱의 비중은 커져갑니다.

여기서 중요한 것은 데이터와 경험의 축적입니다. 이런저런 계산과 법칙으로 추천을 하고, 실제로 고객은 구매하거나 외면합니다. 이런 경험적 데이터가 쌓이면 쌓일수록 휴리스틱의 진가는 더욱 빛을 발합니다.

A9의 홈페이지에는 이런 문구가 있습니다.

"위대한 검색은 고객들에게 우리의 검색이 그들의 마음을 읽어주는 것처럼 보이는 것Great search can seem to customers like it is reading their minds."

고객의 마음을 읽고 마음에 들어앉을 때까지 A9는 무섭게 성장하고 있습니다. 정녕 무서운 것은 누구도 쫓아오기 힘들게 하는 방대한 경험적 데이터와 그 경험의 축적입니다.

주선자 매치메이커는 매개 대상자들에게 설불리 다가가서 감感으로 때려 맞추듯 매치하는 매개자가 아닙니다. 중국 당나라 시절, 부부가 될 인연을 붉은 실로 묶어 알게 해준다는 전설의 중매쟁이 월하노인月下老人도 늘 책을 보고 연구하고 많은 중매를 통해 경험을 축적했을 것입니다.

매치메이커는 매개 대상자를 상세히 분석하고, 관점에 따른 차이를 분별하며, 많은 경험이 축적된 매칭 휴리스틱으로 매개하는 전문가입니다. 이러한 방법론과 전문성을 확보한 매개자가 할 일은 넘쳐납니다. 몇 가지 추가적인 성공요인만 잘 숙지한다면 말입니다.

매치메이커로 성공하기,
두 개의 선순환

이번에는 팝송 한 곡. '피나콜라다 송Pina Colada song'이라는 노래가 있습니다. 좀 오래되기는 했지만 1980년 빌보드차트 1위까지 오른 루퍼트 홈즈Rupert Holmes의 곡입니다. 원제는 '이스케이프Escape'인데 부제에 들어 있는 열대지방의 칵테일 피나콜라다가 기억에 남습니다. 그 이유는 가사에 있습니다. 오래 만난 여자에게 싫증을 느낀 한 남자가 그 여자가 잠든 사이에 신문 개인광고personal ad에 난 글을 봅니다.

피나콜라다와 비 맞는 것을 좋아한다면

나는 바에서 당신을 만나서 우리의 탈출 계획을 세울 거예요.

If you like Pina Coladas, and getting caught in the rain (…)

I've got to meet you at a bar where we'll plan our escape.

남자는 설레는 마음으로 약속장소에 나가 글을 올린 여자를 기다립니다. 그런데 정작 그 여자가 옆에서 자고 있던 오래된 연인인 것을 알게됩니다. 오래되었으니 서로에 대해 충분히 알고 있다고 생각했지만, 둘다 피나콜라다와 비 맞는 것을 그토록 좋아하는지는 몰랐다는 스토리입니다. 가요에도 솔리드의 '천생연분'이라는 곡이 비슷한 상황이네요.

이스라엘이 건국 이래 아랍 국가와 맺은 최초의 평화조약은 1978년 이집트와 이루어졌습니다. 애초 이집트는 전쟁으로 빼앗긴 시나이Sinai 반도 전체 반환을, 이스라엘은 일부 반환을 주장했습니다. 각각의 주장 이면에는 숨은 목적이 있었습니다. 이집트는 국가적 자존심을 회복하는 것, 그리고 이스라엘은 군사적 완충지를 확보하려는 것 말입니다. 이처럼 드러나지 않은 양국의 욕구를 표면화시키는 데 무려 11년이 걸렸고, 결국 시나이 반도를 전부 반환하되 UN 평화군을 주둔시키는 방법으로 양국을 만족시켰습니다.

피나콜라다와 드러나지 않은 욕구. 상세히 분석하고 꼼꼼하게 정보를 수집해도 부족할 수 있습니다. 매치해야 할 대상자들은 의도적으로 의도를 숨기기도 하고, 내재된 욕구를 스스로도 모를 수 있습니다. 경험이 많아야 해결할 수 있는 문제가 수두룩합니다.

조금 더 구체적으로 가보겠습니다. 매치메이킹의 형태는 매치할 대상들 양쪽의 이해관계를 위한 쌍방주선형과, 한쪽의 선택을 위한 일방추천형 두 가지로 구분할 수 있습니다. 중매는 쌍방주선이고, 아마존의 추천 시스템은 일방추천으로 보면 됩니다. 우선 쌍방주선 매치메이커는 쌍방 입장의 공통점과 차이점을 면밀하게 파악해야 합니다. 매치할 매개 대상자들의 이해관계가 맞아떨어지게 하려면 특히 차이점에 주목해야 합니다. 그리고 같은 것도 다르게 볼 수 있는 시야를 가지고 접근해야 합의점을 만들어낼 수 있습니다.

일상보다는 오히려 영화에서 '네고시에이터negotiator'를 종종 볼 수 있습니다. 네고시에이터는 교섭가, 협상가 정도로 번역되는데, 이들은 서로의 입장이 다른 상황에서 줄 것은 주게 하고 받을 것은 받게 하여 요철凹凸을 맞추는 활약상을 펼칩니다. 네고시에이터의 슬로건slogan은 '윈윈win-win', 즉 '좋은 게 좋은 거다.'입니다.

네고시에이터와 같은 매치메이커가 상대하는 매개 대상자들은 서로의 입장이 첨예하게 대립할 수 있습니다. 종종 적대적일 수도 있고요. 대립까지는 아니라도 초기 단계에서는 상대에 대한 경계심이 존재합니다. 각자의 정보와 상황을 매치메이커를 통해 상대에게 전달해야 하므로, 매치메이커는 이러한 경계심을 상쇄시켜주는 무엇이 필요합니다.

이럴 때 매치메이커는 양쪽의 입장을 대변한다고 자신 있게 웅변해야 합니다. 그렇지 않으면 상대편에 대한 경계심이 매치메이커에 대한 의구심으로 돌변합니다. 일반적으로 다른 이해관계를 가진 쌍방은, 관계설정의 초기에는 제3자에게 의존하는 경향이 있습니다. 사회적 자본의 이론가인 제임스 콜만James Coleman은 이 제3자를 '믿음직한 중재자'로 표현하였습니다.

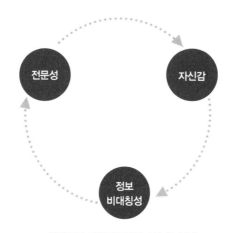

쌍방주선 매치메이커의 선순환 성공

지금은 소셜데이팅 서비스까지 나왔지만, 대학에 가서 두근거리는 마음으로 이성을 만나려면 '소개' 아니면 '미팅'이었던 시절이 있었습니다. '미팅'보다 '소개'에 더 반색하는 것은 아무래도 한번 만나보라는 주선자의 막연한 자신감에 대한 기대 때문이겠죠. 어쨌든 제3자인 매치메이커는 모두에게 좋은 결과를 줄 법한 믿음직한 중재자여야 함은 당연합니다.

매개자의 자신감으로 기대감이 조성되면, 매개 대상자 양측에 대한 정보가 매개자에게 집중되기 시작합니다. 매치메이커는 기존의 전문성에 덧붙여 매치의 상황정보의 흐름을 확보하게 되어, 매치 대상자와의 정보격차를 벌립니다. 이러한 정보격차를 매개자와 매개 대상자 간의 '정보 비대칭성'이라고 합니다.

전문성, 자신감, 그리고 정보 비대칭성으로 이어지면, 다시 정보격차로 인해 매치메이커의 전문성은 더 부각되고, 자신감 또한 더욱 강화되는 선순환이 이루어집니다. 이러한 선순환이 쌍방주선 매치메이커의 성공요인입니다.

일방추천형 매치메이킹은 전혀 다른 형국입니다. 아마존의 추천 시스템과 같이 개인화된 고객정보로 고객 개인에게 적합한 상품정보를 추천해주는 것은 결국 일방의 선택으로 매치메이킹이 성립됩니다.

쌍방주선은 쌍방이 선택의 주체가 되고, 매치메이커는 매개자의 입지를 강화하기 위해 의도적으로라도 블라인딩blinding, 즉 차단해야 합니다. 정보의 비대칭성을 추구해야 합니다. 반면 추천 시스템은 가급적 많은 정보를 공개합니다. 선택하는 일방의 관점에서 필요한 분석정보를 자세하게 보여주어야 하는 이유가 있습니다. 정보 블라인딩이 아닌 정보 공개입니다.

일방추천형 매치메이커로서 성공하려면 단순히 정보를 공개하고 선택하기만을 기다리는 수동적인 방식에 만족하면 안 됩니다. 추천에 매개 대상자의 참여를 유도하는 능동적인 방법이 효과적입니다. 쉽게 말해 '물귀신 작전'입니다.

'협업 필터링collaborative filtering'의 강자 역시 아마존입니다. 협업 필터링은 다량의 고객 기호에 대한 정보를 활용해서 고객의 관심사를 예측하는 방법으로, '고객이 좋아할 수 있는 음반'이라면 해당 고객이나 그 고객과 유사한 프로파일profile과 기호를 가진 고객군에 음반을 추천하는 것입니다. 비슷한 취향을 가진 고객들에게 아직 구매하지 않은 상품들을 서로 교차해 추천하기도 합니다. 가령 인터넷 서점에서 '이 책을 구매하신 분들이 함께 구매하신 상품입니다.'로 추천된 책들을 본 적 있을 것입니다. 고객과 상품의 정보에 대한 연관 분석입니다. 한편 상품 간의 기능과 구매 유사성을 중심으로 접근하면 '자주 함께 구매하는 상품'으로 추천합니다.

매우 정교하고 복잡한 알고리즘이나 휴리스틱을 사용하는 협업 필터링도 있지만, 흔하게 볼 수 있는 '영화 평점'이나 '좋아요' 버튼도 협업 필터링입니다. 무언가 선택을 해야 하는 사용자가 또 다른 사용자의 평가에 귀 기울이는 것은, 서로가 협력하고 서로에게 의지하여 자신에게 적합한 정보를 걸러내고 싶어서입니다. 얼마나 상세하고 정교한지의 차이가 있을 뿐이지 이 모두는 협업하여 추천하고 추천받는 것입니다.

그런데 여기서 진정으로 강조하고 싶은 요점은 약간 비껴난 곳에 있습니다. 사용자나 고객이 선택한 정보에 기반 하는 협업 필터링은 일방 추천형 매치메이커에게 유용한 방패막이라는 것입니다. 이 사실을 기억해야 합니다. 매치메이커의 추천내용이 꼭 그럴듯하지 않더라도 그 책임의 일부가 고객이 속한 고객 집단에 있기 때문입니다.

연구결과에 대해서는 연구자가 책임을 져야 하지만, 설문조사 결과에 대해서는 조사자가 책임지지 않습니다. 컨설팅을 할 때도 인터뷰나 서베이survey는 효과만점입니다. 고객 기업은 인터뷰나 서베이의 결과에 대해 토를 달지 않습니다.

일방추천 매치메이커의 선순환 성공

예를 들어보겠습니다. 중요한 회의라며 사람들을 소집합니다. 회의를 소집한 사람은 이미 답을 갖고 있습니다. 회의가 개최되고 참석한 사람들의 이름이 들어간 회의록에 회의결과로 그 답이 기록됩니다. 이제 그답의 옳고 그름은 회의를 소집한 사람만의 책임은 아닙니다.

추천은 하되 책임은 지지 않아야 합니다. 추천을 해봤자 선택은 고객이 하고, 만족여부도 조삼모사하는 고객의 몫입니다. 그러니 물귀신처럼 끌어들여야 합니다. 현대 기업경영에서 강조하는 것이 고객의 참여입니다. 제품개발에 대해서도 사용자의 경험을 중시합니다. 이러한 노력을 선전하고 광고하고 있다면, 그러한 활동은 다 일종의 물귀신 작전입니다.

일방추천 매치메이커의 성공요인도 선순환에서 찾을 수 있습니다. 전문성, 참여유도, 그리고 정보공개로 이어집니다. '참여유도'를 '책임회피'

로도 쓸 수 있겠군요. 고객참여와 집단지성의 명분으로 더 많은 정보가 가공되고 공개됩니다. 고객은 다양한 추천정보에 기꺼워하며 매치메이커의 전문성을 의심하지 않습니다. 그리고 더 많이 참여합니다. 그럴수록 매치메이커의 책임감은 줄어들고, 선순환에 접어듭니다.

아이러니한 것이 있습니다. 쌍방주선에서는 책임감 있는 자신감이 정보 블라인딩을 만들고, 일방추천에서는 책임회피가 정보공개로 실체화됩니다. 긍정적 단어와 부정적 단어가 합쳐지고 이어지는데도 별로 어색하지 않죠? 세상이치가 오묘합니다.

책임회피 같은 용어가 나와서 노파심에 덧붙이자면, 지금 설명하고 있는 내용은 '매치메이킹 성공하기'가 아닙니다. '매치메이커로 성공하기'에 대한 이야기입니다. 냉정하지만 매치메이킹 성공하기와 매치메이커 성공하기는 같아 보여도 다를 수 있습니다.

중매를 잘 섰다는 것은 성혼成婚 수로 보나요? 아니면 성혼율로 보나요? 성혼만 되면 무조건 중매를 잘 섰다고 할 수 있나요? 그렇다면 성혼되었다가 이혼한 숫자를 뺀 성혼수를 따져봐야 하나요? 아니면 성혼된 커플의 행복수준을 공들여 계산해야 하나요?

매치 또는 궁합에 정답은 없는 것 같습니다. 한 사람은 계란의 노른자위를 좋아하고 한 사람은 흰자위를 좋아합니다. 어떤 커플은 계란 하나를 사이좋게 나눠먹고, 어떤 커플은 취향이 다르다고 사이가 멀어집니다. 정답이 없으니 어려운 문제입니다. 매개자 매치메이커는 세상을 보는 기술의 한계를 명심하고 주선과 추천의 본분을 다해야 합니다.

자연스럽게 짝을 이루거나 자연발생적으로 합의되는 상황이 아니라면 매치메이커가 필요합니다. 더 많은 연결 속에 올바른 연결에 대한 갈망은 깊어져갑니다. 같은 것을 조금이라도 다르게 보는 '매의 눈' 매개자 매치메이커의 시대가 도래하였습니다.

'같은 것을 다르게 보는' 매개자의 정반대 방향에서 마지막 매개자가 오고 있습니다. 다음은 '다른 것을 같게 보는' 매개자입니다.

9

바람이 불면
왜 목수가
좋아하나?

COMBINER

다른 것을 같게 보는 매개자
― 컴바이너

성찰, 관찰,
통찰

　사람은 누구나 그림이 그려진 종잇조각이나 패牌를 좋아하는 것 같습니다. 저도 어릴 적에 딱지에 집착했고, 어른들 어깨 너머로 화투花鬪를 보며 신기해했던 기억이 납니다. 화투는 포르투갈 상인들이 포르투갈의 카르타carta 딱지를 일본에 전하고, 이를 본떠 꽃 그림으로 12개월을 나타내는 일본의 '하나花 카루다'가 조선시대 말기 우리에게 전파되어 지금의 모습이 되었다는 설이 유력합니다.

　그러다가 대학에 가서 친구들을 통해 트럼프를 알게 되었고, 이제는 트럼프의 원조라고 하는 타로tarot를 변화한 길거리에서 자주 봅니다. 타로 역시 22장의 '대大 아르카나'와 56장의 '소小 아르카나'로 구성된 총 78장의 카드입니다. '아르카나arcana'는 '비밀'이라는 뜻의 라틴어로, 타로는 비밀스런 그림의 조합으로 길흉화복을 점치는 것입니다. 참고로 소 아르카나 56장이

트럼프의 전신이라고 하네요.

근자에 강렬한 인상을 받은 그림 패는 십우도十牛圖입니다. 불교 선종禪宗의 수행과정에 대한 회화의 화제畫題를 고작 그림 놀이와 비교할 수는 없습니다만, 10장의 연이어진 그림이 주는 의미가 무척이나 심장하였습니다. 자아의 본성을 찾아가는 과정을 소를 찾는 것에 비유해서 심우도尋牛圖라고 합니다.

첫 번째 그림은 동자가 소를 잃은 것을 깨닫고 소를 찾아 길을 떠나는 모습입니다. 이 그림을 심우尋牛라고 하고 구도求道의 시작을 알립니다. 다음 두 장의 그림은 견적見跡과 견우見牛로, 소 발자국을 발견하고 결국 저만치에 있는 소를 보고 있습니다. 찾고자 하는 것을 노력해서 급기야 보게 되는 견見의 단계입니다. 세상에 투영된 자아의 본성을 본 것이죠.

네 번째는 동자가 소를 붙잡은 득우得牛, 다섯 번째는 소의 묵은 때를 벗기고 길들이는 목우牧牛입니다. 여기서 눈여겨볼 것은 붙잡을 때 검었던 소가 목우에서 검은색이 차츰 흰색으로 바뀌고 있는 모습입니다.

그리고 기우귀가騎牛歸家, 동자가 소를 타고 고향으로 돌아오는데 이때의 소는 전체가 동자의 옷 색깔과 같은 흰색입니다. 소와 동자가 하나의 모습이고, 그다음 그림에서는 급기야 일체가 됩니다. 애써 찾은 소는 온데간데없고 자신만 홀로 집에 있는 망우존인忘牛存人입니다.

십우도의 하이라이트는 여덟 번째 그림 인우구망人牛俱忘입니다. 원 하나가 동그랗게 그려져 있습니다. 객관이었던 소도 없고 아울러 주관인 동자도 없는, 그저 하나의 상태가 되었음을 나타냅니다. 이 메시지는 자아와 세상이 혼연일치된 자연경관으로 그려진 아홉 번째 반본환원返本還源에서 더욱 뚜렷해집니다.

입전수수入塵垂手, 동자가 큰 포대를 메고 사람들에게 베풀기 위해 나서는 장면으로 마지막을 장식합니다. 십우도는 세상을 보는 객관과 자아를 보는 주관이 합쳐지고 이를 통해 본성을 깨우쳐서 중생衆生을 이롭게 하는 도道를 얻는 과정입니다. 꼭 그림으로 음미해보세요. 검색해보면 됩니다.

세상은, 세상에 나아간 소는, 세상의 소를 찾기 위해 나아간 동자는, 결국 눈앞에 펼쳐진 모습입니다. 눈앞의 세상 자체는 객관으로 존재합니다. 우리가 객관의 세상을 보는 것을 관찰觀察이라 합니다.

우리 각각은 우리가 보는 세상을 객관이라 믿고 봅니다. 그렇지만 특정인의 특정 관점이 가미되면 세상의 객관성이 흐트러지고 왜곡되기도 합니다. 우리에게 보이는 세상은 우리가 어떻게 보느냐에 달렸습니다. 소는 소의 색깔 그대로였을 것이고, 검은색인지 흰색인지는 단지 동자의 마음에 달린 문제입니다. 동자의 마음, 동자가 스스로 내재된 주관을 살펴보는 것을 성찰省察이라고 하겠습니다.

세상과 자아가 갈등하고, 객관과 주관이 대립합니다. 그러다가 소와 동자가 일색이 되고 일체가 되고, 급기야는 원이 되어 자연의 근본까지 보게 됩니다. 통찰洞察한 것입니다. 자아를 보는 성찰, 세상을 보는 관찰, 근본까지 보는 통찰. 이렇게 성찰, 관찰, 통찰로 이번의 매개자에게로 안내하겠습니다.

바로 앞 장에서 매치메이커를 소개할 때 세상을 보는 기술, 특히 분석에 힘을 실어 얘기했습니다. 그러면서 쪼개고 나누어서 보는 개체주의라든가, 환원주의에 대한 한계와 공격에 대해서도 언급했습니다. 분석에만 치중하는 '세상을 보는 기술'에 균형을 잡아주기 위해서는 통합의 역할이 필요합니다.

'통합synthesis'이라는 단어가 나왔습니다. 통합은 알다시피 모으고 합하는 것입니다. 쪼개진 것을 합하여 전체의 이미지로 보길 원하니 '큰 그림big picture'에 주목하는 것이 당연합니다. 흔히 '나무를 보지 말고 숲을 보라.'고 할 때 숲은 나무를 모으고 합한 통합의 결과물입니다.

과학자와 공학도는 나무는 잘 보지만 통합적인 숲을 보는 시각이 약하다는 평을 듣습니다. 과학과 공학이 태생적으로 분석에 기반을 두고 있기 때문입니다. 반대로 인문학도는 나무, 즉 디테일에 약하다는 지적을 받기도 합니다.

과학과 공학은 학문적으로 '시스템적 접근systematic approach'을 합니다. 인풋input이 프로세스process를 거쳐 아웃풋output이 되는 전체를 시스템으로 보고, 그중에서도 특히 프로세스에 관심이 많습니다. 인풋이 어떻게 아웃풋으로 변환되는지 설명해주는 것이 프로세스입니다. 그렇다 보니, 프로세스는 '블랙박스'고, 과학자가 그리도 집착하는 '알고리즘'입니다.

반면, 인문학과 사회학은 상대적으로 프로세스에 그리 연연하지 않습니다. 호기심이 발동해도 '판도라의 상자'를 반드시 열어보겠다고 욕심부리지 않고, 프로세스도 대수롭지 않게 건너뜁니다. 다만 어떤 인풋이 어떤 아웃풋과 어떤 행태적 연관이 있는지를 궁금해합니다. 그것을 알기 위해 '보이는 행태'에 준거하니 '행동적 접근behavioral approch'을 채용합니다. '이럴 때는 이렇게, 저럴 때는 저렇게 되었구나.' 하는 경험적 사실들의 나열과 축적으로 인간과 사회를 설명하는 것입니다.

파울로 코엘료의 《연금술사》를 보면, 행복의 비밀을 알려달라며 찾아온 젊은이에게 현자가 찻숟가락에 기름 두 방울을 떨어뜨려주고 그것을 든 채로 집과 정원을 돌아다니게 합니다. 숟가락에 든 기름을 흘리지 않으려 노력할 것인지, 세상의 아름다움을 감상하는 데 열심일 것인지, 동시에 다 하기가 버거운 젊은이에게 충고합니다.

"행복의 비밀은 이 세상의 모든 아름다움을 보는 것, 그리고 동시에 숟가락 속에 담긴 기름 두 방울을 잊지 않는 데 있다네."

물론 숲과 나무를 다 보는 것이 쉬울 리가 없습니다. 학문적으로 접근할 때도 어느 한쪽으로 치우칩니다. 그렇지만 세상을 관찰할 때는 어차피 둘 다 보아야 합니다. 세상에는 물론 나무도 있고 숲도 있습니다.

세상의 모든 것은 아서 케슬러Arther Koestler가 지칭한 '홀론holon', 즉 그 자체가 전체이면서 동시에 다른 것의 부분이기 때문입니다. 만일 연금술사의 현자가 세상을 보는 비결을 알려준다면, 분석과 통합 모두를 잊지 말라고 하겠죠.

세상은 관점에 따라 또 다르게 보인다는 이야기를 앞 장에서 했습니다. 관점은 객관이 아니고 보는 사람의 주관입니다. 내면에서 채택하고 있는 관점이나 프레임이 무엇이냐가 보이는 세상의 모습을 결정합니다.

이렇게 생각하면 쉽겠네요. 내가 세상 어디에 있는지 알고 싶다면, 세상의 지도뿐만 아니라 나의 위치정보도 있어야 합니다. 스마트폰의 자신의 위치정보를 꺼놓으면 길 찾기를 할 수 없습니다. 그래서 성찰이 필요합니다. 객관을 보기 위해 주관을 보아야 하고, 외면을 알기 위해 내면도 알아야 하는 이치입니다.

현대 심리학에서 인간의 지능을 설명하는 여러 방식들 중 대세는 '다중지능 이론multiple intelligence theory'입니다. 주창자인 하워드 가드너Howard Gardner에 따르면 인간의 지능은 9가지의 영역에서 측정되어야 하는데, 그중의 한 가지인 '자기성찰 지능intrapersonal intelligence'이 다른 영역의 지능과 결합하여야 우수성이 발현된다고 합니다. 이것도 같은 맥락입니다.

2005년부터 공대 공통과목으로 '테크노 리더십'을 강의하고 있습니다. 리더십이 전공분야는 아니지만 딱히 리더십 과목이라고도 할 수 없기에, 공대생들이 꼭 알았으면 하는 내용을 나름 독창적으로 구성하고 준비하여 수업을 합니다.

그 수업은 스스로 창안한 'Y형 인재'를 소개하는 것으로 시작됩니다. 보다시피 Y는 3개의 직선이 만나서 이루어진 글자입니다. 위쪽 좌측은 나무을 보는 것, 위쪽 우측은 숲을 보는 것으로 생각해보았습니다. 나무를 보는 공대생들에게 숲도 잘 보라고, 그래서 나무와 숲을 동시에 잘 관찰하라고 강조합니다. 그리고 아래쪽을 든든하게 받치는 직선은 '자아를 성찰하는 것'입니다. 자신의 상황과 관점을 아는 것도 숲과 나무 못지않게 중요합니다. 수업은 이 세 가지 축을 중심으로 진행됩니다.

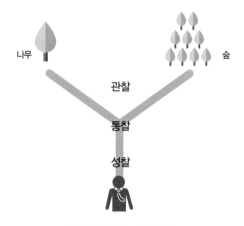

Y형 인재 (관찰, 성찰, 통찰)

그런데 Y형 인재의 최고 핵심은 3개의 직선이 가운데서 만난다는 데 있습니다. 나무와 숲, 분석과 통합도 만나지만, 이들 세상의 관찰이 자아의 성찰과도 만나야 합니다. 그래야 통찰이 되니까요. 이 점을 특히 강조합니다.

통찰은 두루 살펴서 꿰뚫어보는 것이니 결코 쉽지 않은 일입니다. 일본에는 "바람이 불면 목수가 좋아한다."는 옛날 속담이 있습니다. 무슨 얘기인지 어리둥절할 겁니다.

만일 바람이 불면 먼지가 생겨 눈병이 나고, 눈병이 창궐하면 굿을 하고, 굿에는 북을 사용하고, 북을 만들 때는 고양이 가죽을 쓰며, 고양이를 죽이니 쥐가 늘고, 쥐가 기둥을 갉으면 기둥이 약해져 목수가 필요합

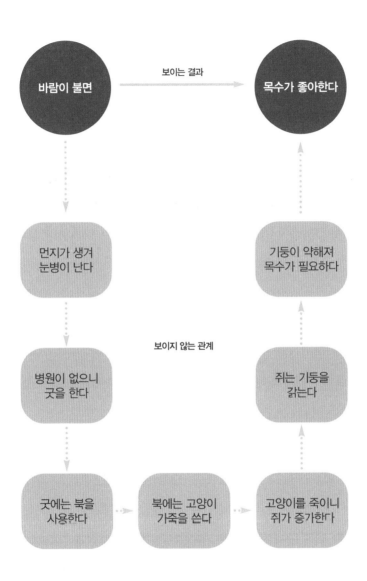

다른 것을 같게 보는 통찰력

니다. 그래서 목수가 좋아한다는 것입니다. 이 많은 단계가 연상된다면 대단한 통찰력의 소유자인 셈입니다.

통찰은 쪼개서 세밀하게 보는 분석뿐 아니라, 모으고 합하는 통합도 요구되고, 관점의 차이도 이해해야 합니다. 한마디로 팔방미인이 되어야 한다는 말입니다. 비록 어려운 목표이지만, 노력이 아깝지 않을 만큼 충분히 소중한 가치입니다. 십우도로 비유하자면, 소와 동자가 다 사라지고 등장한 하나의 원과, 자신과 세상이 하나가 된 자연경관의 모습이 통찰의 상태입니다.

다른 것을 같게 보는 매개자는 통찰을 추구합니다. 이 매개자가 행하는 매개는 만만하지 않지만, 그 만만치 않음을 넘어서면 곳곳에서 대박의 매개 비즈니스가 기다리고 있고 또 현재 일어나고 있습니다.

더 나아가기 전에 짧은 시 한 편을 소개하겠습니다. 고은의 '비로소'인데, 시에서 표현한 '넓은 물'이 관찰이 아닌 통찰의 대상이라 생각합니다. 공감하기를 바랍니다.

노를 젓다가
노를 놓쳐버렸다
비로소
넓은 물을 돌아다보았다.
— 고은, '비로소'

창의는
창조가 아니다

만약 여러분이 무인도에 갇히게 된다면 어떤 맛과 향을 가장 그리워할까요? 얼마 전 그 질문에 대한 답으로 '커피'가 영예의 1위를 차지했다는 얘기를 들었습니다. 그렇다면 우리나라 사람들은 도대체 커피를 얼마나 많이 마실까요? 한 조사에 따르면 우리나라 성인 한 명이 1년 동안 마시는 커피의 양이 아메리카노를 기준으로 365잔에 근접한다고 합니다. 매일 1잔씩 마신다는 거죠. 사무직을 비롯해 지적 업무 종사자들을 대상으로 다시 조사한다면 아마 하루 평균 2~3잔은 족히 넘을 것입니다.

커피전문점 스타벅스 매장이 세계에서 제일 많은 도시는 서울이라고 하고, 대학가나 지하철역 주변에 눈에 밟히는 것이 대형 커피전문점입니다. 커피 자체가 남녀노소 일상의 기호품이 된 이유도 있겠지만, 꼭 그것 때문만은 아닌 것 같습니다. 커피전문점 내의 풍경을 유심히 살펴보면, 그 장소가 도시민이 쉴 곳, 만날 곳, 일할 곳의 역할도 겸하고 있으니까요.

1650년 영국에서 최초의 커피하우스가 개점합니다. 1700년경에는 런던만 해도 수천 개의 커피하우스가 성업하고, 이 커피 내음 짙은 곳에서 적지 않은 현대 문명이 잉태됩니다. 영국의 커피하우스는 영국 남자들의 사교의 장이었습니다. 정치, 사업, 문학 등 사회 전반적인 이슈에 대해 자유롭게 의견과 정보를 교환하는 장소였고, 토론의 장이었습니다.

다양한 계층과 부류의 사람들이 커피를 마시며 새로운 것들을 만들어냅니다. 뜻이 통하는 사람들이 모인 커피하우스를 중심으로 정당이 만들어지니 여기서 의회주의 정치가 시발됩니다. 이는 프랑스로 전이된 형태인 카페에서도 마찬가지였습니다. 커피하우스에 모인 사람들을 위한 정보지가 만들어지고, 이를 유럽 저널리즘의 시초로 봅니다. 저널리즘의 탄생과 더불어 광고도 태동합니다.

또한, 영국의 세계진출과 맞물려 커피하우스에서 투기의 붐이 조성되고, 이것이 주식회사company로 발전합니다. 더불어 최초의 보험제도도 만들어집니다. 그리고 상대적으로 사소하지만, 팁 문화도 생겨나는데 커피하우스의 심부름 소년이 들고 다니는 상자에 '신속함을 보증하기 위함To Insure Promptness', 이 말을 줄여서 TIP이라고 쓰여 있다고 합니다.

영국에서 커피하우스의 붐이 시들해진 시기는, 그들이 커피 원산지인 아프리카 등지의 식민지를 잃게 되는 시점과 맞아떨어집니다. 이 후에는 지금의 차, 홍차의 나라로 완벽하게 탈바꿈합니다만, 아직도 영국인들은 자국의 커피하우스를 근대 문화의 창조 공간으로 자부하고 있습니다.

그러나 많은 이견도 있습니다. 정당, 저널리즘, 광고, 주식회사, 보험, 그리고 팁이 어느 날 갑자기 영국의 커피집에서 생겨난 것은 아니라고 빈정거립니다. 이미 유사한 형태와 생각이 무르익어가고 있었고, 그런 생각들이 당시 실세 영국 사회문화의 인지도와 결합된 결과라는 것입니다. 그러니 '창조'라는 표현에는 더욱 손사래를 칩니다.

조금 다른 얘기입니다만, 그리스 신화에 나오는 아테네의 왕자 테세우스Theseus는 괴물을 퇴치하고 개선합니다. 그의 업적을 기리기 위해 그가 귀향했던 배를 1,000년여에 걸쳐 보존합니다. 그런데 시간이 흐르자 배가 오래되어 낡아지고 부식되었고, 사람들은 나무판자를 교체했습니다.

이것에 대해 《플루타르코스 영웅전》으로 유명한 플루타르코스가 한마디 합니다.

"모두 새로운 목재로 바뀐 그 배는 테세우스의 배입니까, 아닙니까?"

하나씩 하나씩 교체되고 조금씩 조금씩 바뀐 것이 원래의 것인지 새로운 것인지를 물어보는, 일명 '자라나는 것들에 대한 논리학적 질문'을 한 것입니다.

창조創造는 영어로 크리에이션creation입니다. 이 말의 사전적 의미는 '전에 없던 것을 처음으로 만듦'입니다. 신神이 만물을 처음으로 만든 것이 대표적 예이고, 어쩌면 그것이 유일한 경우이기도 합니다.

창조라는 단어는 이전에 있었나 없었나를 판단한 후에 사용해야 합니다. 앞에서 말한 정당, 저널리즘, 광고, 주식회사, 보험, 그리고 팁 등이 정말 영국의 커피하우스에서 창조되었을까요? 창조의 대상이 과거에 실체가 전혀 없었던 것은 아닙니다. 우리가 그렇다고 생각하는 딱 그대로의 모습이 그때 만들어졌다고 보면 되겠죠.

반면, 신은 새로운 것을 창조하지만 인간은 신이 창조한 것을 변형하고 개선하여 만들어낼 뿐이라고 한다면, 수선한 테세우스의 배는 소의 머리를 한 괴물을 물리치고 금의환향한 그 배 맞습니다. 아무리 많이 고쳐지고 변형되어도 새로운 것은 아니며, 창조의 영광은 오직 근원의 창조자에게 귀속된다는 얘기입니다.

테세우스의 배를 테세우스의 배라고 하는 관점이 공감됩니다. 가까운 사례를 하나 더 들어보겠습니다. 2008년 설날 연휴의 마지막 날에 숭례문에 화재가 발생합니다. 지붕으로 구성된 상층부의 90%가 훼손되었고, 이는 5년 뒤 복구되어 지금의 모습으로 돌아옵니다. 하루아침에 목재의 대부분이 전소하여 형체가 사라졌습니다.

그렇다면 새롭게 복원된 숭례문은 아직도 국보 1호인가요? 대답은 '그렇다.'입니다. 문화재청은 "국보 지정 당시 목조 건물 자체만을 염두에 둔 것이 아니고, 건축양식, 그리고 무엇보다도 역사적 의미 등 여러 사항을 감안해서 결정한 것인 만큼 국보 1호의 지위를 유지한다."고 했습니다. 지금도 숭례문 앞에서 바라보는 서울 시민의 눈에 숭례문은 숭례문입니다.

'창조적'이라는 표현은 아껴서 사용할 필요가 있다고 생각합니다. 굳

미켈란젤로, 〈아담의 창조〉, 1475년

이 종교적인 논지를 제외하더라도, '창조'는 '크리에이티비티creativity'를 일본식으로 번역해서 만든 느낌이 강하게 듭니다. 원래의 영어표현은 '전통적인 방식을 벗어난 새로운 사고'를 뜻하는 '창의創意'에 더 가까워 보입니다.

'창조'와 '창의'를 애써 구분하려 하는 이유가 있습니다. 현대 인재상의 최고 덕목은 '크리에이티브creative'라 해도 틀린 말이 아닙니다. 2010년

세잔, 〈대수욕도 II〉, 1900~1905년

IBM이 전 세계 60개국, 33개 산업 군에 종사하는 1,500명 이상의 최고 경영자에게 인재들이 가져야 할 중요한 능력이 무엇인가 물었습니다. 답은 단연코 '크리에이티비티'였습니다.

우리가 원하는 인재상과 능력을 알려고 하는 이유는, 그것을 지향하고 키우기 위함입니다. 그것을 배우고 익히는 현실적인 방안을 강구하여, 새로운 사고와 그에 따른 혁신을 얻고자 하는 데 역점을 두려 하기 때문입니다. 좁은 의미의 창조는 학습하여 성장시킬 수 있는 능력이 아

파블로 피카소, 〈아비뇽의 처녀들〉, 1907년

피카소의 모방

니며, 신의 영역에 자리 잡고 있습니다.

창의적creative이기 위해 많은 고민을 합니다. 창의성creativity은 쉽게 얻어지기가 어려운 그 무엇입니다. 그렇다고 무조건 선천적인 것은 아닙니다. 후천적으로나마 창의적이고자 하여 창의성을 습득하기 위한 방법과 방법론이 제안되고 있습니다.

먼저 '모방'입니다. 파블로 피카소는 이렇게 말했습니다.

"좋은 예술가는 모방하고, 뛰어난 예술가는 훔친다."

창의적이기로는 둘째가면 서러워할 피카소가 모방을 칭찬했으니, 20세기 후반 일본의 모방경제도 창의적이라 하겠습니다.

모방이 다른 것을 본뜨는 것이라 한다면, 다른 것들을 본뜨고 합치는 것을 '조합'이라 할 수 있겠습니다. 복수의 사물이나 현상의 일부를 합해서 새로운 것을 만들어내는 것인데, 조합은 현재까지 알려진 가장 체계적이고 가시적으로 창의적 산물을 얻어내는 방식인 것 같습니다.

다독가 마쓰오카 세이고를 일본의 비주류에서 주류 지식인으로 승격시켜준 책이 《지知의 편집공학》입니다.

세이고는 시간, 장면, 문맥, 율동, 절차 등 5가지의 측면에서 편집하는 방법을 소개합니다. 콘텐츠의 스토리 데이터베이스narrative database 개발을 위한 '오페라 프로젝트'를 주도하기도 하였습니다. 그에게는 '편집'이 '조합'입니다.

그런데 조합이나 편집이라 하면 단순히 있는 것들의 물리적인 결합이라는 인식이 생깁니다. 조합되거나 편집된 결과물은, 쪼개져 있던 것들이 합쳐진 것이므로, 앞서 들먹였던 통합의 느낌이 강합니다. 앞에서 제가 장황하게 강조했던 성찰, 관찰, 통찰의 흐름과는 다소 거리가 있어 보입니다.

분석된 조각들이 조합되고 편집되어 기존의 것과 다른 새로운 것이 만들어집니다. 새롭고 창의적인 그것은 기존에 대한 모방과 물리적인 결합을 뛰어넘는 혁신입니다. 많은 유행이 있었지만 아직도 유효한 '융합'이라는 단어를 채택해 이번 장의 매개자와 연결시키겠습니다.

통찰력이 별건가,
조합하고 융합하라

컴바이너combiner는 비교적 생소한 단어입니다. 그래서 썼습니다. 매개자와 매개 비즈니스의 역사는 오래되고 인간사 전 분야에 폭넓게 포진해 있습니다. 그럼에도 불구하고 매개에는 부차적이고 기생적인 이미지가 있어 의외로 생소합니다. 덜 부각되어 생소하지만, 이제는 그런 시대가 아니라는 것을 압니다.

컴바이너란, 전기 용어로 2개 또는 그 이상의 신호를 결합하는 장치입니다. 여기서는 2개 또는 그 이상의 매개 대상자를 결합하는 매개자라는 의미로 사용했습니다. 그런데 매개의 목적이 단지 서로 다른 것들을 단순하게 결합시키는 것이 아니라, 새로운 것을 탄생시키는 것입니다. 그래서 '융합자'라고 명명하겠습니다.

식당에서 보라색 가지가 반찬으로 나왔습니다. 같이 있던 사람들에게

"또 어떤 것들이 원래부터 보랏빛이었지?" 하고 물어봤습니다. 보라색은 유채색의 기본색임에도 불구하고 자연에서 흔히 볼 수 있는 색이 아니라는 생각에서입니다. 포도, 블루베리, 그리고 제일 참신했던 것은 양파라는 대답이었습니다. 전체는 아니지만 보랏빛이 도는 양파를 본 적이 있기 때문입니다.

보라색은 예전부터 진귀한 색으로 대우받으며 직관력, 통찰력, 상상력, 창의력과 같은 고귀한 덕목으로 연관되었습니다. 상반된 색깔이라 할 수 있는 빨강색과 파랑색이 합쳐진 색이니 '융합의 색'이라 불러도 여러모로 제격입니다.

피 터지는 경쟁의 레드오션을 떠나 저편의 블루오션을 찾자는 비즈니스 전략이 한때 화두였습니다. 그렇지만 현실에서는 블루오션이 그다지 현실적이 않은 경우가 많습니다. 차라리 현실의 레드오션과 이상의 블루오션의 경계에서 융합되어지는 퍼플오션을 찾는 것이 어떨까요?

인류사를 되돌아봤을 때 최대의 블루오션은 대서양입니다. 에스파냐 왕실의 후원을 받은 크리스토퍼 콜럼버스가 아메리카 대륙을 발견한 노다지 항로가 대서양에 열려 있었습니다. 아메리카 대륙의 존재가 지도상에 없었을 때, 우리나라는 지도의 최고 동쪽에 있었습니다. 그래서 종종 극동far east으로 불렸습니다. 우리에게 익숙한 현대의 세계지도에는 오른편에 아메리카 대륙이 있어 한반도가 정중앙 부근에 있지만요.

어쨌거나 그 시절의 지도에서 영국은 최고 서쪽입니다. 영국 출신의 2인조 그룹 펫 샵 보이즈Pet Shop Boys의 노래 제목 '웨스트 앤드 걸즈West End Girls' 는 물론 영국 여자를 뜻합니다. 아무것도 없을 것 같던 서쪽으로 계속 가봤더니 신대륙이 있었고, 결국 돌고 도는 지구가 완성됩니다.

극좌極左는 극우極右와 통한다고 하지 않나요? 뫼비우스의 띠는 안팎이 만나다 보니 끝없이 돌고 돕니다. 아무리 서로 상반된 입장이고 극단에 있다 해도 언젠가는 결국 만나게 되고, 이 만남이 새로움을 낳는 것은 이미 태고의 섭리이자 자연의 이치입니다.

아메리카 대륙이 옛 지도의 왼쪽으로 끼어 들어가면, 세계지도는 진정한 동서양의 대칭구도가 됩니다. 이번에는 정중앙에 장화 모양의 또다른 반도인 이탈리아가 있습니다. 동서양이 만나는 이 지점에서 최고의 융합과 창의의 대명사 둘이 등장합니다. 바로 메디치와 다 빈치입니다.

15세기와 16세기 이탈리아 중부 피렌체 지방을 실질적으로 통치했던 메디치 가문은 4명의 교황과 2명의 프랑스 왕비를 배출했습니다. 그러나 그들보다 더욱 크게 명성을 떨친 존재가 있었으니, 바로 코시모 메디치 Cosimo Medici와 그의 손자인 로렌초 메디치Lorenzo Medici입니다. 메디치 가의 이 두 인물은 학문과 예술, 문학과 철학, 그리고 과학까지도 중흥시키며, 특히 그들의 교류를 장려하고 후원합니다. 그래서 서로 다른 이질적인 분야들이 한곳에서 만나 혁신적인 아이디어가 폭발적으로 증가하는 현상을 '메디치 효과Medici effect'라고 합니다.

메디치 가문이 르네상스 시대를 꽃피웠다고 해도 과언이 아닙니다만, 여기에 또 다른 주연 레오나르도 다 빈치가 등장합니다. 다 빈치가 미술,

건축, 의학, 과학 등의 다재다능한 천재임은 누구나 알 것입니다. 그리고 그가 남긴 1만 3,000여 개의 그림메모는 상당수가 현대문명의 이기를 착안하는 데 결정적인 열쇠가 되었습니다. 하지만 아쉽게도 그 그림메모 중 3분의 2가 소실되었다고 합니다.

다른 것들의 만남은 보라 빛깔처럼 매력적입니다. 남녀는 다르니까 매력적이고, 이국의 풍경은 내가 사는 곳과 다르니까 설렙니다. 앞서 나온 영국의 커피하우스는 계층과 직업을 불문하고 다양한 사람들을 서로 만나게 해주었습니다.

마이크로소프트 본사에 들어서면 미니멀리즘의 거장 솔 르윗Sol LeWitt의 벽화가 손을 내밀고, 미국 각지의 마이크로소프트 사무실에는 총 4,500여 점의 미술작품을 만날 수 있습니다. 애플 본사의 건물 외벽 중 한 면은 피카소의 얼굴로 덮여 있습니다. 심지어 스티브 잡스는 "소크라테스와 점심을 함께할 수 있다면 애플이 가지고 있는 모든 기술을 줄 수 있다."고까지 말했습니다. 어차피 점심을 같이할 수 없는 것을 알고 한 얘기겠지만요.

그리고 그 스티브 잡스를 존경한다는 코엔 형제는, 형 조엘 코엔은 영화과를, 동생 에단 코엔은 철학과를 졸업했습니다. 이들은 현재 미국 영화계의 대세이자, 감독과 프로듀서로 각자의 역할을 하면서 시나리오를 함께 쓰는 등 찰떡궁합을 자랑하기도 합니다. 이처럼 서로 다른 것이 만나 매력적인 결과물을 만들어냅니다.

칼 와익Karl Weick의 '약한 결합loose coupling'은 구성원의 다양성과 이질성이 확보된 조직의 장점에 중점을 두고 있습니다. 벤처기업은 대기업에 비해 외부에의 의존도가 높습니다. 신생기업으로서 갖추지 못한 기본 역량을 외부에 의지합니다. 반면 내부에는 다양한 경력과 배경을 지닌 인재들이 색다른 방식으로 업무를 수행하곤 합니다. 벤처기업에 많은 창의성과 혁신을 기대하는 이유입니다.

도시도 이질적인 산업과 다양한 문화가 공존하는 곳이 더 빠르게 성장한다는 연구결과가 있습니다. 어쨌든 시카고대 교수 로날드 버트Ronald Burt의 말처럼 '혁신은 다른 것들이 만나는 곳에서 이루어지는 것'은 맞는 말 같습니다.

컴바이너는 우선 다른 것들을 만나게 하는 매개자입니다. 그리고 그들의 결합과 융합을 통해 새로운 것을 만들어내는 역할을 합니다. 더 정확히 말하면, 새로운 것을 만들기 위해 다른 것들을 융합하는 것입니다. 그러기 위해서는 융합할 적절한 다른 것들이 있어야 하겠죠. 다르고 상반되고 이질적이며 약한 결합의 대상들이 만나고 모이는 것은 전제조건에 불과합니다. 형형색색의 구슬을 아무리 많이 가진들 그냥 놔두면 무슨 소용인가요? 구슬이 서 말이라도 꿰어야 보배입니다. 그렇지 않으면 눈앞에서 어지럽게 굴러다닐 뿐입니다.

새롭게 만들고, 그러기 위해 융합하고, 이를 위해 융합할 것들을 골라내고, 그래서 이 모든 창의적인 일들 이전에 많은 것을 접하는 것이 컴바이너가 할 일입니다.

창의적인 컴바이너가 간절히 원하는 능력은 한마디로 통찰력입니다. 내부의 현황과 요구를 성찰하고 외부의 현상과 사물을 관찰하여 융합의 구성과 과정을 통찰합니다. 성찰과 관찰을 포괄한 의미로 통찰력이라 하였습니다. 그리고 컴바이너의 성찰, 관찰, 통찰은 '다르게 보기'에서 시작합니다.

'다르게 보기'는 무엇일까요? '다르게 보기'는 '같은 것을 남과는 다르게 보기' 또는 '같은 것을 다른 때와는 다르게 보기'입니다. 안도현 시인은 '너에게 묻는다'라는 시에서 '연탄재 함부로 발로 차지 마라. 너는 누구에게 한번이라도 뜨거운 사람이었느냐.'고 묻습니다. 안도현은 우리와 다르게 연탄재를 본 것입니다. 또한 그 역시 이 유명한 시구를 떠올릴 당시에는 훨씬 이전과는 다르게 본 것이겠죠.

'제록스' 하면 떠오르는 것은 복사기입니다. 그러나 PC, 윈도우 형태의 GUIGraphic User Interface, 마우스, 레이저프린터, 또 근거리 통신망 이더넷Ethernet에 스마트 오피스까지…, 이 모든 것들의 핵심기술을 개발한 회사가 제록스라면 믿어지나요?

1979년 제록스의 연구소 PARCPalo Alto Research Center를 방문한 스티브 잡스는 눈이 휘둥그레집니다. 그리고 새로운 생명을 부여받은 GUI와 마우스는 애플의 상징이 됩니다. 역시 보는 눈이 달랐던 스티브 잡스는 "기회가 왔음을 알고 있었다면 제록스는 IBM과 마이크로소프트를 합친 회사가 되었을 것이다."라고 너스레를 떱니다. 검색해보니 요즘 제록스의 주가는 고작 1만 원대입니다.

사실 '다르게 본다.'는 것은 '같은 것을 다르게 보는 것'과 '다른 것을 같게 보는 것' 모두를 의미합니다. 그냥 남들한테는 같은 게 나한테는 다르고, 남들한테는 다른 게 나한테는 같으니, 다르게 보는 것입니다. 앞에서 매치메이커를 설명할 때, 쪼개고 나누는 분석으로 같아 보여도 다르게 보아야 한다는 것을 강조했습니다.

컴바이너는 이런 '다르게 보기' 중에서, 다른 것을 같게 보고 '하나의 새로움'을 만드는 통찰과 융합에 힘을 주고 있습니다. 같은 것을 다양한 관점으로 다르게 보고, 다시 다르게 본 것들의 필요 맥락을 찾아 같은 것으로 봅니다. 이 돌고 도는 과정이 '창의'이고 그 결과가 '융합'입니다. 그리고 컴바이너가 성공하기 위해 해야 할 일이 바로 이것입니다.

컴바이너로 성공하기,
이기거나 감당하거나

장담컨대 앞으로 컴바이너는 더욱 많아질 것입니다. 변호사 시절 박원순은 5년간 전 세계를 돌며 미래의 창의적인 직업을 모아봅니다. 《세상을 바꾸는 천 개의 직업》에서 '돌연변이 잡종'이라 소개하는 직업은 이런 것들입니다.

창조적 이벤트 디자이너, 외국인 여행자 친구 서비스 사업자, 글로벌 에티켓 강사, 범죄 피해자 전문 치유사, 농촌 기획자, 자전거 지도 제작자, 애견 제빵사, 수면 카페 운영자 등등. 모두가 색다른 것들이 만나 융합된 직업입니다. 전혀 달라 보이지만 연결고리를 찾아 그것들을 연결하는 매개 비즈니스이기도 합니다.

누가 뭐라 해도 창의적 컴바이너의 최고봉은 예술가입니다. 예술적 가치가 높을수록, 그 작품을 대하는 감상자들은 저마다 느낌이 다르다고 합니다. 그 다를 수 있는 여러 느낌의 소재를 응축하고 융합하여 하나의 예술작품으로 만들어내었으니, 분명 '다른 것을 같게 본' 것입니다. 이렇듯 같게 보아 만들어진 작품을 저마다 다르게 보고 다르게 느끼는 것은 작품 감상자의 몫입니다.

종종 수준 높은 예술가들은 자신들의 작품을 설명하지 않습니다. 어쩌면 말로 설명할 수가 없어서 그러는 것인지도 모릅니다. 그러나 그들의 예술혼은 많은 성찰과 관찰, 그리고 통찰을 통해 완성되었음을 짐작할 수 있습니다.

융합자 컴바이너의 핵심 성공요인은 확실히 통찰력입니다. 통찰은 쉽게 보이지 않는 것을 보는 것이라고도 합니다. 얼핏 보면 다르고 관련이 없지만, 얼핏 보지 않은 다른 차원에서는 그렇지 않습니다.

앞에서 얘기했듯이 '바람이 불면'과 '목수가 좋아한다.'도 연결됩니다. 이런 예도 있습니다. '커피'와 '홍차' 하면 둘 다 차 종류로 쉽게 연결됩니다. 그렇지만 '오전에는 커피', '오후에는 홍차'라면 다른 방식으로 연관되지 않나요? 차 자체보다는 일상의 여유를 만끽하는 사람이나, 아니면 건강한 차의 음용방법 등이 떠오릅니다. 이처럼 보이지 않는 정보의 연쇄작용을 마쓰오카 세이고는 편집의 실마리로 봅니다. 서로 다른 것이라도 메타레벨meta-level에서의 유사성을 발견하면 연결하고 편집한다는 것이니, 그가 말하는 편집공학은 컴바이너의 통찰과 크게 다르지 않습니다.

매개자 컴바이너의 쓰임은 더욱 확대되겠지만, 컴바이너로 성공하기 위한 덕목인 창의성이나 통찰력을 확보하는 것은 손에 쉽사리 잡히지 않는 문제입니다. 통찰을 통한 창의적 산물을 얻는 요건으로 자주 언급되는 것은 '몰입'입니다.

몰입에 몰입한 심리학자 미하이 칙센트미하이는 "관심과 감정을 집중하는 몰입 flow으로 창의성이 발현된다."고 했습니다. 다 빈치를 포함하여 분야를 넘나들며 창의성을 빛낸 사람들의 생각방식을 다룬 《생각의 탄생》의 저자 로버트 루트번스타인 Robert Root-Bernstein도 "자신의 상자 box를 끊임없이 생각하라."라고 조언합니다. 말콤 글래드웰이 《아웃라이어》에서 소개한 성공스토리의 비결 '1만 시간의 법칙'도 크게 다르지 않습니다.

1912년 어느 날, 헨리 포드는 도살장을 방문합니다. 도살된 가축들이 이동식 벨트에 뉘어져 다음 작업자에게로 가는 것을 보고 번뜩이는 통찰을 경험합니다. 그리고 현대적 자동차 조립 공장이 탄생합니다. 빌 게이츠는 1976년 컴퓨터 산업 컨퍼런스에 참석합니다. 그가 만든 소프트웨어를 많은 컴퓨터 전문가들이 복사해서 쓰는 것을 보고 섬광 같은 통찰에 전율합니다. 그리고는 표준 운영체제 소프트웨어의 황제가 됩니다.

헨리 포드나 빌 게이츠는 불현듯 그 통찰의 순간을 맞이한 것이 아닙니다. 얼마나 많은 시간 동안 오로지 그것만을 생각했을까요? 통찰을 위한 몰입은 어떤 생각에 흠뻑 빠져 무아지경에 이른 삼매경을 의미하지 않습니다.

골똘히 집중하고 늘 고민했기에, 아르키메데스는 목욕탕에서도 "유레카!"를 외쳤습니다. 《대학》 '정심장正心章'에 '심부재언 시이불견心不在焉 視

而不見'이라는 말이 나옵니다. 마음에 있지 않으면 보아도 보이지 않는다는 뜻이죠. 몰입하고 집중하기 전에 채워야 합니다. 무엇을? 당연히 관련 분야의 지식과 경험이겠죠. 집중하여 통찰하고, 그리하여 창의적인 융합을 이루어내기 위해서는 그 분야의 지식과 경험이 축적되어야 함은 당연합니다.

창의는 무에서 유를 만들어내는 창조가 아닙니다. 논문을 쓰거나 학술 연구를 해본 사람은 압니다. 닥치는 대로 관련 분야의 문헌을 읽고 또 읽으면 언젠가 어느샌가 어렴풋이 머리에 구도가 잡힙니다.

"좋은 요리사가 되려면 많이 먹어보고, 머릿속에 맛의 프로필을 빼곡히 채워야 한다. 그걸 수시로 꺼내 조합해보는 것이다. 날이 덥다고 치자. 식초를 넣은 매콤한 요리가 떠오른다. 그 맛을 가진 음식을 찾아 기억의 저장소를 뒤진다. 골뱅이 무침 당첨! 그러면 이리저리 만들어보면서 조리법을 개발한다."

한식당 최초로 미슐랭 별을 딴 요리사 김훈이의 설명입니다. 왜 요리사가 창의적인 융합자이자 컴바이너인지를 단박에 알 수 있는 대목입니다.

물론 채우기 전에는 비우기도 해야 합니다. 사람이라면 어쩔 수 없이 가지고 있는 고정관념, 기업이라면 불가피하게 가진 기존 방침이 있습니다. 비워야 합니다. 뭔가 새로운 것을 하기 위해, 워크샵도 떠나고 브레인도 스토밍합니다.

마이크로소프트에서는 1년에 한두 차례 1주일 동안 일상적인 일에서 벗어나는 '생각주간Think Week'을 시행합니다. 대학 교수들도 7년에 한 번씩 안식년을 떠납니다. 안식년은커녕 안식월도 부담스럽다면, 똑같은 생각에서 벗어나게 해주는 쉽고 간편한 방법들을 생각해볼 수 있습니다. 예를 들어 샤워나 명상 같은 것도 괜찮습니다. 어떤 경우에는 그냥 그 자리에서 눈만 감아도 일상의 지각과 인식에서 어느 정도 자유로워질 수 있습니다. 떠나고 벗어나서 비운 그곳에 새로움이 깃듭니다.

축구와 만화 외에는 아무것도 안중에 없었던 어린 시절이 있었습니다. 어린이의 눈에 세상은 경이롭습니다. 그만큼 비어 있기 때문이죠. 그러다 어른이 되고 아인슈타인의 다음과 같은 통찰도 흘려듣게 됩니다.

"상식이란, 그대가 18세 때까지 얻은 편견을 집대성한 것이다."

상식과 편견으로 세상을 자기만의 프레임으로 보고, 새로운 것을 보아도 그간 집대성한 전형典型으로 갈음합니다. 흔히 '스테레오타입stereotype'이라고 하죠. '이런 것은 그냥 이런 것이야.' 하면서 새로운 것을 구태의연한 것으로 갈아치우고, 통찰의 눈을 감아버립니다. 정보처리의 인지적인 편의만을 추구하면 결국 스테레오타입으로 둔갑합니다. 시쳇말로 '꼴통' 기성세대가 되는 것입니다.

지식과 경험을 단순히 축적만 하지 말고, 한 발짝 더 나아가서 그들의 본질을 탐구하면 원형原型, 즉 '아키타입archetype'이 보입니다. 이 원형으로 다른 것들의 근원적인 공통점을 발견하는 것이 다름 아닌 창의성이고 융합의 서곡입니다.

컴바이너는 새로운 것을 융합합니다. 그러기 위하여 연관된 지식과 경험을 채우고, 반면에 관련된 상식과 편견을 비웁니다. 채우고 비우기, 혹은 비우고 채우기를 동시에 혹은 순차적으로 진행합니다. 그리고 집중하고 몰입합니다.

전형을 지양하고 원형을 지향하다 보면, 쉽게 보이지 않는 다른 것들의 연결 맥락이 파악되는 통찰의 순간을 맞이합니다. 다른 것을 같게 보는 매개자는 이들을 융합하여 새로운 것을 탄생시킵니다.

매개 비즈니스에서 컴바이너의 활약은 주로 신사업이나 신상품 개발에서 많이 발견됩니다. 신규 사업을 기획하고 비즈니스 모델을 개발할 때, 컴바이너는 자원이나 역량을 융합합니다. 매개해서 융합해야 할 자원과 역량이 모두 자사의 것들인 경우도 있지만, 일부가 타사의 것일 때도 있습니다.

이 두 가지의 경우 컴바이너의 성공요인은 극명한 차이가 있습니다. 사내 융합의 경우에는 무엇보다도 창의적 신사업을 보육하고 때론 실패를 감내할 수 있는 여력 또는 지원이 필요합니다. 자기 조직 내의 여건으로 창의적인 신사업을 추진할 때는, 기존 사업에 상당한 부정적 영향을 미치는 상황도 감당할bearable 수 있어야 합니다.

그래서 강력한 혁신과 변화는 기업 지배구조의 꼭짓점을 등에 업어야 해낼 수 있습니다. 메디치 가문도 엄청난 부와 권력으로 르네상스라는 새로운 물결의 작용과 반작용을 감당했습니다.

한편 타사의 자원 또는 역량을 자사와 결합시켜야 하는 컴바이너의 성공요인은 이길beatable 수 있어야 하는 것입니다. 수많은 창의 비즈니스나 일명 '창조 기업'의 사례는 모두 '이긴 자'의 것입니다.

애플의 첫 휴대폰은 아이폰이 아닙니다. 사양길의 음반산업을 충분히 이길 수 있다고 판단한 애플은 음원과 휴대폰을 융합한 아이튠즈 휴대폰, 이름하여 ROKR을 2005년에 출시합니다. 문제는 이 휴대폰의 제조사가 애플이 아닌 모토롤라였다는 사실인데, 당시의 모토롤라는 결코 만만한 파트너가 아니었습니다. 당연히 제품의 주도권은 모토롤라에 있었고, 노래를 고작 100곡만 저장할 수 있었습니다. 심지어 ROKR 출시 행사에서 기기가 제대로 작동하지 않아 천하의 스티브 잡스가 살짝 당황하기도 했습니다. 그런 그의 모습의 동영상은 지금도 찾아볼 수 있습니다. 절치부심한 스티브 잡스는 애플의 역량을 총 집결하여 지금의 아이폰을 만듭니다. 성공요인을 '이길beatable'에서 '감당할bearable'로 바꾼 것이죠.

나이키 플러스는 운동화 깔창에 GPSGlobal Positioning System 센서를 넣고, 각양각색의 웨어러블wearable 기기와 휴대폰의 다양한 애플리케이션과 연동합니다. 운동량을 측정하고 이 데이터를 분석해서 진단까지 해주죠. 제조, 소프트웨어, 통신, 의료를 막론하고 나이키가 플러스시킨 융합작품입니다.

운동화보다는 부대 장비와 서비스가 더 비중 있어 보이고, 실제로 나이키가 끌어들인 회사들 또한 쟁쟁합니다. 그래도 나이키의 '플러스'에 불과합니다. 운동화의 독보적 경쟁력이 상대를 이기는 주도적인 컴바이너를 가능하게 한 것입니다.

자사 내 역량, 그리고 자사와 타사의 역량을 매개하는 컴바이너의 성
공요인을 짚어 보았습니다. 그러면 타사의 역량만을 매개하여 도모하는
컴바이너는 어떨까요? 멋져 보이지만 그것은 컴바이너라고 할 수 없을 것
같습니다. 오히려 앞서 나왔던 모빌라이저나 코디네이터와 가깝습니다.

지금까지 8가지 매개자와 그들 고유의 매개 기능을 알아보았습니다.
그들 간에는 유사한 점도 있고 상반되는 점도 있습니다. 특정 회사, 사
업, 조직, 개인은 여려 형태의 매개 기능을 동시에 가지기도 하고 순차
적으로 행하기도 합니다.

이제까지 나온 얘기들을 정리할 시간입니다. 적지 않은 내용이었으므
로 다소 혼란스러울 수 있습니다. 그렇다면 이 책의 마지막 장은 많은 도
움이 되리라 믿습니다.

10

이들은
어떻게
세상을 장악했나?

∞

GO BETWEEN

매개하라

8가지 매개자가 가진
팔색조 매력

이제까지 8가지 매개자를 하나하나 소개했습니다. 각각이 왜 필요한지, 왜 앞으로 더욱 필요해질 것인지도 알아보았습니다. 역할과 기능, 요건과 성공요인도 설명했습니다. 그렇지만 이 8가지 매개자의 기능을 뚜렷하게 구분하고 구별하기가 쉽지 않습니다.

하나의 개인, 조직, 사업, 또는 기업이 동시에 여러 가지의 매개 기능을 갖기도 하고, 또 시간에 따라 다른 매개자로 변모하기도 합니다. 팔색조八色鳥처럼 다양합니다. 그래서 흥미롭기도 하지만, 흥미를 유지하며 실생활과 실제 비즈니스에 써먹기 위해서는 차분히 정리하는 것이 좋겠습니다. 8가지 매개자를 8색으로 '팔색조 매개'를 그려보았습니다.

독점적 지위로 길목을 지키는 필터 … 빨간색

첫 번째로 스타트를 끊은 매개자는 필터였습니다. 여과자라고도 불렀습니다. 필터는 한쪽에서 제공하는 정보나 물자를 여과하고 정리하여 다른 쪽에 전달하는 매개의 기능이자 매개자입니다. 어쩌면 인간사회에서 가장 오래전부터 득세했던 매개자인 것 같습니다. 절대 국가와 국민 사이에, 절대 신과 신자 사이에 자리 잡아 가교의 역할을 자임합니다. 그러나 종종 국가와 신의 절대권력이 매개자에게 옮겨갑니다. 국가의 이름으로 관료가, 신의 이름으로 성직자가 득세하는 이러한 상황은 인간사의 보편적 현상이라 해도 과언이 아닙니다.

'빨간 완장' 하면 무엇이 떠오르나요? 한국전쟁 때 인민군에 동조하여 반동분자를 색출한다고 날뛰던 사람들이 팔에 차고 있던 완장. 일제강점기에도 있었고, 나치의 하켄크로이츠Hakenkreuz, 그리고 중국 공안公安도 생각납니다. 필터의 색은 빨간색입니다.

그러나 빨간색은 다른 어떤 색도 줄 수 없는 강렬한 매력이 있듯이, 매개 비즈니스에 있어서 필터는 강력합니다. 언론과 미디어는 필터입니다. 큐레이션도 필터이고 대다수의 인터넷 '홈'으로 등장하는 네이버도 필터 전략으로 지금의 아성을 구축했습니다. 그래서 필터는 그 독점적 위치를 끊임없이 유지하기 위해서 양편의 매개 대상자를 분리시켜야 합니다. 길목을 지키는 매개자이기 때문입니다.

순수와 신뢰로 길들이는 커뮤니케이터 … 하얀색

커뮤니케이터가 두 번째 매개자였습니다. 커뮤니케이터는 쌍방의 소통을 원활하게 해주는 매개자로, 양편 사이에서 일방 혹은 쌍방으로 정보나 물자를 전달해줍니다. 한마디로 소통자입니다. 필터와 같은 전달의 기능을 수행하지만, 커뮤니케이터는 단지 전달만 합니다. 여과나 정리도 하지 않고, 해석이나 사족도 달지 않습니다.

매개자가 가질 수 있는 기회를 이용하여 본분을 넘어서지 않는 것이 기본 자격입니다. 그래서 하얀색이 커뮤니케이터와 어울립니다. 하얀색은 다른 것을 보조하는 배경색으로 많이 쓰입니다. 나서지 않으니 순수와 신뢰의 상징입니다.

이 순수한 매개자는 사실 저의底意가 있습니다. 커뮤니케이터가 바라는 것은 매개 대상자들이 중독되기를 바랍니다. 그러고 보니 중독을 부르는 흰 설탕이나 흰 밀가루도 모두 하얀색이군요. 커뮤니케이터는 순수한 얼굴로 다가와서 사용자들에게 자신이 없으면 안 되는 습관이 붙길 혹은 중독되길 원합니다. 실제의 이익은 연이어지는 다른 방법이나 다른 매개자로 취하게 됩니다. 공짜로 나누어준 이메일 계정이나 무료로 즐기는 SNS가 우리를 길들이는 매개자입니다. 먼저 신뢰를 얻고, 소통 형태도 확장하고, 그러고는 중독시키는 성공방정식을 설명했습니다. 기업과 고객의 소통에서, 기업이 다가오는 고객응대 서비스나, 고객이 다가서는 프로슈머도 다 소통자의 역할입니다. 성공방식을 잘 음미해보세요.

필터

커뮤니케이터

모빌라이저

코디네이터

어댑터

에이전트

매치메이커

컴바이너

매개의 8가지 색

무한의 세계에서 판을 벌이는 모빌라이저 … 초록색

세 번째는 모빌라이저입니다. 모빌라이저는 녹색의 매개자입니다. 녹색은 자연을 의미하고 생태계가 떠오르며, 무럭무럭 성장하는 풍성함이 연상됩니다. 모빌라이저는 어떤 목적을 위해, 사람을 모으거나 물자를 집결하는 동원자입니다.

일상의 모임, 파티, 행사에서 모빌라이저는 총무나 회장의 역할을 합니다. 그들은 고민합니다. 어떻게 하면 일일이 전화하거나 사정하지 않아도 사람들이 자동적으로 모일 수 있을지를 말입니다. 군중심리를 이용하고, 최소 동원숫자인 임계점에 주목하고, '닭과 계란'의 치열한 균형 맞추기를 성공요인으로 꼽았습니다.

현대 비즈니스 전략의 스타인 플랫폼은 모빌라이저로부터 시작합니다. 플랫폼은 서로 모여드는 판이고 서로 엮이는 생태계입니다. 모든 인터넷 비즈니스의 1차적인 성공여부는 동원자의 성공 여하에 달려 있습니다. 인터넷 시대 4인방 구글, 애플, 페이스북, 아마존은 모두 판을 제대로 벌여 성공을 거둔 기업들입니다. 인터넷 시대의 판의 속성은 무한정이고 '부익부 빈익빈'입니다. 무서운 사실이지만, 무한의 세계는 판 벌이는 매개자에게만큼은 녹색의 땅입니다.

밀당과 눈높이 관리로 판을 키우는 코디네이터 … 파란색

그다음은 코디네이터로 네 번째 매개자입니다. 코디네이터는 모빌라이저가 벌인 판을 키웁니다. 합법적인 롤role을 부여받아 합리적 룰rule을 집행하는 조정자입니다. 참여자를 매개하여 다수의 목적을 공동의 목적으로 수렴하고 이를 성취하기 위해 앞장섭니다. 그러면서 매개자 자신만의 목적도 달성하고자 합니다.

유명한 방송 진행자나 오케스트라의 지휘자는, 출연자나 단원들을 진행시키고 관장하면서 유명세를 자신이 챙깁니다. 수많은 국제기구, 표준기구, 협회 및 단체는 대표성을 빌미로 활동합니다. 프랜차이즈 본사도 가맹점의 코디네이터입니다. 적절한 '밀당'과 '눈높이 관리'가 필요하고, 일관성도 성공요인에 포함됩니다.

파란색은 권위와 존경의 상징입니다. 코디네이터의 색은 파란색입니다. 우두머리의 색깔이죠. 한 고급 양주의 최상위 라벨은 블루입니다. 크지슈토프 키에슬로프스키 감독의 '세 가지 색 3부작' 1편은 '블루'입니다. 1편의 부제는 '자유'인데, 왜 파란색이 자유인지 생각해보았습니다. 어차피 한 집단의 자유는 그 집단의 대표자가 부여하고, 대표자는 대신 존경을 얻습니다. 인간에게 있어서 자유는 합의된 규범, 즉 룰의 구속에 의해 성취된다는 역설적 발상으로 스스로 결론지었습니다.

위험을 감수하고 변화에 대응하는, 속 다른 어댑터 … 회색

다섯 번째는 속 다른 매개자 어댑터입니다. 속사정이 있어도 겉으로는 내색하지 않기에 속이 다릅니다. 어댑터는 어느 한편에 변형을 가하여 다른 한편에 적합시키는 기능이며, 그래서 변형자라고도 부릅니다.

얼핏 전자제품에 덧붙이는 작은 장치가 생각나지만, 기업의 독립 사업부서나 사내벤처는 모두 어댑터입니다. 시장의 변화에 대응하기 위해 새로운 일을 새롭게 시작해야 하지만 위험스럽습니다. 결과가 좋지 않다 싶으면 언제든지 버릴 작정이니까요. 기본은 침해받지 않겠다는 것입니다. 어댑터의 범위가 의외로 넓다는 것을 강조한 바 있습니다. 서비스, 인터페이스, 가상화, 가상기업까지 모두 어댑터로서 성공했습니다. 이들

의 성공요인을 곱씹어볼 필요가 있습니다. 변형자를 채용하는 매개자를 변형 대상자라고 하는데, 변형 대상자가 기대하는 것은 당연히 변화 대응력입니다. 그래서 회색이 어댑터의 색깔입니다. 또한 변형 대상자와의 매개관계를 유지하려면 또 다른 매개 대상자 눈에는 변형 대상자와 변형자가 동일시되어야 합니다. 그런 점에서 여러모로 회색이 제격입니다.

투명하면서 은밀한, 겉 다른 에이전트 … 검은색

한편 겉 다른 매개자도 있습니다. 분명 한통속인데도 애써 겉 다른 척하는 매개자 에이전트가 여섯 번째입니다. 대행자라고도 합니다. 전문적인 능력으로 의뢰인에게 의뢰받은 업무를 독자적으로 수행하는 권한이 부여된 자로 정의됩니다.

전문적인 능력을 지닌 아웃소싱 업체와 연예인이나 프로 스포츠 선수의 에이전트도 물론 에이전트입니다. 그러나 에이전트를 고용하는 의뢰인의 근원적인 욕구인 '책임 없는 권력'을 생각해보면, 의뢰인을 숨겨주는 에이전트의 사례는 차고 넘칩니다.

투명하자니 피곤하고 은밀하자니 두렵습니다. 투명하기도 하고 은밀하기도 한 이중성이 필요한 시기입니다. 그리고 이중성이라고 해서 꼭 부정적인 것만은 아닙니다. 비즈니스를 보호해주고 또 성공시켜주는 긍정적인 이중성도 있습니다. 이러한 이중성을 담보하는 매개자가 바로 대행자 에이전트입니다.

에이전트는 검은색입니다. 에이전트라고 하면, 시크릿 에에전트가 생각나고, 시크릿 에에전트는 항상 검은 외투에 검은 장갑을 낍니다. 숨겨주는 색으로 검은색이 딱 맞습니다.

나누고 쪼개서 다르게 보는 매치메이커 ⋯ 노란색

일곱 번째인 매치메이커는 전문적인 능력을 발휘해 매개 대상자들의 정합을 목적으로 연결하는 매개자입니다. 전문성도 중요하지만, 더 중요한 것은 양쪽의 매개 대상자 중 한쪽 편만 드는 게 아니라는 것입니다. 주선자는 양쪽을 중립적인 태도로 짝지어주며 생명을 이어갑니다.

신호등의 빨간불과 초록불 사이에 노란불이 잠깐 들어옵니다. 빨강과 초록의 가운데 있는 색입니다. 빨강에 가깝지도 초록에 가깝지도 않은 노랑이 매치메이커의 색입니다.

노란색은 활발하고 명랑한 이미지를 주는데, 매치메이커 성공요인에는 자신감이 포함되어 있어 잘 매치가 됩니다. 결혼정보업, 부동산중개업이 쉬운 예이지만, 헤드헌터, 기술 및 특허 브로커 등 올바른 연결을 도모하는 매치메이커가 많이 쏟아져 나오고 있습니다.

이러한 쌍방주선 외에도 아마존의 추천 시스템처럼 고객에게 물건을 일방향으로 추천하는 매치메이커도 있습니다. 쌍방주선과 일방추천 매치메이커의 성공요인은 다소 상반적이지만, 같은 대상을 나누고 쪼개서 상세하게 그러면서도 다르게 봐야 하는 매개자라는 사실은 공통적입니다.

채우고, 비우고, 통찰하여 같게 보는 컴바이너 … 보라색

마지막 여덟 번째 매개자는 융합자라고도 부르는 컴바이너입니다. 그리고 이 매개자의 최고 덕목은 '통찰력'입니다. 손에 잘 잡히지 않는 통찰을 위해, 채울 것과 비울 것을 얘기하고 몰입과 집중, 성찰과 관찰, 조합과 융합도 설명했습니다. 매개 비즈니스에서 컴바이너의 기능은 주로 신사업이나 신상품 개발입니다. 이때, 새로울 '신新'을 만들기 위해 컴바이너는 자원이나 역량을 융합합니다. 융합해야 할 자원과 역량을 다 가진 경우와 그렇지 않은 경우로 구분하여 성공요인을 알아보았습니다.

창의적인 컴바이너의 모습은 예술가부터 요리사까지 다양하게 나타납니다. 2개 또는 그 이상의 매개 대상자를 결합하는 매개자이다 보니, 융합의 세상에서 '돌연변이 잡종' 컴바이너가 불쑥불쑥 등장합니다. 융합은 창의로, 창의는 혁신으로 이어지니 역시 애플과 스티브 잡스에게 비춰진 컴바이너의 모습을 빼놓을 수 없었습니다.

이미 앞에서 지정했습니다만, 컴바이너는 보라색입니다. 이 매력적인 보라 빛깔 매개자는 다른 것을 한 꺼풀 더 벗겨서 같은 점을 찾아 융합의 실마리로 이용합니다. 다른 것을 같게 보는 통찰입니다.

이제까지 알아본 매개의 8가지 색깔은 각각 그 색조tone가 짙어지기도 하고 옅어지기도 합니다. 현실에서 매개자는 그 8가지 기능 중 하나를, 때로는 복수를 수행합니다. 상황에 맞게 색깔과 색조를 선택해야 함은 물론이니, 물론 이 또한 만만치 않은 일일 것입니다.

그래도 다음에 제시하는 '메디에이션 쿼드란트'는 무엇이 비슷하고 무엇이 다른지 뚜렷하게 보여줍니다. 이로써 8가지 매개자를 비교해보면 그 차이를 확실히 알게 됩니다.

매개 스토리 1

알리바바 성장신화에 숨은
8가지 전략

　나름 야심작인 '메디에이션 쿼드란트'를 소개하기에 앞서 뜸을 좀 들이도록 하겠습니다. 그렇지만 조금은 흥미롭게 읽어나갈 수 있으리라 생각합니다. 얼마 전 멋들어지게 신화를 쓴 '알리바바'의 매개 스토리를 펼쳐보려 합니다. 그리고 매개와 매개자로 본 음원 유통과 오디오 단말기 제조사들의 엇갈린 운명과 미래가 뒤를 잇습니다. 매개를 정리하는 데 있어 또 다른 면에서 일조하리라 생각합니다.

　노파심에서 한 번 더 강조하고 싶은 것은, 특정인이나 특정기업이 하나의 매개자로 국한되지 않는다는 것입니다. 여러 매개자의 기능을 동시에 갖기도 하고, 시간에 따라 다른 성격의 매개자가 되기도 합니다. 적시에 필요한 매개자가 되고, 적절한 매개전략을 쓰는 것이 성공에 이르고 대박이 터지는 관건입니다. 그러한 관점에서 읽어나가기 바랍니다.

태생부터, 그리고 뼛속까지 매개자

알리바바와 풍청양風淸揚은 둘 다 소설에 등장하는 가공의 인물로, 한 명은 중동, 한 명은 중국 출신입니다. 그들 사이를 가로막은 공간과 250년 세월의 차이를 무색하게 만든 사람은 바로 마윈馬雲입니다.

마윈은 샌프란시스코의 한 커피숍에서 자신이 세울 회사의 이름으로 알리바바를 떠올렸습니다. 그리곤 커피숍의 여직원에게 물어봅니다.

"알리바바를 아세요?"

그랬더니 대답이 "열려라, 참깨!"로 돌아왔습니다.

회심의 미소를 지으며 마윈은 길거리로 뛰쳐나가 30여 명의 사람들에게 똑같이 물어보았고, 역시 모두가 알리바바를 알고 있었습니다. 인도, 독일, 일본, 중국에서 온 사람들도 "열려라, 참깨!"를 떠올리기는 매한가지였다고 합니다.

마윈이 구상하고 있었던 사업의 요점은 '연결'이었습니다. 중국의 중소기업과 외국 기업을 연결하고, 중국 소매상과 중국의 일반 고객을, 중국 고급 브랜드를 중국 부유층 고객과 연결하며, 중국의 판매자들과 해외의 구매자를 연결하는 것입니다. 후에 이 연결들은 하나하나 실현됩니다.

지금의 알리바바 그룹은 연결의 회사이고, 더 정확히 말하면 연결 사이에 우뚝 선 매개의 회사입니다. 마윈은 중국의 중소기업, 소매상, 그리고 일반 판매자에게 두드리면 열리는 "열려라, 참깨!" 같은 기회를 주고 싶었다고 합니다. 그러한 매개자 역할이 스스로에게도 기회를 준 것이지요.

《천일야화》의 알리바바는 40인의 도적의 보물을 가로채어 부자가 됩니다. 스스로 노력해서 만들어낸 것이 아닙니다. 천성은 착하지만, 따지고 보면 특히 도적의 입장에서는 얄미운 불로소득자不勞所得者입니다. 도적에게 보물을 훔치고 그것을 사람들에게 베풀었으니, 결과적으로 도적과 사람들의 관계 사이에서 엄청난 부를 챙기고, 동시에 불로소득에 대한 뚜렷한 면죄부도 얻습니다.

마윈은 풍청양을 자신의 별호로 소개합니다. 풍청양은 진용金庸의 소설《소오강호》에 등장하는 검법의 사부입니다. 주인공도 아니며 잠깐씩 등장하는 인물입니다.

"나는 최고의 인재를 찾아내서 그들을 훈련시키고 훌륭하게 만드는 선생이다."

마윈은 이런 말로 자신을 풍청양과 동일시합니다. 존재보다는 관계를, 소유보다는 통제를 중시하는 그의 철학이 다시 묻어납니다.

알리바바와 풍청양은 연결과 관계, 그리고 매개로 만납니다. 알리바바 그룹은 태생부터, 그리고 뼛속까지 매개자인 셈입니다.

알리바바의 성장과 삼각 매개자 편대의 진화

알리바바를 창업하기 전, 마윈은 1995년에 중국황예中國黃葉를 설립합니다. '차이나 옐로 페이지China Yellow Page'라고도 부르는데, 미국에서 흔히 볼 수 있는 업종별 전화번호부인 '옐로 페이지'를 중국판으로 인터넷에 올린 것입니다. 제한적이었지만 기업도 모으고 광고도 유치하니, 매개로 보면 모빌라이저와 필터의 비즈니스입니다.

상대적으로 자그마한 이 사업을 통해서 풍청양 마윈은 매개 비즈니스의 무공武功을 연마하기 시작한 것으로 보입니다. 그리고 드디어 1999년 알리바바닷컴alibaba.com이 문을 엽니다. 알리바바닷컴은 중국의 중소기업이 만든 제품을 해외 기업들이 구매할 수 있게 해주는 B2B(기업 간 전자상거래) 사이트입니다. 중국 내 1,500만 중소기업과 1,000만에 육박하는 해외 기업을 회원으로 보유하고 있는 엄청난 동원자 모빌라이저입니다.

잘 알려져 있다시피 경쟁사인 이베이와는 다르게 중소기업에 특화하였고, 이들을 동원하기 위해 거래 수수료를 무료로 하는 등 파격적 정책을 택합니다. 투자와 연회비 수입으로 일단 동원의 임계점을 돌파한 후에, 이 무료 정책만으로 닭과 달걀의 문제를 해결한 것입니다. 수많은 기업이 결집한 알리바바닷컴 사이트에는 제품의 카테고리가 상세하게 나누어져 있고, 전 세계 220개국 680만 바이어에게 체계적인 상품정보를 제공합니다. 매개자 필터입니다. 또, '가장 인기 있는 제품Most Popular', '가장 잘 맞는 제품Best Matching', '공급자가 많은 제품By Number of Supplier'과 같은 추천 시스템으로 매치메이커의 기능도 당연히 비준되어 있습니다. 초기에 알리바바닷컴은 인터넷 비즈니스의 전형적인 성공방정식을 제대로 도입했습니다. 바로 '모빌라이저-필터-매치메이커'의 삼각 매개자 편대를 이루는 것입니다. 그리고 이 세 매개자는 각각 더욱 진화합니다.

쥐화쏸juhuasuan.com은 2010년에 개시된 소셜커머스 플랫폼입니다. 소셜커머스에 대해 다소 소극적이었던 마윈은 중국에서 소셜커머스의 급부상을 차분히 지켜보았습니다. 그 후 비교적 영세한 중소규모의 소셜커머스 업체들에게 "열려라, 참깨!" 즉 공동의 플랫폼을 제공하여 2년 만에 중국 내 소셜커머스 시장의 절반을 거머쥡니다. 공동구매 소셜커머스의 공동의 장을 만들었으니 모빌라이저의 모빌라이저를 만드는 겁니다.

타오바오taobao.com는 2003년에 창립된 C2C(고객 간 전자상거래) 사이트입니다. 옥션과 비슷하다고 보면 되는데, 2010년에 거래액이 이미 70조 원를 넘어섰다고 합니다. 타오바오는 광고가 주요 수입원으로 광고료에 따라 보여주는 방식이 다릅니다. 네이버를 생각하면 됩니다. 타오바오는 완벽한 필터로서 알리바바 그룹의 알짜가 되었습니다.

그리고 매치메이커도 발전합니다. 알리바바닷컴의 알리소스프로 AlisourcePro는 프리미엄 서비스로 해외 바이어가 필요로 하는 제품과 물량을 제시하면, 중국의 공급자를 평가하여 최고의 기업 10개를 추천해줍니다. 막강한 권력을 가진 매치메이커인 셈입니다. 알리바바의 주력인 3대 매개자 모빌라이저, 필터, 매치메이커는 앞으로도 더욱 발전할 것으로 보입니다.

또 다른 매개자들도 등장하는 알리바바의 비즈니스 모델

그런데 여기에 커뮤니케이터도 등장합니다. 원래 마윈 자체가 커뮤니케이터입니다. 그는 영어강사로, 번역자나 통역자로 사회의 첫발을 내딛었습니다. IT기술이나 인터넷 전문가가 아니었습니다. 커뮤니케이터 아리왕왕阿里旺旺이 타오바오 성공의 일등공신으로 꼽히는데, 이 아리왕왕은 메신저입니다. 타오바오에서 물건을 사는 데 메신저가 왜 필요할까요? 중국에서는 흥정이 일상화되어 있어 물건을 살 때는 반드시 흥정을 합니다. 오프라인의 흥정문화를 온라인으로 가져온 것이 바로 아리왕왕입니다. 또한 단순히 한 번 거래하고 끝나는 것이 아니라 지속적으로 연락할 수 있는 채널을 만들어준 것이니 중국인의 꽌시關係문화와도 통합니다.

이베이는 거래 수수료가 수익모델입니다. 그러니 구매자와 판매자가 직거래하지 못하도록 감시할 수밖에 없겠죠. 그러나 타오바오는 수수료가 무료이니 거래 성사여부는 수익에 영향을 미치지 않습니다. 그래서 이베이와는 반대로 구매자와 판매자 사이가 가까워지는 것은 기꺼운 일입니다. 메신저 아리왕왕은 커뮤니케이터로서의 본분에 충실하여 그 미션을 달성합니다. 결국 이베이는 중국에서 철수합니다.

적절한 시기에 어댑터도 참여해 성공을 거둡니다. 소통만으로 중국에서 구매자와 판매자 간의 신뢰를 조성하기에는 한계가 있습니다. 마윈은 "중국에서 결제문제를 해결해야만 진정한 전자상거래가 가능하다."며 고민합니다. 성장의 한계를 극복하기 위해 전자결제를 도입해야 하지만 그러기 위해서는 새로운 역량이 필요했습니다. 어쩌면 기존의 다른 전자결제 회사와 협력하는 방법을 찾아보는 것이 더 쉬웠을 것입니다. 하지만 마윈은 자체적으로 전자결제 시스템을 개발하기로 결정하고, 결국 이를 타오바오에 시험 적용합니다. 전자상거래업에서 전자결제업으로 조심스러운 변형의 발걸음을 옮긴 것이죠. 어댑터 알리페이Alipay의 탄생입니다.

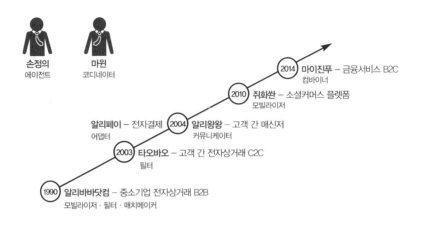

알리바바 그룹의 발전과 매개 비즈니스

지금의 알리페이는 알리바바 전체 서비스는 물론 중국을 넘어서 일본과 한국으로까지 확장되고 있습니다. 중국 내 결제 시장점유율의 절반을 이미 넘었고, 일본 라쿠텐Rakuten, 국내 롯데닷컴 등과도 제휴했습니다. 그러니 이제는 더 이상 어댑터가 아닙니다.

전자결제 문제까지 해결한 알리바바는 급격하게 다양한 분야로 진출을 모색하고 있습니다. 거래와 결제로 획득한 엄청난 빅데이터를 기반으로, 금융, 유통, 관광업 등의 융합 비즈니스로 중국 금융 및 서비스 시장 전체를 긴장시키고 있습니다. 당분간 알리바바에 밀려올 역풍도 예상됩니다.

2014년 설립된 마이진푸蚂蚁金服는 신新 금융 생태계를 주창합니다. 중국어로 '마이'는 '개미'를, '진푸'는 '금융 서비스'를 뜻하니, 개인 소비자와 소기업을 위한 또 하나의 "열려라, 참깨!"입니다.

한편, 2013년 차이우왕菜鸟网을 설립하고, '중국 스마트 물류 네트워크' 프로젝트를 시작합니다. 그리고 차이니아오菜鸟라 부르는 배송추적 시스템도 적용하며 유통과도 융합하고 있습니다.

알리바바의 컴바이너로서의 행보는 사실 예견된 것입니다. 알리바바 그룹의 닷컴기업들은 단순히 B2B, B2C, C2C만이 아니라 이것들을 새롭게 결합한 것들입니다. 그러니까 'B2B2C', 혹은 'B2B2C2C'로 알리바바의 창의적인 비즈니스 모델을 일컫습니다. 또한 그들이 지향하는 IT, 유통, 금융 모두가 대표적인 매개산업이자 타 산업과의 융합산업임이 명백합니다.

손정의, 마윈에게 중국 공략을 의뢰하다?

알리바바 그룹의 성장단계마다 매개자와 매개전략이 뚜렷이 부각됩니다. 8가지 매개자 중에서 아직 연관 짓지 않은 에이전트와 코디네이터도 절대 뒤지지 않는, 어쩌면 최고의 역할을 합니다.

마윈을 소프트뱅크 손정의의 대행자 에이전트로 보는 견해가 있습니다. 2000년 손정의는 야후 창업자 제리 양Jerry Yang의 소개로 마윈을 만나게 됩니다. 마윈의 사업구상을 듣고 손정의는 그때까지는 볼품없었던 알리바바에 선뜻 2,000만 달러를 투자합니다.

지금도 소프트뱅크와 야후는 알리바바 주식을 각각 30% 전후로 보유한 대주주이고, 알리바바 그룹을 실질적으로 이끄는 '4인 이사회'에 손정 의가 포함되어 있습니다. 결정적 성공요인인 무료 수수료 정책도 손정의 의 아이디어였다는 설이 있습니다. 거대한 중화中華 중국 공략을 마윈에 게 의뢰한 사람이 바로 손정의라는 것입니다.

개방주의와 자본주의화가 진행되고 있긴 하지만 그래도 여전히 중국 은 공산당의 강력한 통제를 받고 있습니다. 정부 조직은 물론이고 경제, 사회 전반에 걸쳐서 말이죠. 그래서 중국의 글로벌 기업은 태생적으로 에이전트에 의지해야 하는 운명입니다. 외국회사의 투자지분에 대한 규 제가 있기 때문입니다. 대부분의 중국 인터넷 기업처럼 알리바바도 이러 한 규제를 우회할 수 있는 '변동이익실체VIE, Variable Interest Entity' 방식을 이 용합니다. 이 회계용어는 원래 회계부정 사건을 일으킨 엔론Enron 사태의 재발을 방지할 목적으로 만들어졌습니다.

마윈은 조세피난처인 케이맨 제도Cayman Islands에 알리바바 그룹이라는 홀딩컴퍼니를 설립하고, 외자법인에 100% 지분을 획득했습니다. 그 후 중국인 대리주주를 고용하여 중국 내 100% 지분을 가진 내자법인을 내 세워 중국 내에서 사업을 영위하고 있습니다. 중국 회사이지만 중국 회 사가 아니고, 중국 회사가 아니지만 중국 회사인 이 이중성은, 매개자 에 이전트를 활용한 결과입니다.

대박의 시점이 다가오자 마윈은 홍콩 증권거래소를 노크합니다. 그리 고 기업공개 시 이사회의 이사 후보 과반수를 현 경영진이 지명할 수 있는 권리를 확보하는 지배구조를 허용해달라고 요청합니다. 하지만 거절당합니다.

그리고 나서 그는 뉴욕으로 갑니다. 이미 구글이 행사한 적이 있는 차등의결권주dual class shares를 발행하기 위해서입니다. 차등의결권주는 1주당 1주의 의결권이 아닌 복수의 의결권을 가진 주식으로, 이를 통해 경영권을 방어하면서 상당량의 지분을 팔아 많은 투자유치를 가능하게 합니다.

마윈의 측근들은 알리바바 그룹의 영원한 1인자는 마윈일 것이라고 합니다. 그가 비록 풍청양을 자신의 이미지로 내세우고 있지만, 그는 절대로 대표성을 놓지 않을 것이라고 합니다. 중국 무협소설의 신비한 영웅의 대다수처럼 그 속이야 누구도 모르겠지만, 이미 은퇴를 선언한 마윈이 대표성이 핵심인 매개자 코디네이터의 자리까지 내놓을지는 더욱 모를 일입니다.

대다수의 사람들이 보지 못하는 매개가 진정한 기회다

2014년 9월 19일, 드디어 알리바바는 뉴욕증시에 상장됩니다. 상장 첫날 시가총액 2,314억 4,000만 달러, 우리 돈으로 241조 6,000억 원입니다. 그리고 단숨에 세계 부자 순위 22위에 등극합니다. 덤으로 손정의는 유니클로 회장 야나이 다다시에게 빼앗긴 일본 부자 1위를 탈환합니다.

마윈은 이렇게 말합니다.

"대다수의 사람들이 보지 못하는 기회가 진정한 기회이다. 또한 큰 기회는 종종 명확하게 설명되지 않는다."

그리고 이런 말도 합니다.

"중요한 것은 시장에 의거하여 당신의 상품을 정의하는 것이다."

그와 알리바바가 또 어떠한 신화를 쓰게 될지, 아니면 갑작스럽게 곤두박질칠지는 모르겠습니다. 그러나 마윈은 구시대의 눈으로 쉽게 보지 못하는 매개의 기회를 움켜잡았고, 매개 대상자에 의해 정의되는 매개자와 매개 비즈니스의 본질을 누구보다 잘 파악했습니다. 이것만큼은 이론의 여지가 없습니다.

알리바바와 마윈을 길게 얘기했습니다. 여러 중국 회사와 전자상거래 비즈니스 모델이 등장해서 아마 읽기가 만만치 않았을 것입니다. 그래도 스티브 잡스 이후로 전 세계인의 주목을 받은 기업인은 마윈 단 한 명뿐입니다. 또한 알리바바의 성장은 중국의 경제성장과 맞물려 무섭기까지 합니다. 우리가 중국을 알아야 하듯이, 적어도 당분간은 알리바바와 마윈을 알아야 합니다. 매개를 통해 세상과 비즈니스를 바라보는 참신한 시각이 생겼으리라 기대해봅니다.

매개 스토리 2

음반에서 음원으로,
생산에서 유통으로

두 번째는 음악과 관련된 이야기입니다. 전자상거래 이상으로 우리의
삶에 깊이 자리 잡고 있는 것입니다. 음악이 출중한 재주를 가진 사람이
나 그 사람들을 고용할 수 있는 권력과 재력을 가진 사람들만의 것에서
탈피한 지는 인류사에 그리 오래되지 않았습니다.

1877년 토머스 에디슨은 포노그래프phonograph라 부르는 축음기를 세
상에 내놓으며 그 시작을 알립니다. 실제로 음악이 일반인의 손 안에 들
려진 것은 비닐vinyl로 만들어진 레코드가 1920년대에 등장하면서부터입
니다.

그리고 LP. LP는 롱 플레이Long Play의 약자로 1948년 컬럼비아 레코
드가 개발하였습니다. 한 면에 22분 분량의 음악을 담을 수 있어, 앞뒷
면 합해 4분짜리 곡이 10곡 이상이 들어가는 대중음악가의 앨범을 우리

에게 선사해주었습니다.

우리에게 레코드는, 앨범은 무조건 LP였던 시절이 있었습니다. 얇은 포장 비닐을 뜯고 특유의 휘발성 냄새를 맡으며 LP 턴테이블에 설레는 마음으로 LP를 올립니다. 그리고 약간의 잡음과 함께 음악이 우리 앞에 오고 우리를 감쌉니다!

옛 추억은 대학가에 한두 개씩 숨어 있는 LP바bar에서나 되살릴 수 있습니다. LP의 뒤를 이어 음악생활의 중심에서 호령했던 CD도 이제는 마찬가지로 기억의 저편, 추억의 한편으로 밀려났습니다. 그런데 신기한 것은 CD바는 없었다는 것입니다. 아마도 CD는 출신이 디지털이라 우리가 되살리고픈 아날로그 감성과 관계가 없어서인 것 같습니다. 생각해보면 CD는 지금의 디지털 음원과 아날로그 음반인 LP 사이의 과도기적 혼혈아로 봐도 되겠습니다. 겉은 음반이지만 속은 음원이니까요.

그렇습니다. 이제 음반, 아니 음반산업은 사실상 존재하지 않습니다. 음원이 있고, 음원과 연결되는 기업과 산업이 있을 뿐입니다. 이들 중 먼저 음원 유통에 대해서 매개의 시각으로 설명하고 비교해보겠습니다.

음원 유통, 각기 다른 매개전략

음원의 유통형태를 구분 짓는 기준은 크게 두 가지입니다. 하나는 음원 사업자 입장에서 음원을 판매하느냐 임대하느냐입니다. 소비자 입장에서는, 다운로드해서 음원파일을 갖게 되느냐 아니면 스트리밍하여 들

기준	판매	임대
범용	멜론	스포티파이
독자	애플 아이튠즈 스토어	애플 아이튠즈 라디오

음원 유통 유형와 음원 유통 사업자의 예

기만 하느냐의 구분입니다. 그냥 '판매'와 '임대'라 부르겠습니다.

또 하나의 기준은 음원을 범용 단말기에서 들을 수 있느냐, 음원 유통 사의 독자 단말기로 들어야 하느냐로 설정됩니다. 이것은 '범용'과 '독자'로 구별하겠습니다.

두 가지 기준은 각각 두 가지의 경우가 있으니 4사분면으로 표현하면 좋겠지만, 그렇게 하지 않겠습니다. 곧 무대 위에 오를 '메디에이션 쿼드란트'도 4사분면이기 때문입니다. 그러니 여기서는 4사분면을 쓰는 대신 2×2 표를 사용하겠습니다.

2×2=이니 4가지 음원 유통 방식이 생겼습니다. 거기에 각각 대표적인 사업자를 명기했습니다. 이 4개 중에서 사업자 입장에서 가장 힘이 센 것은 '독자-임대' 형태입니다. 대표적인 사업자로 비츠뮤직Beats Music을 넣고 싶었지만 2014년 5월 애플이 32억 달러에 인수하였습니다. 아이튠스 라디오에서 비츠뮤직의 훌륭한 기능을 즐길 날이 오겠죠.

'독자-임대'는 고객이 제한적인 단말기를 통하여 스트리밍으로 음원을 즐기는 것입니다. 사업자가 음원 콘텐츠와 플레이어를 모두 장악하고 있으니 그 자체로도 강력한 필터의 기능을 가지고 있습니다.

원래 모든 음원 유통 사업자는, 매개자 중에서 음원 제공자와 음원 수요자를 모두 모으는 모빌라이저, 그리고 나름의 전략으로 여과하는 필터의 역할을 합니다. 그렇지만 음원파일을 주지도 않고 음원재생 단말기에도 제약을 두는 것은 더욱 센 필터를 덧입힌 것입니다.

다음으로 힘이 강한 사업자 유형은 '독자-판매'입니다. 음원파일을 임대로 고객에게 주지 않는 것보다는 독자적 단말기로 고객을 통제하는 것이 더욱 우월적 지위에 있는 것입니다. '독자-판매'가 '범용-임대'보다는 강한 유형의 사업자라는 얘기입니다.

음원의 종류는 셀 수 없이 많고, 특정 음악에 대한 사람들의 열광은 사실상 그리 오래가지 않습니다. 반면 단말기의 종류는 그래봐야 손가락으로 셀 수 있고, 단말기는 1~2년 정도 애틋한 대우를 받습니다. 독자적인 단말기를 확보한 애플은, 융합을 추구하는 컴바이너 역할을 수행하기 제격입니다. 알다시피 아이튠즈는 이제 음원만 파는 스토어가 아닙니다. 아이팟, 아이폰, 아이패드, 그리고 애플TV까지 단말기를 중심으로 한 융합과 혁신은 어쩌면 아이튠즈의 유일한 살길입니다.

스포티파이는 스웨덴이 배출한 세계 최대 음원 스트리밍 사업자라 할 수 있습니다. '범용-임대'의 대표 격으로 단말기를 가리지 않습니다. 원래 스트리밍은 무료일 경우에는 고객에게 선택의 권한이 없습니다. 들려주는 대로 들어야 하니 전형적인 필터라 얘기할 수 있습니다.

그러나 한번 유료 서비스를 결제하는 순간 다양한 추천기능을 접하게 됩니다. 고객도 구매 다운로드보다는 기간 정액 스트리밍이 부담이 없으니 추천서비스를 맘껏 즐길 수 있습니다. 자연스럽게 '임대'형 음원 유통에는 주선자이자 추천자인 매치메이커가 큰 활약을 합니다. '독자' 형에서 컴바이너가 강세를 보이는 것과 비교됩니다. 결국 이 둘을 결합한 '독자-임대' 형태의 음원 사업자는 일단 시장에 안착하면 강력하게 매개 비즈니스를 추진할 기회와 방법이 많게 되는 것입니다.

반면, 제일 힘을 못 쓰는, 혹은 쓰지 않는 사업자는 '범용-판매' 음원 유통입니다. 음원 소비자 입장에서는 파일도 소유하고 아무 단말기에서나 들을 수 있으니 다운로드를 끝내는 순간 그 음원에 대해서는 유통 사업자와 바이바이bye-bye입니다. 모빌라이저, 필터 외에 활용해볼 수 있는 매개자는 커뮤니케이터 정도입니다. 사실 모든 음원 유통에는 소셜 커뮤니케이션 기능이 탑재되어 있으니 새로울 것도 없지만요.

가령 멜론은 꾸준하게 선방하고 있습니다. 그러나 국내 음원 시장에서 국산 음원 콘텐츠의 비중이 차지하고 있는 비중이 절대적인 것임을 감안하면, 멜론 서비스 자체의 우수성이라 보기는 어렵습니다. 차별화된 매개 서비스도 눈에 띄지 않는 상황인데, 장기적인 안목이 요구됩니다.

소니의 몰락과 애플의 도약을 만든 결정적 매개 차이

음원을 얘기하고 단말기를 언급하다 보니 단말기, 즉 오디오 플레이어 제조사들의 이름이 계속 머리에 떠오릅니다. 물론 애플은 이미 활보하고 있고요. 이들의 엇갈린 운명과 또 엇갈릴 미래로 매개 스토리를 마무리하려 합니다.

아날로그 시대의 쌍두마차는 LP와 카세트테이프였습니다. 카세트테이프는 휴대하기 좋을뿐더러, 편집이 가능하다는 더욱 확실한 장점이 있었습니다. 그리고 소니 워크맨walkman의 지원 사격도 받습니다.

그 시절 소니는 정말 대단했습니다. 우리도 소니 같은 기업 하나쯤은 갖고 싶다는 염원이 심심치 않게 들렸습니다. 소니는 1988년 세계 대형 음반사의 하나인 CBS 레코드를 인수하고 소니 뮤직 엔터테인먼트를 설립하여 막강한 음반 체제를 구축합니다. 그러나 거기까지였습니다. 음반산업 말년에 음반산업의 황제를 꿈꾸면 뭐합니까? 고작해야 마지막 황제이겠죠.

소니는 이후로도 과거 소니 신화의 단계적 발전 방식을 고집합니다. 그러나 세상은 무소의 뿔처럼 혼자 가는 소니의 뜻대로 되지 않았고, 갑자기 저 한편에서 지진이 납니다. 저쪽에서는 워크맨이 아닌 '아이맨i-man'과, CD숍이 아닌 전설적 냅스터가 뛰어오고 있었습니다.

디지털 음원은 자기들을 가둔 감옥이었던 CD에서 벗어나기 시작합니다. 이미 정해진 운명이었습니다. 수십 년 동안 순진하게 묶여 있던 음원이 탈출하는 것은 한순간이었습니다. 간단한 추출프로그램과 P2P(개인 간 공유거래)를 통해 자유를 얻습니다. 그리고 소니는 지고 애플은 뜹니다. 소니와 애플의 결정적인 차이는 소닉 스테이지Sonic Stage와 아이튠즈에 있습니다. 둘 다 자사의 단말기에 장착된 음악관리 소프트웨어입니다. 어쩌면 그 둘의 차이라기보다는 아이튠즈에 스토어라는 차별점이 있었기 때문입니다.

소니와 애플 모두 오디오 단말기 시장을 차지하기 위해 음원에 대한 대응으로 매개자 어댑터를 채용했습니다. 하지만 애플에는 스토어 즉 또 다른 매개자 모빌라이저가 연동되어 있었습니다. 음원 유통의 확대를 이해하지 못한 소니에게는, 모빌라이저로서 사력을 다해 구축해야 할 스토어가 없었습니다. 그 많던 소니 뮤직 엔터테인먼트의 음반들은 다 어디로 갔을까요?

혹자는 디자인의 차이를 지적합니다. 그러나 그 시절의 안목으로 소니의 디자인 경쟁력을 의심하는 사람은 많지 않았습니다. 애플은 미국의 일부 마니아 층의 전유물이었습니다. 오히려 애플이 엔터테인먼트 최강국인 미국의 회사라는 이유 때문이라고 말하는 것이 더 설득력 있게 들립니다.

오디오 플레이어 단말기의 디자인에 관해서 얘기하자면 아이리버가 생각나고, 그래서 아쉽습니다. 아이리버는 좋은 디자인으로 칭찬을 받기도 했고, 당시 mp3 음원 시장에 대한 초기 대응도 빨랐습니다. 그리고 우스개로 이름도 '아이'로 시작합니다만, 그 이상은 아니었습니다. 아이리버에게는 아이리버의 성장을 도와줄 아무런 매개자와 매개 비즈니스가 없었습니다. 그냥 구시대 제조기업의 양태를 벗어나지 못한 것이죠.

그리고 삼성전자가 있습니다. 삼성전자는 우리가 좋아하는, 아니 좋아해야 할 기업입니다. 소니를 보며 느꼈던 부러움과 염원을 실현시켜준 기업이니까요. 워낙 스마트폰이 우수하고, 최고경영진의 비전과 임직원의 노력이 정말 대단하여 지금의 위치에 있습니다. 삼성전자에게 스마트폰은 오디오 단말기가 아닙니다. 훨씬 더 대단한 먹거리죠.

특히 음원, 콘텐츠, 그리고 소프트웨어로 포괄되는 모든 융합이 스마트폰에서 귀결되고 있는 지금 시점에서, 소니의 전철을 밟지 않으려면 고민해야 할 것이 많습니다. 밀크뮤직과 같은 음원 서비스를 장착해 매개의 역량을 강화하고 있지만, 충분치 않아 보입니다.

1984년 애플은 슈퍼볼 경기 중간에 비디오 광고를 합니다. 대형스크린에 비친 한 남성을 향해 매력적인 여성이 투창을 던지는 내용입니다. 그 남성은 조지 오웰의 《1984》에 나오는 '빅 브라더big brother'를 상징하는데, 당시 애플의 '빅 브라더'는 IBM이었습니다. 30년이 흐른 지금의 빅브라더는 애플입니다.

애플은 IBM보다 훨씬 더 영리하게 매개와 매개 비즈니스를 활용하고 있습니다. 매개자로서 군림하니 진정한 '빅 브라더'입니다. 휴대폰에서 애플을 견제하고 능가해야 하는 유일한 경쟁자는 삼성전자라 믿고 싶습니다.

메디에이션 쿼드란트

　별로 그러고 싶지는 않지만, 이 책의 내용을 하나로 요약해야 한다면 그것은 MQ, 즉 '메디에이션 쿼드란트Mediation Quadrant'입니다. 매개 사분면四分面 혹은 MQ 모델이라고 하겠습니다. 이 책의 테마를 구상한 다음, 본격적으로 연구하여 만들어낸 것이 MQ 모델입니다. 이 메디에이션 쿼드란트는 전체적인 논리 모델이고, 이에 입각하여 각각의 매개자를 기술해 나아간 것이죠. 매개자들의 특성과 그들 간의 비교, 그래서 부각되는 차이점을 알기에 좋습니다. MQ는 매개와 매개자를 4분면으로 구분해 배치한 것이라 다소 빡빡해 보이기도 하지만, 집중해서 보면 어렵지 않습니다. 특히 이전 8개의 매개자에 대한 기억과 추억이 남아 있다면요.

단순한 MQ

우선 가로축은 매개자가 하는 일이 '직접적'이냐 '간접적'이냐를 나타냅니다. 매개자는 양편 매개 대상자들의 필요에 의해 관계를 맺어줍니다. 그때, 매개자의 기능이 매개 대상자들의 본연의 필요를 충족시켜주는 행위를 직접 하느냐 하지 않느냐로 나누어집니다.

매치메이커, 컴바이너, 어댑터, 에이전트는 직접 매개 대상자가 원하는 행위를 수행합니다. 그래서 오른쪽에 위치하고 있습니다. 매치메이커는 짝을 짓고자 하는 사람끼리, 또는 사람과 사물을 주선하거나 추천합니다.

반면 컴바이너는 직접 다른 것을 조합하고 융합하여 새로운 것을 만듭니다. 어댑터는 변형 대상자인 매개 대상자 대신하여 몸소 변화에 대응하고, 에이전트는 심지어 매개 대상자를 숨기면서도 일을 처리합니다.

반면, 왼쪽의 4개 매개자 모빌라이저, 코디네이터, 필터, 커뮤니케이터는 간접적입니다. 모빌라이저는 동원합니다. 같은 성분의 집단을 모으기도 하고, 이질적인 여러 집단을 모으기도 합니다.

모빌라이저는 모으지만 모아진 것들의 상호작용이나 상호관계는 모인 것들의 몫입니다. 모빌라이저는 매개 대상자들의 상호작용 자체보다는 상호작용에 편승해 더 모으는 데만 관심이 있습니다. 그 이상의 기능은 다른 매개자에게 넘깁니다.

코디네이터는 이미 모인 집단들을 대표하는 역할입니다. 역시 그들의 상호관계가 원만하게 유지될 수 있는 룰을 제정하고 집행합니다. 여건을 만들어주는 것이죠.

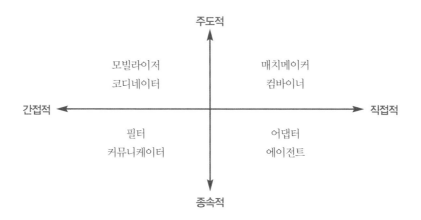

단순한 메디에이션 쿼드란트

필터와 커뮤니케이터는 더욱 쉽게 이해됩니다. 필터는 정보와 사물을 여과하지만, 그래서 제한을 두지만 나머지는 양편의 매개자가 알아서 할 일입니다. 커뮤니케이터도 매개 대상자들에게 소통의 환경을 제공하나 소통은 당사자가 하니 역시 간접적입니다.

다음은 세로축입니다. 세로축의 위쪽은 '주도적'이고 아래쪽은 '종속적'입니다. 매개자가 매개 대상자와 일을 도모할 때 주도적인지 아닌지의 차이입니다.

모빌라이저는 수동적인 사람이나 사물을 주도적으로 모읍니다. 코디네이터는 대표자이자 조정자이니 어딜 가든 앞장서야 하는 것이 당연합니다. 서로 반신반의, 호시탐탐하는 양쪽이 서로 손을 잡게 해주는 매치메이커, 서로 나 몰라라 하는 양편을 통찰하고 융합하는 컴바이너 모두 주도적인 입장에서 매개를 진행합니다.

아래쪽에는 종속적인 입장의 매개자가 있습니다. 나머지 4개입니다. 필터는 여과할 정보나 물건을 원래 제공자에게 의지해야 합니다. 만일 '빨간 완장'의 본분을 넘어선다면 반드시 역작용과 부작용이 뒤따를 것입니다. 더욱이 커뮤니케이터는 납작 엎드려야 한다고 했습니다. 매개 대상자의 눈치와 비위를 맞추며 묵묵히 소통을 도와주는 역할입니다.

사내벤처, 독립사업부, 해외 현지법인은 어댑터입니다. 이 어댑터의 첫 번째 임무는 본사에 해를 끼치지 않는 것입니다. 또한 에이전트는 의뢰인의 사주를 받았으니 '종속'에서 벗어났다고 말할 수는 없겠지요.

이렇게 가로축과 세로축이 설정되니 4개의 영역으로 구분된 사분면이 완공되었습니다. 건축으로 치면 골조가 들어선 셈입니다. 그리고 8개의 매개자가 하나의 분면에 각각 2개씩 자리를 잡고 있습니다. 1사분면 매치메이커와 컴바이너는 주도적인 입장에서 매개 대상자의 요구를 직접적으로 수행합니다. 반대로, 3사분면 필터와 커뮤니케이터는 매개 대상자들과의 관계가 종속적이고 매개의 일도 간접적으로 지원해주는 역할입니다. 2사분면은 주도적이지만 간접적이고, 4사분면은 종속적이지만 직접적입니다.

그런데 말입니다. 각 사분면에 속하게 된 2가지 매개자들은 일견 사이좋게 들어앉은 것처럼 보이지만, 실은 사이가 좋지 않습니다. 제각각 다른 특징이 있기 때문입니다.

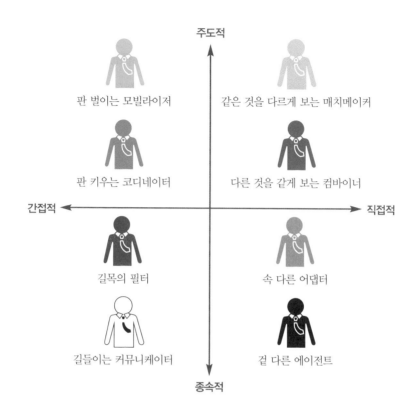

색 입은 메디에이션 쿼드란트

색 입은 MQ

메디에이션 쿼드란트에 색을 입혀보았습니다. 8색조 매개이다 보니 8가지 매개자가 각자 나름의 색깔을 가지고 있습니다. 종횡으로 선을 그어 땅을 4개로 나누었습니다. 직접과 간접, 주도와 종속의 구분에서 속성이 같아 같은 땅에 정착했으나, 실상 비슷한 섬은 별로 없습니다.

각각의 색깔이 가진 의미를 다시 생각해봅시다. 무엇보다 각 매개자를 형용하는 문구를 보면 그들이 다르고, 또 심지어 상반되기도 한다는 것을 알 수 있습니다. 앞에 나온 표가 '단순한 메디에이션 쿼드란트'였다면 이번에는 '색 입은 메디에이션 쿼드란트'입니다. 바뀌면서 조금 복잡해졌습니다.

어차피 이번 장은 정리, 요약, 복습이니 되새김하겠습니다. 1사분면부터 다시 살펴보면, 매치메이커는 나누고 쪼개는 분석이 중요하고 이를 통해 같은 것도 다르고 상세하게 보는 매개자였습니다. 주선이나 추천을 위한 알고리즘과 휴리스틱이 기억납니다. 매치메이커와 같은 땅에 있는 컴바이너는 반대로 다른 것들의 같은 맥락을 찾아서 융합합니다. 통찰의 이론과 실제를 설명했습니다.

2사분면 영주들은 그나마 서로 보완적입니다. 판을 벌리는 모빌라이저와 그 판을 키우는 코디네이터입니다. 기능은 다르지만 둘 다 판이 터전입니다. 플랫폼과 플랫폼 규칙, 즉 룰에 관한 얘기가 많았습니다. 그러나 그 둘의 역할, 즉 동원하는 것과 조정하는 것을 구분해야 합니다. 그 둘은 성공요건이 다르니까요.

3사분면의 필터는 매개 대상자 간의 길목을 지킵니다. 어떠한 방법으로든 통행세를 착복하려 합니다. 그러나 또 하나의 매개자 커뮤니케이터는 통행세는커녕 길을 닦고, 길 닦은 비용도 안 받습니다. 다른 목적이 있어 매개 대상자들을 길들이기에 급급합니다.

4사분면의 두 매개자는 차이가 극명합니다. 어댑터는 얼핏 보면 한편의 매개 대상자와 같아 보이지만 사실 속은 다르고, 에이전트는 한쪽 매개 대상자와 한통속이지만 겉으로 다르게 보여야 하는 것이 생명입니다.

여기서 플랫폼 비즈니스, 다면 비즈니스와 매개 비즈니스를 비교해보겠습니다. 플랫폼 비즈니스와 다면 비즈니스는 모빌라이저가 등장하는 장에서 설명한 바 있습니다.

이쯤 되면 이미 짐작하겠지만, 2사분면의 모빌라이저와 코디네이터는 플랫폼 비즈니스입니다. 그리고 3사분면의 커뮤니케이터도 플랫폼에 의존하는 비즈니스입니다. 이 3가지 매개자가 플랫폼 비즈니스로 분류되는데, 모두 MQ의 좌측, 즉 간접적 성향이 있군요. 플랫폼은 생태계를 구축하고 구성원의 협력을 추구하니 당연한 결과입니다.

한편, 양쪽의 서로 다른 집단을 제3자의 입장에서 중재하는 다면 비즈니스에 해당되는 것은, 플랫폼 비즈니스인 3가지 매개자 모빌라이저, 코디네이터, 커뮤니케이터와 더불어 매치메이커까지 총 4개입니다. 각 매개자의 기능을 숙지하면 다면 비즈니스가 어렵지 않게 이해됩니다.

그러고 보니 메디에이션 쿼드란트가 도움이 되는 점이 적지 않은 것 같습니다. 플랫폼 비즈니스와 다면 비즈니스에 해당하는 매개자들을 선별해보니, 플랫폼 비즈니스는 좌측에, 다면 비즈니스 좌상측을 중심으로 우측과 아래측으로 퍼져 있습니다.

어쨌든 확실한 것은 매개 비즈니스가 플랫폼 비즈니스와 다면 비즈니스보다 더 큰 개념이라는 사실입니다. 그리고 현대 비즈니스 전략의 화두인 플랫폼 비즈니스와 다면 비즈니스의 개념을 같은 울타리에 묶는 경우도 간혹 있는데, 이것은 잘못된 것입니다. 여기서는 더 상세히 서술하지 않겠습니다.

그리고, MQ

그리고 MQ, 이제 메디에이션 쿼드란트가 나옵니다. 이전의 '단순한 메디에이션 쿼드란트'의 각 축에 해당하는 성공전략을 간략히 덧붙인 것입니다. 각 매개자의 성공요인까지 써놓을 마음도 있었지만 너무 복잡해질까 봐 참았습니다. 물론 색은 입힌 그대로입니다.

세로축과 가로축의 설명으로 어느 정도는 그 성공전략을 염두에 둘 수 있습니다. 매개 대상자가 요구하는 본원의 일을 직접 수행하는 매개자는 그 일의 전문성이 우선이겠죠. 반대편의 여건과 환경을 조성하는 간접적 매개자는 매개 대상자의 신뢰를 득하지 않으면 시작과 끝이 모두 어렵습니다. 신뢰성입니다.

주도적인 입장에서 매개를 진행할 때는 통제성이, 반면 종속적인 입장이라면 버림받지 않아야 하니 매개 관계를 고착화해야 합니다. 배태성 背胎性이라고도 할 수 있습니다.

그래서 다시 1사분면으로 가보면, 매치메이커와 컴바이너는 전문성으로 무장하고 매개 대상자를 통제해야 합니다. 매치메이커와 컴바이너 각자의 성공요인도 이 큰 테두리 안에 있습니다. 2사분면, 3사분면, 4사분

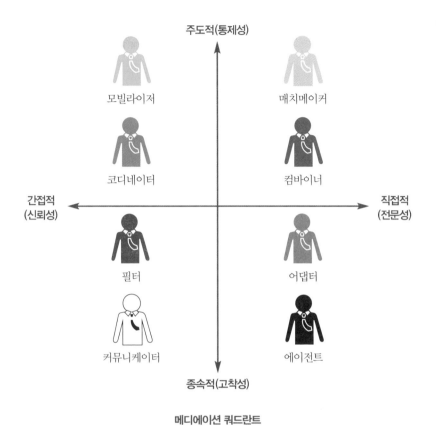

메디에이션 쿼드란트

면도 마찬가지입니다. 한 번쯤은 이 책의 앞으로 돌아가서 각 장의 매개자와 그 성공요인을 MQ가 제시하는 큰 테두리의 성공좌표와 결부시켜 보길 바랍니다.

MQ 사분면을 넘나드는 조조와 유비

메디에이션 쿼드란트를 설명하고 그간의 매개자들을 정리하다 보니 아쉬운 마음이 들어, 이 책에 비유로 자주 등장한 조조와 유비를 한 번 더 무대에 올리겠습니다.

어릴 적에 《삼국지》를 읽었을 때는 당연히 유비에 매료되었습니다. 관우가 죽고, 장비도 죽습니다. 관우와 장비처럼 목 잘려 죽지는 않지만 유비도 죽습니다. 어린 마음에 《삼국지》의 '삼三'이 도원결의의 '삼'형제의 의미로 생각했던 것 같습니다. 삼형제가 죽으니 더 읽을 맛이 없었지만 제갈량에 의지하고, 그나마 제갈량도 죽고 나서는 강유에게 마음을 줄까 하다가 흐지부지되어 뒷부분은 기억나지 않습니다.

그리고 나이가 들고 세상을 살며 《삼국지》를 또 읽습니다. 이중텐易中天의 《품삼국品三國》과 같은 수많은 현대적 해석도 접하다 보니 생각이 바뀌었습니다. 옛날에는 조조가 얄밉고 유비가 멋있었는데, 지금은 반대입니다. 조조와 유비에게 MQ의 매개자들을 대입해 보았습니다. 주관이 섞인 것을 감안하길 바랍니다.

앞에서 필터를 설명할 때 조조 얘기를 했습니다. 조조의 급성장은 동탁, 그리고 이각과 곽사에게 무시당해 오갈 곳 없이 방황하는 헌제獻帝를 옹립할 때부터입니다. 빨간 완장을 찬 조조는 황제에게 이르는 '길목의 매개자'입니다. 유비가 갖지 못한 것이죠.

그러나 방법은 다르지만, 한漢 왕실의 후광을 이용한 것은 공통입니다. 조조는 황제의 칙명이라 하여 경쟁자들에게 작위를 주고, 공격을 명하는 등 그때그때 상황에 맞게 본인을 왕실과 동일시하였습니다. 반면 유비는 황실의 피가 섞인 먼 친척이라는 정통성으로 '유황숙'이라는 칭호도 얻고, 황제와 유표, 유장의 환심을 샀으며 또 그들을 이용했습니다. 조조와 유비는 모두 나름의 꿍꿍이로 한 왕실을 변형하여 활용한 속 다른 매개자 어댑터입니다.

그런데, 《삼국지》 내내 나오는 전투를 보면 조조와 유비 사이에는 큰 차이가 발견됩니다. 유비가 직접 전쟁을 진두지휘하는 모습은 많이 보이지 않습니다. 독자적인 세력조차 없었을 때와 촉蜀의 쇠망과 자신의 죽음으로 몰아간 이릉전투를 제외하곤 크게 눈에 띄지 않는데, 조조의 경우는 다릅니다.

대부분의 굵직한 전투는 그의 손으로 직접 지휘하고, 승전이든 패전이든 본인이 책임지는 모습입니다. 통일국가 완성과 추종자들의 염원달성이라는 기치를 만천하에 드러내지는 못하지만 그래도 앞장서는 조조는 에이전트답습니다. 유비는 특유의 눈물로 많은 순간 책임을 모면했지만 말입니다.

조조에게는 있고 유비에게는 없는 것이 또 있습니다. 조조는 무엇보다 창의적인 컴바이너입니다. 유명한 둔전제屯田制를 비롯해 많은 제도를 창시했고, 본인 스스로도 다방면의 능력과 소양을 가지고 있었습니다. 군사, 정치, 외교 등 모든 면에서 조조는 직접 관할했고, 그의 시조는 중국 문학사에서도 빛을 발합니다. 《손자략해孫子略解》와 《맹덕신서孟德新書》도 집필했습니다. 반면, 유비가 무언가를 만들었다는 것은 들어보지 못했습니다.

그리고 조조는 진정한 모빌라이저입니다. 끊임없이 주변에 추천을 하게 하여 인재가 인재를 몰고 옵니다. 이런 내용은 《삼국지》에 가득 차 있고, 그래서 조조의 주위에는 최고의 인재 집단으로 그득 차 있었습니다. 제갈량을 만나기 전에 유비에게는 변변한 책사도 없었고, 그마저도 유비 자신이 삼고초려해서 모셔온 것입니다.

누가 뭐래도 조조와 유비는 불세출의 영웅입니다. 그들은 모두 집단과 패거리의 훌륭한 코디네이터이고, 부하들의 충성과 소통의 중심에 우뚝 선 커뮤니케이터입니다. 그리고 사방팔방의 인재를 중용하고 적재적소에 인재를 배치한 매치메이커임이 분명합니다.

조조와 유비 모두 4개의 사분면을 넘나듭니다. 주도적으로 통제력을 발휘하다가 필요할 때는 종속적이며 고착화 전략을 씁니다. 직접 나설 일은 전문적으로 수행하고, 뒤에서 간접적으로 처리할 때는 신뢰를 기본으로 합니다.

그렇지만 조조는 8가지 매개 기능 모두에 탁월함을 보여주었고, 유비는 그중 절반인 4가지 매개자입니다. 재미있는 것은, 각 사분면에 매개자 유비는 골고루 하나씩입니다. MQ에 의하면 둘 다 모든 것을 아우른 역사적 인물이나, 쉽게 말해서 유비의 MQ는 딱 조조의 절반이네요.

매개 속으로

이제 매개와 매개자의 스토리는 일단락되었습니다. 다음은 매개 속으로 들어갈 차례입니다. 실제의 비즈니스와 실상의 삶에서 여러분이 직접 매개자가 될 차례입니다. 다음의 4가지 질문이 도움이 되리라 생각합니다. 한 번쯤, 아니 틈틈이 질문해보기를 바랍니다.

"지금 이 상황이 매개인가? 그러면 어떤 매개인가?"

"어떻게 매개의 상황이 되었는가? 그러면 어떻게 그 매개가 구성되어 있는가?"

"지금 어떤 매개자가 필요한가? 아니면, 어떤 매개자가 되어야 하는가?"

"어떻게 매개와 매개자에게 대응하고 처신할 것인가? 아니면, 어떻게 매개자와 매개 비즈니스로 성공할 것인가?"

누군가가 무엇을 만들어 팔고 누군가가 삽니다. 비즈니스가 별건가요? 만들어 판 것으로 또 다른 누군가 만들어 파는 것을 사는 것이 비즈니스이고, 그런 곳이 시장이죠. 만들지 않으면 팔 것이 없고 그러면 살 수도 없습니다. 누군가가 무엇을 주고 누군가가 받습니다. 삶이 별건가요? 주고 또 다른 누군가 주는 것을 받는 것이 삶이고, 그런 곳이 사회죠. 주지 않으면 받을 수도 없습니다.

그런데 이 빤한 상식이 이제는 사실이 아닙니다. 만들지 않아도, 주지 않아도 비즈니스와 삶이 윤택해집니다. 매개의 시대이기 때문입니다.

사이 존재인 매개는 파생적이고 기생적입니다. 그러다 보니 매개는 늘 있어왔지만 부각되지 않았고, 부각되는 것을 바라지도 않았을 것입니다. 그런데 지금은 결코 그렇지 않습니다. 우리는 애써 무심하려 하지만, 우리 주변의 모든 것이 급격하게 변하고 있습니다. 그 흔한 예는 다 제치고 그냥 눈앞에서 손안에서 멀어지면 불안한 스마트폰만 생각해봅시다. 1년 전이나 2년 전에도 그랬었나요? 그때는 어땠었나요?

지금까지 여러 가지를 얘기했고 같이 생각해보았습니다. 존재보다는 관계가, 소유보다는 통제가 중요하다는 것 기억하나요? 그리고 기하급수적으로 폭증하는 연결, 벌어지는 차이. 이것들이 모두 매개를, 매개자를, 매개 비즈니스를, 그리고 매개산업을 주인공으로 만들고 있습니다. 더 이상 허접스러운 엑스트라나 단역이 아닙니다. 매개의 전성시대이기 때문입니다.

에필로그

다만 그때 내 기다림의 자세를 생각하는 것

마무리를 어떻게 할까 생각해보다가 시 두 편을 골랐습니다. 아주 좋아하는 시입니다.

이제까지 긴 글로 여러분과 함께 매개와 매개자, 매개 비즈니스를 심각하게 고민했습니다. 왜 그렇게 매개에 집착했는지부터 시작해서, 차례로 8가지 매개자를 등장시켰습니다. 각각을 정의하고 성공요인도 짚어보았습니다. 가장 애쓰고 힘썼던 부분은, 각 매개자의 정의보다는 '왜 그 매개자가 필연적인지', 또 성공요인보다는 '왜 그것을 우리는 필수적으로 알아야 하는지'를 끄집어내는 것이었습니다. 2장부터 9장까지 각 장의 앞부분이 그에 해당합니다. 그리고 마지막 장에는 사분면을 그리며 최종 정리, 요약, 비교도 해봤습니다.

그래도 뭔가 아쉬움이 남습니다. 수년 간 머릿속에 가득 차 있었던 생각들이 아직 다 표출되지 못한 까닭입니다. 그래서 고른 시인데, 이번만큼은 꼭 공감주기를 바라지 않겠습니다.

굴원屈原의 '어부사漁父辭'입니다. 굴원은 중국 전국시대 초楚나라의 정치가이자 시인입니다. 당시 초나라는 인접한 두 강국 진秦나라와 제齊나라 사이에서 등거리 외교로 지탱하던 형국이었습니다. 굳이 매개로 얘기하자면 커뮤니케이터와 필터, 어댑터까지 활용한 줄타기 매개 외교 외에는 연명의 방도가 없었으니까요.

이러한 난세에 충절의 상징이었던 굴원은 모함을 받고 왕에게 버림받습니다. 양쯔강 기슭에서 머리 풀고 방황하던 굴원은 자신을 알아본 어느 늙은 어부와 대화를 나눕니다. 시의 내용은 간략히 이렇습니다. 허름한 굴원에게 어부는 묻습니다.

"삼려대부까지 지낸 분이 왜 이러고 계십니까?"

"온 세상이 다 탁한데 나만 홀로 맑고, 세상 사람이 다 취했는데 나만 홀로 깨어 있으니 추방을 당했소."

굴원의 대답에 어부는 이렇게 말합니다.

"세상이 탁하면 탁한 물과 어울리고, 세상 사람이 취했다면 남은 술을 같이 마시면 됩니다."

다시 굴원은 이렇게 대꾸합니다.

"그럴 바에 차라리 물가로 달려가 물고기 뱃속으로 들어가겠소."

굴원의 꿋꿋한 선언에 어부는 노를 두드리며 혼잣말로 노래하며 떠납니다.

창랑의 물이 맑으면 갓끈을 씻고

滄浪之水清兮 可以濯吾纓

창랑의 물이 흐리면 발을 씻는다.

滄浪之水濁兮 可以濯吾足

매개로 성공하기에 골몰하다 보니, 특히 인간관계 측면에서 왠지 매개자가 얄밉고 지나치게 현실적이라는 생각이 들기도 했습니다. 남의 것을 훔치거나 빼앗지는 않아도, 매개자의 속성상 '편승'하는 것은 어쩔 수 없으니까요.

그러나 어쩌겠습니까? 원하건 원치 않건, 모든 것이 연결되는 시대에 매개는 우리의 현실입니다. 이전 시대의 방식에서 헤어나지 못한 채 매개자와 매개 비즈니스를 부정적인 시각으로 바라보는 것은 경계해야 합니다. 갓끈도 씻고 발도 씻어야 깨끗해집니다.

고등학교 한문 교과서에 나올 정도로 유명한 글이니 전문을 싣지 않겠습니다. '어부사'의 주제는 '현실과 이상의 갈등'이라고 합니다. 이상의 굴레를 벗어나지 못한 중국 고대 문학 최고의 시인 굴원은, 그의 시처럼 커다란 돌 하나를 가슴에 안고 강 속 깊이 맑은 물로 뛰어들어 생을 마감합니다.

그때가 음력 5월 5일, 그래서 지금도 단오端午에는 대나무 통에 흰 쌀을 담아 강에 뿌려준다고 합니다. 물고기가 굴원의 살을 먹지 않게 하려고 어부들이 그 강에 쌀을 뿌렸던 것에서 유래했다고 하는군요.

두 번째 시도 한 번쯤 들어보았을 것입니다. 이 시가 가슴에 들어온 지 20년이 넘었지만 지금도 나갈 기색이 없습니다. 황동규의 '즐거운 편지'입니다.

내 그대를 생각함은 항상 그대가 앉아 있는 배경에서 해가 지고 바람이 부는 일처럼 사소한 일일 것이나 언젠가 그대가 한없이 괴로움 속을 헤매일 때에 오랫동안 전해오던 그 사소함으로 그대를 불러보리라.

진실로 진실로 내가 그대를 사랑하는 까닭은 내 나의 사랑을 한없이 잇닿은 그 기다림으로 바꾸어버린 데 있었다. 밤이 들면서 골짜기엔 눈이 퍼붓기 시작했다. 외롭고 견디기 힘든 시간 내 사랑도 언제쯤에선 반드시 그칠 것을 믿는다. 다만 그때 내 기다림의 자세를 생각하는 것뿐이다. 그동안에 눈이 그치고 꽃이 피어나고 낙엽이 떨어지고 또 눈이 퍼붓고 할 것을 믿는다.

이 시는 믿기지 않게도 21세 황동규의 데뷔작입니다. 고등학교 시절 짝사랑했던 대학생 누나가 그 대상이라 합니다. 자기만의 감정에 충실할, 미처 사랑의 실체를 경험하지도 못했을 나이에, 이러한 이타적이고 성숙한 사랑의 연가가 어떻게 나왔을까요? 그의 아버지가 '소나기'의 황순원이라는 사실을 감안해도 여전히 믿기 어려운 감성입니다.

나름의 해석과 느낌을 말하겠습니다. 이 시가 성숙한 사랑의 마음으로 다가온 것은, 시에서 두 번씩 반복되는 두 단어 때문이었습니다. '사소함'과 '기다림'입니다. 그대를 생각하는 마음이 그대의 배경에 불과하고, 그 배경에 늘 있었던 해가 지고 바람이 부는 일처럼 사소한 일이라 합니다. 상대 입장에서는 더없이 사소한 것으로 낮춥니다. 그리고 기다립니다. 그대에 대한 사랑이 일방적인 기다림이고, 그 사랑도 언젠가는 멈출 것을 알지만, 그래도 마지막 그 순간에 중요한 것은 기다림의 자세라는 겁니다. 칭얼거리지 않는 정말 성숙한 사랑이 아닌가요.

매개는 매개 대상자의 존재로 존재하는 존재입니다. 매개 대상자의 관계를 위해 관계하고 그 관계에 존재 가치가 있습니다. 사소해 보이기도 하지만 해가 지고 바람이 부는 일처럼 정녕 사소한 일은 아닙니다. 눈이 그치고 꽃이 피어나고 낙엽이 떨어지고 또 눈이 퍼붓고 하며 세상은 변화하면서 반복됩니다. 다만 기다림으로 끝나는 것이 아니고, 중요한 시점이 닥쳤을 때, 바로 그때의 자세가 중요합니다.

상대의 관점을 우선하는 성숙한 사랑을 하지만, 그것조차도 기다림의 설렘으로 바꾸어버리며 즐겁다고 하는 이 편지는 다분히 자기중심적입니다. 매개 대상자의 관점을 우선하며 매개자로 매개의 중심에 서야 합니다.

긴 글 즐거웠기를 감히 바랍니다.

지은이 임춘성

[참고문헌]

1. 부와 권력의 중심이동, 매개의 전성시대

Anthony Bourdain, *Typhoid Mary: An Urban Historical*, Bloomsbury USA, 2001

Albert-Laszlo Barabasi, *Linked: How Everything is Connected to Everything Else and What it Means for Business, Science, and Everyday Life*, Plume, 2003

John Pollock, 홍종락 역, 사도 바울, 홍성사, 2009

Jure Leskovec and Eric Horvitz, "Planetary-Scale Views on an Instant-Messaging Network", *WWW '08 Proceedings of the 17th International Conference on World Wide Web*, 2008

Stanley Milgram, "The Small World Problem", *Physiology Today*, Vol.1 No.1, pp.61-67, 1967

The Oracle of Bacon, www.cs.virginia.edu/oracle

Karl Marx, *Grundrisse: Foundations of the Critique of Political Economy*, Penguin Books, 1973

백종국, "매개의 변증법과 국가의 흥망", 한국정치학회보, 37편 1호, pp.431-449, 2003

Fortune, www.fortune.com

Forbes, www.forbes.com

2. 길목의 매개자 - 필터

신영복, *강의*, 돌베개, 2004

이정욱, *동과 서*, EBS다큐프라임, 2008

Albert Laszlo Barabasi, *Linked: How Everything is Connected to Everything Else and What it Means for Business, Science, and Everyday Life*, Plume, 2003

Milan Kundera, 이재룡 역, *참을 수 없는 존재의 가벼움*, 민음사, 1984

이문열 평역, 삼국지, 민음사, 1990

Marshall McLuhan, 김성기 역, *미디어의 이해*, 커뮤니케이션북스, 1999

Alain de Botton, 최민우 역, *뉴스의 시대*, 문학동네, 2014

윤지영, *오가닉 미디어*, 21세기북스, 2014

Second Life, www.lindenlab.com/products/second-life

이신영, "모두 말렸던 55세 인터넷 창업, 미디어 업계 판도 바꾸다", 조선일보 *Weekly Biz*, 2013년 5월 18일자

International Data Corporation(IDC), www.idc.com

John Naisbitt, *Megatrend*, Warner Books, 1982

Steven Rosenbaum, 이시은 역, *큐레이션*, 명진출판, 2011

네이버, www.naver.com

3. 길들이는 매개자 - 커뮤니케이터

Albert Laszlo Barabasi, *Linked: How Everything is Connected to Everything Else and What it Means for Business, Science, and Everyday Life*, Plume, 2003

지식채널e, *18cm의 긴 여행*, EBS, 2005

Don Tapscott, *Growing Up Digital: The Rise of the Net Generation*, McGraw-Hill, 1998

Saint Exupery, *The Little Prince*, Reynal & Hitchcock, 1943

Mark Granovetter, "The Strength of Weak Ties", *American Journal of Sociology*, Vol.78 Issue.6, pp.1360-1380, 1973

Duncan Watts and Steven Strogatz, "Collective Dynamics of 'Small-world' Networks", *Nature 393*, pp.440-442, 1998

Richard Koch and Gregory Lockwood, *Superconnect: Harnessing the Power of Networks and the Strength of Weak Links*, W. W. Norton & Company, 2010

복희伏羲, 정병석 역, 주역, 을유문화사, 2010

백욱인, 정보자본, 커뮤니케이션북스, 2013

Ritzcarlton, www.ritzcarlton.com

김대우, 인간중독, 아이언패키지, 2014

Baruch Spinoza, *Ethica*, Tredition, 2011

4. 판 벌이는 매개자 - 모빌라이저

Richard Koch, *The 80/20 Principle: The Secret to Success by Achieving More with Less*, The Doubleday Religious Publishing Group, 1999

Chris Anderson, "The Long Tail", *Wired*, Issue.12.10, 2004

Otto Preminger, *River of No Return*, 20th Century Fox, 1954

최병삼, 김창욱, 조원영, 플랫폼, 경영을 바꾸다, 삼성경제연구소, 2014

공자孔子, 김형찬 역, 논어, 홍익출판사, 2005

Gustave Le Bon, *Psychologie des Foules*, Puf, 2013

이덕희, *네트워크 이코노미*, 동아시아, 2008

Frank Bass, "A New Product Growth for Model Consumer Durables", *Management Science*, Vol.15 Issue.5, pp.215-227, 1969

Jean Charles Rochet and Jean Tirole, "An Economic Analysis of the Determination of Interchange Fees in Payment Card Systems", *The Review of Network Economics*, Vol.2 No.2, pp.69-79, 2003

김상훈, *상식파괴의 경영트렌드 28*, 원앤원북스, 2011

신정선, "수술복 벗고 앞치마… 뉴요커 사로잡다", 조선일보 Why, 2014년 10월 31일자

David S. Evans and Richard Schmalensee, *Catalyst Code: The Strategies Behind the World's Most Dynamic Companies*, Harvard Business School Press, 2007

주희朱熹, 최석기 역, *중용*, 한길사, 2014

Aristotle, Terence Irwin(trans), *Nicomachean Ethics*, Hackett Publishing Company, 1999

김용옥, *중용 인간의 맛*, 통나무, 2011

5. 판 키우는 매개자 - 코디네이터

Erich Fromm, *The Art of Loving*, Harper & Brothers, 1956

Erich Fromm, *To Have or To Be?*, Harper & Brothers, 1976

코이케 류노스케小池龍之介, 유윤한 역, *버리고 사는 연습*, 21세기북스, 2011

Adam Smith, 유인호 역, *국부론*, 동서문화사, 2008

Bernard Mandeville, 최윤재 역, *꿀벌의 우화*, 문예출판사, 2014

Amy Chozick, "As Young Lose Interest in Cars, G.M. Turns to MTV for Help", New York Times, March 22th 2012

Jeremy Rifkin, *The Age of Access: The New Culture of Hypercapitalism, Where all of Life is a Paid-For Experience*, Tarcher, 2000

이문열 평역, *삼국지*, 민음사, 1990

박용관, *네트워크론*, 커뮤니케이션북스, 1999

Niccolo Machiavelli, 강정인 역, *군주론*, 까치글방, 2008

John French and Bertram Raven, Studies in Social Power, Institute for Social Research, 1959

James Surowiecki, *The Wisdom of Crowds*, Doubleday, 2004

Jeremy Rifkin, 안진환 역, *한계비용 제로 사회*, 민음사, 2014

Garrett Hardin, "The Tragedy of the Commons", *Science 13*, Vol.162 No.3859, pp.1243-1248, 1968

Carol Rose, *The Comedy of the Commons*, The University of Chicago Law Review, 1986

Elinor Ostrom, *Governing the Commons*, Cambridge University Press, 1990

Ernst Fehr and Klaus Schmidt, "A Theory of Fairness, Competition, and Cooperation", *Quarterly Journal of Economics*, Vol.114, pp.817-868, 1999

Leo Crespi, "Quantitative Variation in Incentive and Performance in the White Rat", *The American Journal of Psychology*, Vol.55 No.4, pp.467-517, 1942

Oxford English Dictionary, www.oed.com

노명우, *세상물정의 사회학*, 사계절, 2013

George Ritzer, *The McDonaldization of Society*, University of California Press, 1993

Max Weber, *Economy and Society*, University of California Press, 1978

최병삼, 김창욱, 조원영, *플랫폼, 경영을 바꾸다*, 삼성경제연구소, 2014

6. 속 다른 매개자 - 어댑터

Edgar Allan Poe, *The Narrative of Arthur Gordon Pym of Nantucket*, Harper & Brothers, 1838

Ang Lee, *Life of Pi*, Fox 2000 Pictures, 2012

Hannah Arendt, *The Human Condition*, University of Chicago Press, 1958

Thomas Kuhn, *The Structure of Scientific Revolutions*, University of Chicago Press, 1962

Thomas Aquinas, *On Being and Essence*, Pontifical Institute of Mediaeval Studies, 2007

Leo Tolstoy, *What Men Live by*, NabuPress, 2013

Coimbatore Krishnarao Prahalad and Gary Hamel, *The Core Competence of the Corporation*, Harvard Business School Press, 1990

최병삼, 김창욱, 조원영, *플랫폼, 경영을 바꾸다*, 삼성경제연구소, 2014

임춘성, "관료화되면서 인재 유출… 구글도 조직 변화 없으면 죽는다", 조선일보 *Weekly Biz*, 2011년 2월 5일자

Thomas Friedman, 장경덕 역, *렉서스와 올리브나무*, 21세기북스, 2009

Parallels, www.parallels.com

William Ross Ashby, *An Introduction to Cybernetics*, Chapman & Hall, 1957

이와아키 히토시岩明均, 서현아 역, *기생수*, 학산문화사, 2003

7. 겉 다른 매개자 - 에이전트

야마오카 소하치山岡莊八, 이길진 역, 도쿠가와 이에야스, 솔출판사, 2001

미시마 유키오三島由紀夫, 양윤옥 역, 가면의 고백, 문학동네, 2009

한병철, 김태환 역, 투명사회, 문학과지성사, 2014

Julian Assange, *Cypherpunks*, ORBook, 2013

국립국어원, www.korean.go.kr

Nicholas Carr, *The Glass Cage*, BrillianceAudio, 2014

Jean Paul Sartre, 박정태 역, *지식인을 위한 변명*, 이학사, 2007

Carl Gustav Jung, 설영환 역, *융 무의식 분석*, 선영사, 2014

SERICEO 콘텐츠팀, 수중혜, 삼성경제연구소, 2011

Steven Scheider, *1001 Movies: You Must See Before You Die*, Barrons Educational
Series Inc., 2011

Alfred Hitchcock, *Psycho*, Shamley Productions, 1960

임춘성, *3R Model: A Model for Assessment of Industrial Competitiveness*, ICR Report, 2013

김용섭, *라이프 트렌드 2015: 가면을 쓴 사람들*, 부키, 2014

LIVR App, www.livr-app.com

Michael Sandel, 안기순 역, 돈으로 살 수 없는 것, 와이즈베리, 2012

대한민국헌법, www.law.go.kr

Accenture, *Conditions Change, Results Shouldn't* (ad-poster)

서두칠, *서두칠의 지금은 전문경영인시대*, 김영사, 2006

박완서, 꼴찌에게 보내는 갈채, 세계사, 2002

Michael Jensen and William Meckling, "Theory of the Firm: Managerial Behavior,
Agency Costs and Ownership Structure", *Journal of Financial Economics*, Vol.3 No.4,
pp.305-360, 1976

Takeshi Kitano, *Sonatine*, Asian Film Networks, 1993

8. 같은 것을 다르게 보는 매개자 - 매치메이커

Google Earth, www.earth.google.com

Ann Finkbeiner, "Searching for Jim Gray", *The Last Word On Nothing*, March 17th 2011

Auguste Comte, *Cours de philosophie positive*, Bachlier, 1864

Leo Tolstoy, *Anna Karenina*, The Russian Messenger, 1877

John Gray, 김경숙 역, 화성에서 온 남자 금성에서 온 여자, 동녘라이프, 2010

Allan Pease and Barbara Pease, *Why Men Can Do Only One Thing at a Time and*

Women Never Stop Talking, Manjul Publishing House, 2004

박웅현, 여덟단어, 북하우스, 2013

Miguel de Cervantes, 박철 역, 돈키호테, 시공사, 2004

엄정화, "하늘만 허락한 사랑", *Uhm Jung Hwa 2*, 1995

엄정화, "나눌 수 없는 사랑", *005.1999.06*, 1999

Sheryl Wudunn, "Cupid's a Korean computer, making wise matches", *New York Times*, April 17th 1997

이음, www.i-um.com

사이넷, www.psynet.co.kr

살랑살랑 돛단배, www.twitter.com/SpoonRoss

Amazon, www.amazon.com

A9.com, www.a9.com

Rupert Holmes, "Escape(The Pina Colada Song)", *Partners In Crime*, 1979

SERICEO 콘텐츠팀, 수중혜, 삼성경제연구소, 2011

James Coleman, *Foundations of Social Theory*, Belknap Press, 1998

9. 다른 것을 같게 보는 매개자 - 컴바이너

장유량張維良, *십우도: 마음을 닦는 선수행*, Pony canyon, 2013

Paulo Coelho, 최정수 역, 연금술사, 문학동네, 2001

Arther Koestler, *Janus: A Summing Up*, Hutchinson & Co, 1978

Howard Gardner, 문용린 역, *다중지능 인간 지능의 새로운 이해*, 김영사, 2001

임춘성, *Y형 인재 모형*, 테크노 리더십, 연세대학교 강의 교재, 2005

고은, *순간의 꽃*, 문학동네, 2014

정은희, 홍차이야기, 살림출판사, 2007

IBM 기업가치연구소, *IBM Global CEO Study*, IBM, 2010

마쓰오카 세이고松岡正剛, 박광순 역, *지의 편집공학*, 넥서스, 2006

Pet Shop Boys, "West End Girls", *Please*, 1986

Karl Weick, "Educational Organizations as Loosely Coupled Systems", *Administrative Science Quarterly*, Vol.21 No.1, pp.1-19, 1976

Richard Koch and Gregory Lockwood, *Superconnect: Harnessing the Power of Networks and the Strength of Weak Links*, W. W. Norton & Company, 2010

Ronald Burt, *The Social Origin of Good Ideas*, University of Chicago and Raytheon Company, 2002

안도현, *외롭고 높고 쓸쓸한*, 문학동네, 2004

박원순, *세상을 바꾸는 천 개의 직업*, 문학동네, 2011

Mihaly Csikszentmihalyi, *Flow : The Psychology Of Optimal Experience*, Academic Internet Publishers, 2006

Robert Root-Bernstein and Michele Root-Bernstein, 박종성 역, *생각의 탄생*, 에코의 서재, 2007

주희朱熹, 김기현 역, *대학*, 사계절, 2002

신정선, "수술복 벗고 앞치마… 뉴요커 사로잡다", 조선일보 *Why*, 2014년 10월 31일자

Nike+, www.nike.com/us/en_us

10. 이들은 어떻게 세상을 장악했나?

Krzysztof Kieslowski, *Trois Couleurs: Bleu*, Eurimages, 1993

Snark, "Where did Alibaba, the brand name, come from?", *Wordlab*, October 15th 2007

진용金庸, 박영창 역, *비곡 소오강호*, 중원문화, 2012

Alibaba, www.alibaba.com

Juhuasuan, www.juhuasuan.com

Taobao, www.taobao.com

Alipay, www.alipay.com

류스잉劉世英, 펑정彭征, 차혜정 역, *알리바바, 세계를 훔치다*, 21세기북스, 2014

Beats Music, www.beatsmusic.com

Spotify, www.spotify.com

멜론, www.melon.com

George Orwell, 정회성 역, *1984*, 민음사, 2003

이문열 평역, *삼국지*, 민음사, 1990

이중톈易中天, 홍순도 역, *삼국지 강의*, 김영사, 2007

에필로그. 다만 그때 내 기다림의 자세를 생각하는 것

굴원屈原, 어부사漁父辭, 초사楚辭 중 이소離騷에 수록

황동규, *즐거운 편지*, 현대문학, 1958

[감사의 글]

책이 위기라 하지만 손에 잡히는 한 권의 책이 인생에서 **빼놓을 수 없는** 행복과 안식의 원천인 것은 지당합니다. 책을 만들어준 쌤앤파커스 출판사에 감사드립니다.

사실 감사의 말로는 절대 부족한 사람들은, 이 책에 소개된 수많은 작품과 자료의 저자들입니다. 너무나도 당연하게 이 책의 내용 대부분은 저의 것이 아닙니다. 한 분 한 분 허락받지 못한 것, 용서 바랍니다. 그래도 이 책을 매개로 만나게 되어 반갑다고 스스로 핑계를 댑니다.

연세대학교 대학원생인 김동선과 김은아의 도움을 받았습니다. 10장에 나오는 매개 스토리에 대해서는 제자인 그들이 저의 선생입니다.

공대 교수인지라 많은 대학원생들과 공동연구를 합니다. 그러나 이 책은 공동연구 할 내용이 아니었습니다. 구상과 자료정리, 집필까지 혼자 하다 보니 무척 외로웠습니다. 그래도 몰입하여 글을 쓸 때는 신기하게 외롭지 않았습니다. 좋은 경험이었습니다.

마지막으로, 집과 학교를 제외하고 이 책에 대해 사람들에게 얘기하지 않았습니다. 딱 몇 명에게만 책을 쓰고 있다고, 그래서 무척 힘들고 외롭다고 엄살을 피웠습니다. 그분들은 정말 제가 사랑하는 사람들입니다. 이 기회에 고맙다고 얘기하고 싶습니다. 늘 제 삶에 힘이 되어주어서.

[저자소개]

서울대 산업공학과를 졸업하고 미국 캘리포니아 버클리대에서 산업공학 박사학위를 취득했다. 미국 뉴저지 럿거스대의 교수를 거쳐 지금은 연세대 정보산업공학과 교수로 재직 중이다. 정보통신기술과 디지털 경제가 개인의 삶과 기업의 비즈니스에 미치는 영향과 변화에 대응하는 전략에 관한 강의와 연구를 20여 년간 수행해왔다. 〈조선일보〉, 〈매일경제신문〉, 〈한국경제신문〉, 〈전자신문〉, 〈디지털타임즈〉 등에 칼럼을 기고했고, 다수의 전문서와 논문을 저술했다.